广东专业镇
产业协同创新

UANGDONG INDUSTRIAL CLUSTER TOWNS
COLLABORATIVE INNOVATION

周宇英 编著

·广州·

图书在版编目（CIP）数据

广东专业镇产业协同创新/周宇英编著. —广州：华南理工大学出版社，2018.12
ISBN 978-7-5623-4938-9

Ⅰ. ①广…　Ⅱ. ①周…　Ⅲ. ①城镇经济-经济发展-研究-广东　Ⅳ. ①F299.276.5

中国版本图书馆 CIP 数据核字（2018）第 268945 号

广东专业镇产业协同创新

周宇英　编著

出 版 人：卢家明
出版发行：华南理工大学出版社
　　　　　（广州五山华南理工大学 17 号楼，邮编 510640）
　　　　　http://www.scutpress.com.cn　E-mail:scutc13@scut.edu.cn
　　　　　营销部电话：020-87113487　87111048（传真）
策划编辑：詹志青
责任编辑：詹志青
印 刷 者：虎彩印艺股份有限公司
开　　本：787mm×960mm　1/16　印张：15　字数：286千
版　　次：2018 年 12 月第 1 版　2018 年 12 月第 1 次印刷
定　　价：48.00 元

版权所有　盗版必究　　印装差错　负责调换

前　言

在经济全球化和知识经济的今天，新一轮科技革命和产业变革蓄势待发，创新模式发生重大变革。创新资源从封闭、分散走向整合、协同，创新模式由独立创新、开放式创新转变为协同创新。协同创新这一具有划时代意义的创新范式正在全国如火如荼开展。协同创新是为了实现重大科技创新而开展的大跨度整合的一种资源配置方式和科研组织模式的创新，更强调政府介入、金融参与和中介完善。通过协同创新，体现国家意志，实现有组织的重大决策创新，有效地推动企业、高校科研机构、政府等各创新主体资源整合，优势互补，有利于加速技术融合和知识扩散，加快技术转移和成果转化。

自 2000 年广东省科技厅实施"专业镇技术创新试点"以来，专业镇发展取得了显著成效。截至 2016 年底，全省 413 个专业镇创造了近 3 万亿元的 GDP，占全省 GDP 的三分之一，工农业产值超千亿元专业镇有 11 个，超百亿元专业镇有 146 个，专业镇经济已经成为广东经济增长的重要引擎。当前，广东经济已由高速增长阶段转向高质量发展阶段，正处于转变发展方式、优化经济结构、转化增长动力攻关期，建设现代化产业体系需要产业协同创新体系。专业镇是产业集群在广东的重要经济形态，通过协同创新推动专业镇创新发展，是广东做大做强创新型产业集群的必由之路，对构建现代化产业体系、推动广东经济高质量发展、打造粤港澳大湾区国际科技创新中心意义重大。

本书是广东省生产力促进中心承担广东省专业镇中小微企业服务平台建设专项"广东专业镇产业协同创新体系建设研究"（2013B091605002）和"广东省专业镇生产力促进中心建设与管理研究"（2013B040700001）的主要研究成果。本书综合运用产业集群和协同创新理论，采用文献研究法、比较分析法、SWOT分析法和实证调研等方法，在对国内外产业协同创新体系构建经验和做法进行比较借鉴以及对广东专业镇产业协同创新体系建设现状进行分析和梳理典型案例的基础上，提出了专业镇产业协同创新体系构建的路径和思路：首先明确体系中发挥作用的各创新主体、创新主体选择原则以及如何构建协同关系，形成协同创新体系运行的基本架构，然后在基本架构的统筹下不断完善运行机制和建设协同创新平台。在协同创新体系中，基本架构统筹协同创新体系的建设，运行机制发挥保障作用，平台是实现协同创新的载体。本书详细分析了专业镇产业协同创新平台建设主体、建设模式、功能布局、建设内容和典型载体，同时梳理七大类典型载体发展历程。重点对协同创新平台重要典型载体——专业镇生产力促进中心进行了SWOT分析，提出了专业镇生产力促进中心四大发展战略。本书还将涉及相关创新平台名单和政策文件进行梳理并附后，便于对照阅读。希望本书能对专业镇管理人员和科技主管部门在构建专业镇产业协同创新体系和推动专业镇创新发展方面有所启迪。

本书的完成，离不开广东省科技厅相关领导指导与支持；在调研过程中，得到专家、各地市县区科技主管部门和专业镇的支持；在撰写过程中，得到省生产力促进中心领导、创业服务部和企业发展部各位同事的帮助和支持，在此一并表示衷心的感谢！由于本人水平所限，以及专业镇协同创新体系构建本身具有较强的探索性，书中的遗漏和不足在所难免。希望各位读者提出宝贵意见和建议，共同推动专业镇协同创新发展。

周宇英

2018 年 12 月

目 录

第一章 绪论 ·· 1
  一、研究背景 ··· 1
  二、研究意义 ··· 1
  三、研究内容与方法 ·· 3
第二章 专业镇产业协同创新体系建设理论基础 ································· 6
  第一节 专业镇产业协同创新相关理论 ·· 6
    一、产业集群相关理论 ·· 6
    二、协同创新相关理论 ·· 8
    三、产业集群协同创新相关理论 ·· 10
  第二节 国内外产业协同创新体系建设经验 ·································· 11
    一、国外产业协同创新体系建设经验 ··· 11
    二、国内典型产业协同创新体系建设 ··· 15
  第三节 国内外产业集群协同创新体系建设实践对广东的启示 ········ 28
第三章 广东专业镇产业协同创新体系建设现状 ································ 30
  第一节 广东专业镇建设概况 ·· 30
    一、专业镇定义及特征 ··· 30
    二、广东专业镇发展历程 ··· 31
    三、广东专业镇类型 ··· 33
    四、广东专业镇区域分布 ··· 35
    五、广东专业镇建设的主要做法 ·· 36
  第二节 广东特色小(城)镇建设 ··· 38
    一、定义和分类 ··· 38
    二、区域分布 ·· 38
    三、主要特点 ·· 40
  第三节 广东专业镇产业协同创新体系建设基础 ·························· 42
  第四节 典型专业镇产业协同创新体系建设分析 ·························· 43
    一、东莞横沥:"政校企协"四方联动 ··· 43
    二、中山小榄:"政生协企"制造业服务化 ·································· 47

三、顺德北滘：产城人文融合发展……………………………… 51
　　四、潮州：专业镇对口帮扶…………………………………… 52
第四章　广东专业镇产业协同创新体系和运行机制的构建………… 58
　第一节　创新模式的演变过程…………………………………… 58
　第二节　专业镇产业协同创新体系的架构……………………… 59
　　一、组织协同…………………………………………………… 61
　　二、文化协同…………………………………………………… 64
　　三、制度协同…………………………………………………… 65
　　四、战略协同…………………………………………………… 66
　　五、创新主体选择原则………………………………………… 68
　第三节　专业镇产业协同创新体系建设模式…………………… 69
　　一、政府主导模式……………………………………………… 69
　　二、企业主导模式……………………………………………… 70
　　三、高校科研机构主导模式…………………………………… 71
　　四、中介服务机构主导模式…………………………………… 73
　第四节　专业镇产业协同创新体系运行机制…………………… 73
　　一、驱动机制…………………………………………………… 73
　　二、激励机制…………………………………………………… 74
　　三、风险分担机制……………………………………………… 76
　　四、利益分配机制……………………………………………… 77
　　五、创新资源共享机制………………………………………… 79
　　六、保障机制…………………………………………………… 81
第五章　广东专业镇产业协同创新平台建设………………………… 83
　第一节　专业镇创新平台演变…………………………………… 83
　　一、技术创新平台（2000—2004 年）………………………… 83
　　二、技术创新公共平台（2005—2010 年）…………………… 84
　　三、中小微企业服务平台（2011—2014 年）………………… 84
　　四、协同创新平台（2015 年—至今）………………………… 85
　第二节　专业镇产业协同创新平台结构………………………… 87
　　一、建设主体…………………………………………………… 87
　　二、建设模式…………………………………………………… 88
　　三、平台功能…………………………………………………… 91
　　四、平台建设内容……………………………………………… 92
　第三节　典型专业镇产业协同创新平台载体…………………… 96

一、新型研发机构 96
　　二、产业技术创新联盟 99
　　三、科技企业孵化器 101
　　四、众创空间 104
　　五、科研众包平台 107
　　六、众筹平台 110

第六章　广东专业镇生产力促进中心建设 112
　第一节　产业集群中介服务机构相关理论 112
　第二节　生产力促进中心概况 113
　　一、生产力促进中心概念 113
　　二、生产力促进中心功能 114
　　三、产业集群生产力促进中心功能定位 115
　　四、生产力促进中心类型 116
　　五、服务内容 120
　第三节　广东生产力促进中心建设 121
　　一、广东生产力促进中心发展历程 121
　　二、广东生产力促进中心建设成效 123
　　三、广东生产力促进中心类型 125
　第四节　专业镇生产力促进中心建设发展SWOT分析 129
　　一、优势分析（strengths） 129
　　二、劣势分析（weaknesses） 134
　　三、机遇分析（opportunities） 135
　　四、威胁分析（threats） 137
　　五、广东专业镇生产力促进中心发展战略选择 138

第七章　加快广东专业镇产业协同创新体系建设政策建议 143
　　一、加强组织领导 143
　　二、完善多主体协同创新体系 143
　　三、促进区域协同发展 146
　　四、建设专业镇产业协同创新平台 147
　　五、推动产城融合发展 149

参考文献 151

附录一　2011协同创新中心名单 156

附录二　中国特色小镇名单 160

附录三　广东省专业镇名单 …………………………………… 165
附录四　广东省新型研发机构名单 …………………………… 179
附录五　广东省产业技术创新联盟名单 ……………………… 186
附录六　广东省科技企业孵化器名录 ………………………… 195
附录七　广东省众创空间名单 ………………………………… 200
附录八　广东省科研众包培育平台名单 ……………………… 209
附录九　广东省互联网非公开股权融资机构首批试点名单 … 210
附录十　广东专业镇相关政策 ………………………………… 211
  一、广东省科学技术厅关于加强专业镇创新发展工作的指导意见（粤科产学研字〔2016〕54号）………………………………… 211
  二、广东省科学技术厅关于推进协同创新加快专业镇发展的实施意见（粤科产学研字〔2016〕138号）…………………………… 216
  三、关于加快特色小（城）镇建设的指导意见（粤发改区域〔2017〕438号）……………………………………………………… 223

第一章 绪 论

一、研究背景

专业镇是1990年在广东大地出现的一种产业集聚的镇域经济新形态,成为县域经济的重要支撑,亦是产业集群在广东的具体表现形式。2016年广东省科技厅发布的《关于加强专业镇创新发展工作的指导意见》(粤科产学研字〔2016〕54号)认为:专业镇是由特定区域内产业链上企业、政府、高校科研机构、中介服务机构等各种创新主体通过分工合作和协同创新,构建具备跨行业跨区域示范带动效应和国际竞争力的一种新型产业组织形态。经过10多年的建设发展,广东专业镇取得了显著成效。截至2015年底,经省科技厅认定有399个省级专业镇,主要涉及五金、皮具、服装、玩具、家电、石材、家具、陶瓷、农业生产加工等传统产业,以及高端电子信息、LED、生物医药、现代物流、新能源、生态旅游等新兴产业。专业镇实现生产总值2.77万亿元,占全省GDP的38%,其中拥有9个千亿元大镇、141个百亿元大镇,规上企业超3万家,高新技术企业2654家。专业镇内出现了一批转型升级和创新创业的生动范例,如中山小榄和古镇、东莞大朗和横沥等专业镇,李克强总理、马凯副总理、时任广东省委书记胡春华对横沥专业镇的协同创新发展模式做出了重要批示,给予充分肯定。专业镇经济规模不断扩大和影响力逐渐扩展,已经成为广东创建科技创新强省、打造国家科技产业创新中心、建设广深科技创新走廊和粤港澳大湾区的重要载体。

二、研究意义

(一)协同创新是创新发展的必然要求

协同创新是为了在重大科技创新上有所突破,企业、政府、高校科研机构、中介服务机构、金融机构和用户等各类创新主体合作开展的一种大跨度整合的创新组织形式。自2011年,原中共中央总书记胡锦涛在清华大学100

周年校庆上提出："高校要联合企业和科研机构开展深度合作，共同开展重大科研项目攻关，建设协同创新联盟，促进资源共享。"之后，协同创新这种具有划时代意义的创新范式开始在全国尝试。通过政府引导和制度安排，协同创新能有效地推动企业、高校科研机构等各创新主体充分发挥自身优势，整合互补资源，实现优势互补，加快先进技术转移转化。协同创新更强调政府介入、金融参与、中介完善。协同开展技术创新和科技成果转移转化，已经成为当今世界科技发展新趋势。实践证明，在当前经济全球化和知识经济的今天，开放合作共享的创新模式是有效提高创新效率的重要途径，创新资源从封闭、分散走向整合、协同，创新模式由封闭式独立创新、经开放式创新转变为协同创新。通过政府部门组织开展跨区域、跨学科、跨部门、跨行业的协同合作，有效地调动企业、高校科研机构等各创新主体的自主性和创造性，对加速不同区域、不同领域、不同行业创新链间的技术融合和知识扩散，以及构建区域创新体系都具有重要意义。

（二）协同创新是专业镇创新发展的重要抓手

目前专业镇依然是广东省传统产业的主阵地，其 GDP 占全省 GDP 比重高达38%，同时还是培育和发展战略性新兴产业的沃土，推动专业镇创新发展不仅有利于县域经济发展，而且还能促进广东经济发展方式转变，因此对于推动全省经济高质量发展取得根本突破具有决定性意义。当前，广东正处于增长动力转换、发展方式转变、经济结构优化攻关期，为推动广东经济高质量发展，专业镇须加快创新发展。协同创新是实施创新驱动发展战略和推动经济高质量发展的重要举措。通过协同创新促进专业镇创新发展，是广东做大做强创新型产业集群的必由之路，对广东省经济结构调整、产业核心竞争力提升和产城融合发展意义重大。近年来，广东省委、省政府采取了一系列政策措施推动专业镇创新发展。2016年4月，广东省科技厅颁布了《关于加强专业镇创新发展工作的指导意见》（粤科产学研字〔2016〕54号），提出要建设专业镇产业协同创新中心，构建协同创新平台。同年6月，省政府在东莞组织召开全省专业镇协同创新工作现场会，要求推广中山小榄和东莞横沥等专业镇协同创新的经验和做法，通过协同创新促进专业镇创新发展和产业转型升级。同年7月，省政府在佛山北滘组织召开全省特色小镇建设工作现场会，要求推广佛山北滘特色小镇建设经验，部署开展广东特色小镇创建工作。同年9月，省科技厅出台了《关于推进协同创新加快专业镇发展的实施意见》（粤科产学研字〔2016〕138号），提出要在创新主体、区域和创新要素等方面加强协同，共同推动专业镇协同创新。2017年6月，省发改委、省科技厅和省住建厅联合颁布了《关于加快特色小（城）镇建设的指导意见》（粤发改区域〔2017〕438号），提出要集聚各创新要素建设产城人文融合发展特色小镇，推进新型城镇化建设。

（三）加强专业镇产业协同创新理论研究具有重要理论和实践意义

目前，国内外学界基于技术进步、产业转型升级和区域发展等视角，从协同创新协作基础、理论架构、构建模式、实现路径、制度保障、影响因素、运行机制和绩效评价等方面对协同创新理论开展研究。对于产业集群协同创新研究，国内学者主要关注产业集群协同创新模式与路径、机制和能力评价等方面。部分学者以特定的产业集群为对象，开展产业协同创新模式与机制研究；部分学者研究产业集群内企业协同创新模式和机制。专业镇研究侧重于专业镇的起源、形成和发展条件、内涵和类型、作用、现状和对策等方面。

目前对于专业镇协同创新的研究还不多。笔者认为广东已初步形成了广东专业镇创新网络雏形，提出了依托生产力促进体系建设广东专业镇创新网络"云模式"的思路。学者陈锡稳基于东莞横沥模具产业协同创新中心建设实践开展研究，提出专业镇产业协同创新体系建设需思考的内容：地方政府定位、高校科研机构和企业动力、协同创新中心管理模式、协同创新中介服务体系建设、跨区域高校对接平台搭建和协同创新绩效评估机制等。苏伟、谷雨等学者基于集群创新理论、数据实证研究和案例分析提出专业镇如何建设协同创新平台。

本书探索了专业镇产业协同创新体系建设的路径：通过构建专业镇产业协同创新体系架构、完善运行机制和建设专业镇产业协同创新平台，并对专业镇生产力促进中心进行实证研究，有益于深化这一领域。从目前实践来看，国内外部分地区已经意识到创新型产业集群发展和协同创新战略的重要意义。通过对国内外产业协同创新体系建设比较研究，为广东专业镇产业协同创新体系构建提供借鉴和思路，为政府部门制定和完善专业镇相关政策和专业镇建设产业协同创新体系提供决策参考。

三、研究内容与方法

（一）研究范围

本书所研究的专业镇是经广东省科技厅认定的399个省级专业镇。

（二）研究内容

本书在产业集群、协同创新等相关理论以及对国内外产业协同创新体系构建经验的借鉴和对广东专业镇建设、产业协同创新体系构建典型案例的梳理基础上，建立了专业镇产业协同创新体系基本架构，分析了专业镇协同创新体系的建设模式和运行机制，研究了专业镇协同创新平台建设主体、建设模式、功能布局、建设内容和典型载体形式；运用SWOT分析法对专业镇生产力促进中心建设发展战略选择进行了研究；提出了加强组织领导、完善多主体协同创新体系、促进区域协同发展、建设专业镇产业协同创新平台和推动产城融合发展等方面的政策建议，供政府决策参考，对推动全省专业镇协同创新体系建设发挥了重要的指导作用。

（三）研究方法

本书主要研究方法包括文献研究法、比较分析法、SWOT分析法和实证调研等。

1. 文献研究法

为了深入研究，通过互联网、数据库等途径，查阅大量国内外期刊和学术论文、学术著作以及有关部门相关资料，通过文献整理对国内外研究成果的研究和借鉴提供了理论支撑。

2. 比较分析法

本书对比研究了国外（包括美国、日本、欧洲和芬兰等国家或地区）产业集群协同创新体系建设经验和国内（包括国家2011协同创新中心、中国特色小镇和浙江特色小镇）建设情况，对其成功的建设经验进行探讨，为专业镇构建产业协同创新体系提供有益的借鉴。

3. SWOT分析法

本书系统地研究了广东专业镇生产力促进中心建设与发展情况，运用SWOT理论分析了其优势、劣势和面临的机会、威胁，提出了专业镇生产力促进中心四大发展战略，为科技管理部门制定专业镇相关政策提供决策参考。

4. 实证调研

本书选择了典型的专业镇如东莞横沥和石龙、中山小榄和东升、云浮新兴和新城、汕尾可塘、潮州庵埠、河源和阳江等专业镇，与专业镇政府、企业相关人员就专业镇发展政策和服务需求、存在的问题和困难、工作措施和建设机制等方面进行了深入访谈和实地调研，获得第一手资料。

（四）创新之处

本书在总结前人研究成果的基础上，综合运用产业集群和协同创新理论，提出了专业镇产业协同创新体系构建的路径和思路：首先要明确体系中发挥作用的各创新主体、创新主体选择原则以及如何构建协同关系，形成协同创新体系运行的基本架构；然后在基本架构的统筹下，不断完善运行机制和构建协同创新平台，并对协同创新平台重要典型载体——专业镇生产力促进中心进行了实证研究。在协同创新体系中，基本架构统筹协同创新体系的建设，运行机制发挥保障作用，平台是实现协同创新的载体。以期对专业镇构建产业协同创新体系具有实践指导意义。其创新之处在于：

（1）建立了专业镇产业协同创新体系基本架构。专业镇产业协同创新体系最核心的是组织协同，还包括创新生态环境如文化、制度、战略等因素的协同。协同创新主体包括政府、企业、高校科研机构、中介服务机构、金融机构和用户等，创新主体选择遵循五大原则，即互补、协同、共赢、信任和风险最小。专业镇产业协同创新体系建设四大模式为政府主导、企业主导、高校科研机构主导和中介服务机构主导。

（2）分析专业镇协同创新体系运行机制。要构建协同创新体系需建立包括驱动机制、激励机制、风险分担机制、利益分配机制和保障机制等五大方面的运行机制。

（3）研究了广东专业镇产业协同创新平台结构。分析了专业镇创新平台演变过程，从技术创新平台、技术创新公共平台、中小微企业服务平台向协同创新平台转变。建立了产业协同创新平台结构，包括建设主体、建设模式、功能布局、建设内容和典型载体形式，并介绍典型载体发展情况。

（4）对专业镇生产力促进中心进行了 SWOT 分析。运用 SWOT 理论，系统地研究了协同创新平台重要典型载体——专业镇生产力促进中心建设与发展情况，分析了其优势、劣势和面临的机会、威胁，提出了专业镇生产力促进中心四大发展战略，为科技管理部门制定专业镇相关政策提供决策参考。

第二章 专业镇产业协同创新体系建设理论基础

专业镇产业协同创新体系建设是实践性、政策性很强的工作，该项工作的有效推进，是建立在对相关理论的深刻理解和对国内外发展经验的充分借鉴的基础上的。专业镇产业协同创新建设理论来源于产业集群和协同创新。各地在产业集群协同创新建设方面已经有很多非常典型的经验，给予广东专业镇产业协同创新体系建设实践合理参考。

第一节 专业镇产业协同创新相关理论

一、产业集群相关理论

（一）国外研究进展

1. 产业区理论

最早对产业集群开展研究的学者是剑桥经济学家阿尔弗雷德·马歇尔（Alfred Marshall），他的产业区理论把大量相互联系的企业聚集在特定地方称为"产业区"（industry district）。他认为，"产业区"是大量专业化中小企业聚集的区域，这里创新氛围非常浓厚，新的工艺、方法、思想、知识、技术迅速被接受、流动和传播，中小企业间建立了竞争与合作共存的创新网络。"产业区"具有以下六大显著特征：一是拥有大量相互联系的专业化中小企业；二是中小企业间合作是柔性、动态和变化的，竞争与合作共存；三是拥有与本地区同源的社会文化背景；四是拥有充足的劳动力资源；五是区位选择集中在城市（城镇）郊区及其附近的区域，以便获得足够的劳动力资源；六是拥有支撑产业发展的其他辅助行业。马歇尔强调通过产业集聚可以获得外部规模经济——劳动力市场共享、专业化投入品、技术外溢和交易成本降低。但是，马歇尔理论忽略了地区产业组织的外部联系和创新，特别是地区内企业成长和区域之间企业迁进和迁出等要素有所欠缺。

2. 工业区位理论

德国经济学家阿尔弗雷德·韦伯在其著名的《工业区位论》（1929）中提出了较为完整而系统的产业区位理论。他从微观企业的区位选择视角出发，探讨了产业集聚形成因素。他认为产业要形成产业集聚需要经过两个阶段：第一阶段是低级阶段，主要通过企业扩张促使工业集中；第二阶段是高级阶段，企业通过完善其组织结构而在某区域集中从而形成产业群。集群形成需要四大要素：公共设施的发展、劳动力发展、经常性开支成本和市场化因素。但是，韦伯对集群的研究却忽略了社会文化因素，包括语言、价值观、社会制度、文化、历史等。

3. 竞争优势理论

1990年，哈佛大学商学院教授迈克尔·波特在其代表作《国家竞争优势》中提出产业集群（industrial cluster）思想，并运用于"钻石模型"分析一个国家或地区的竞争优势。波特认为，产业集群是指在某特定产业领域内互相联系、在地理空间集中的企业和机构形成的产业空间组织。它包括一批对竞争起着重要作用而且相互联系的企业和机构，向下可以延伸到销售商和终端客户，侧面可以扩展到辅助产品生产商，以及其他与技术或投入相关的产业，同时还包括政府、高校科研机构、产业商（协）会、智库和其他机构。波特从竞争优势的角度，将产业集群研究引入了一个正式阶段，标志着产业集群理论的初步形成。波特的理论还是有欠缺的，尤其在社会根植性、网络关系复杂性、竞争与合作关系等方面。

4. 柔性专业化理论

"柔性专业化理论"一词由美国学者皮埃尔（Piore）和沙贝尔（Sabel）在其著作《第二次产业分工》（1984）一书中提出，认为产业区的发展主要是基于大量中小企业柔性专业化生产而形成集聚，其主要特点是灵活的运行机制、高度专业化和企业间协作强，因此易于组织生产和满足个性化市场需求，从而获得发展优势。企业柔性专业化是推动产业空间集聚和形成创新网络的动力源泉。

5. 区域创新网络理论

1985年，欧洲创新研究小组经过对欧美地区调研后发现：区域发展和企业集聚不仅仅与产业内部柔性专业化分工有关，还与当地社会文化环境密切相关。1991年，欧洲创新研究小组主要成员Camagini在其论著《创新网络》中认为，区域创新网络与区域创新环境有所不同，企业形成创新网络对企业创新发展和区域创新发展具有重要作用。1997年，欧洲创新研究小组主要成员 Remigio 等编写的 *The Dynamics of Innovative Regions: the GREMI approach* 一书认为，区域创新网络与区域创新环境是相互促进的，共同推动区域创新发展；区域发展不仅仅取决于形成的网络联结，还需网络在区域环境中根植，从区域创新环境中吸收营养，形成连续而稳定的网络联结。

(二) 国内研究进展

国内外学者一致认为产业集群对创新拥有独特竞争优势。20 世纪 90 年代，在中国东部沿海地区出现产业集聚，产业集群逐步被国内学者关注。其中以浙江大学和北京大学的学者为代表，开展了多方面的研究。

仇保兴在其著作《小企业集群研究》（1999）中认为：小企业集群是由一群根据产业专业化分工不同，既独立又相互关联的小企业之间形成的一种产业组织。该产业组织结构处于纯市场与层级组织之间，比市场稳定，比层级组织灵活。魏江（2002）探讨了企业集群创新实现的三大路径：一是集群成员之间通过相互学习分享知识和技术；二是在集群内部形成"挤压效应"，即激励集群成员持续创新的良性竞争机制；三是通过强制性、引导性和非正式制度安排促进有效的集群创新。

中国较早进行产业集群理论研究的学者是北京大学的王缉慈教授，她的经典著作《创新的空间——企业集群与区域发展》（2002）阐述了产业集群的涵义和集群理论演变，重点研究了新产业区理论。她认为产业群是一群在地理空间接近又相互联系的企业和相关机构集聚，由于共属于某相同产业以及因产业分工互补而集群，因此具有显著专业化特征。产业集聚可从经济学、社会学和创新学等方面提高区域竞争力。从经济学视角，产业集聚能够带来外部规模经济；从社会学角度看，产业集聚可以积累社会资本和减少交易费用；从创新学角度看，企业集聚能够有效地促进知识，特别是隐性知识的交流、传播和扩散，促进新技术、新思想和新方法的推广应用，推动学科交叉与产业融合发展。盖文启教授在其著作《创新网络——区域经济发展新思维》（2002）一书中，以北京中关村等为研究对象，系统构建了区域创新网络理论体系，认为区域内产业网络和社会关系网络以及区域创新网络的本地"根植"和开放性同样重要，对提升中国高新技术产业集群竞争力具有十分重要的指导作用。

二、协同创新相关理论

1969 年，德国理论物理学家 H·哈肯在其著作《协同学》一书中首次提出协同学的概念，协同是两个或两个以上不同主体合作实现某一特定目标或任务的过程中，产生 1＋1＞2 协同效应，提升各方能力和整体绩效的现象。自 1912 年，美籍奥地利经济学家约瑟夫·熊彼特提出创新概念以来，技术创新一直被认为是在企业内部独立开展，企业内部自主创新对于提升企业竞争力具有重要作用。2003 年，美国学者切萨布鲁夫（Chesbrough）教授提出的开放式创新理论认为，企业开展技术创新过程中不仅要利用企业内外部创新资源，尤其强调要充分利用全球资源进行创新。协同创新与自主创新相比，更强调技术转移、所有权改变和资源共享。

对于协同创新理论，国内学者主要从协同创新模式和路径、协同创新机制、协同创新绩效评价等方面开展研究。

陈劲在《协同创新》（2012）一书认为，协同创新是为了在重大科技创新上有所突破，企业、政府、高校科研机构、中介服务机构、金融机构和用户等各类创新主体合作开展的一种大跨度整合的创新组织形式，是一种开放式创新。但是，更多地强调政府介入、金融参与和中介完善。陈劲和阳银娟（2012）提出协同创新驱动三大因素——科技、市场和文化，并提出了实现协同创新三大路径——建设协同创新战略联盟、推进科技体制改革和营造良好创新发展环境。张波（2010）认为，中小企业实现协同创新可采用四种模式——企业间协作、产学研联盟、产业集群和建立国家协同创新系统，创新由企业内部向企业之间和企业与外部环境的相互作用转变，并最终形成产业集群创新网络。解学梅（2010）采用结构方程模型分析了"企业与企业""企业与研究机构""企业与政府""企业与中介机构"协同创新网络和企业创新绩效的相关性，其中"企业与企业"对企业创新绩效提升影响最大，而垂直比水平协同作用更为明显。韩建飞（2015）探索了协同创新发展路径：除了企业牵头、高校科研机构牵头和政府引导型等传统产学研用协同创新模式外，也出现了如众创、众包和众筹等新模式。

何郁冰（2012）提出了基于"战略—组织—知识"协同创新的理论框架模型（见图 2－1），包括核心层、支持因素、辅助组织、模式选择影响因素和协同创新绩效等内容，其中核心层包括战略协同、组织协同和知识协同三要素；支持因素包括政策引导、项目推动和制度激励等政府层面；辅助组织则由中介机构、金融机构和其他组织共同参与。协同创新模式选择影响因素包括各创新主体之间利益分配、合作历史、组织间关系、技术吸收能力、创新复杂程度和产业环境等。提高协同创新绩效的关键是"互补性—差异性"和"成本—效率"的平衡。

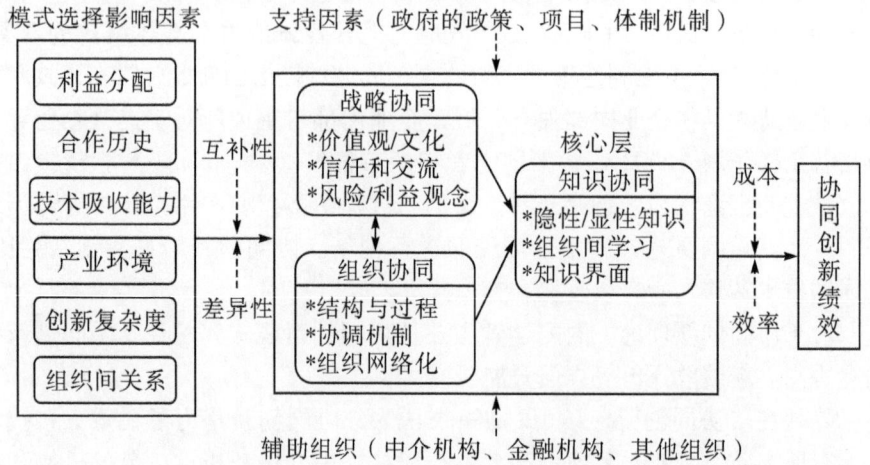

图 2-1 产学研协同创新的理论框架模型

三、产业集群协同创新相关理论

根据协同创新空间不同,协同创新可分为宏观、中观和微观层面。而本书所研究的产业集群协同创新是集群内多创新主体之间协同创新,属于中观层面。产业集群协同创新是指某一特定区域内,政府、高校科研机构、企业、中介服务机构等各类创新主体通过有效配置集群内创新资源,形成多主体间协同合作创新模式,促进企业自主创新能力和产业集群竞争力提升。

范太胜(2008)认为产业集群创新网络协同创新机制可以从创新共生、信任合作、价值联盟和协同氛围四方面去建立,研究了创新网络中的集体学习机制和协同创新机制怎样提升创新绩效。针对集群中科技型小微企业,李大庆(2013)提出了3种协同创新模式——产学研联合创新、建设科技型小微企业创新联盟和依附于大中型企业,同时分析了模式选择影响要素和选择思路。马丽(2014)认为,产业协同创新是以产业发展为目标,以企业为中心的产学研协同创新模式,主要表现形式为产业技术创新联盟。范如国(2014)在复杂网络理论基础上提出中小企业集群协同创新网络架构,可分为4个层次,即核心网络、辅助网络、外部网络和创新环境(见图2-2),其中,核心网络是由以中小企业为中心,以及垂直和水平关联企业形成的网络;辅助网络是由企业、政府、大学或科研机构、中介机构和金融机构之间以信息、知识、技术、人才、资金所形成的网络;外部网络以集群外主体如行业商(协)会等给予支撑;创新环境包括软环境(如创新文化、制度安排等）和硬环境（如交通、道路、通信等公共基础设施）。

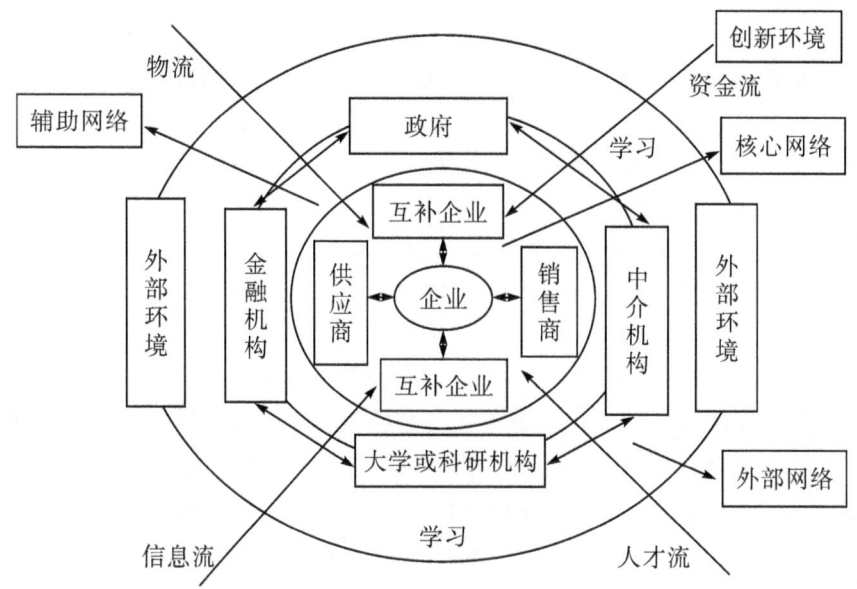

图 2-2 中小企业集群创新网络架构

第二节 国内外产业协同创新体系建设经验

一、国外产业协同创新体系建设经验

据调查，美国企业研发投入回报率平均约为26%，其中开展协同合作的大企业近30%，开展协同合作的小企业则高达44%，而没有开展协同合作的企业仅仅14%。当前中国产学研合作远远不及国外发达国家，尚且无法上升至全产业链条的协同创新。从国外发达国家创新发展实践上看，除企业不断加大本身的研发投入外，最成功的经验便是依托产业发展，打破领域、区域、地域甚至国家界限，促进创新资源整合，实现区域和全球化产业协同创新，形成巨大的创新网络。

（一）建立完善的政策法规体系

完善的政策法规体系为成功构建产业协同创新提供了根本保障。以法律的形式保护产业协同创新各创新主体在协同合作过程中的权利和利益，如产权问题、利益分配、风险违约等问题，仅靠各方协商是不行的，还需政府制定相关的法律、法规来规范和处理矛盾。美国是产学研合作创新法规体系最完善的国家。自20世纪80年代以来，美国先后出台《拜杜法案》（1980）、《技术创新法》（1980）、《小企业创新发展法案》（1982）、《国家合作研究法》（1984）、《国家合作研究和生产法案》（1993）、《技术转化商业化法案》（2000）等法律和法规，不断完善协同创新的制度环境，形成了较为完善的法律体系。其中，《拜杜法案》鼓励高校和产业界建立紧密产学研合作，为高校参与科研成果转移转化和分享经济利益提供了法律支撑。《国家合作研究法》鼓励企业之间通过构建产业技术创新联盟开展协同合作，打破《反垄断法》对创新联盟的限制。《国家合作研究和生产法案》推动创新联盟从研究开发扩展到生产制造。可见，良好的制度安排有效地为产业协同创新的发展提供了法律保障，为政府给予优惠政策和财政资助提供了法律依据。

日本政府在产学研合作过程中起重要的作用，构建了独具特色的政产学研合作模式。政府通过制定各种法律法规鼓励产学研合作，有效地保障产学研合作各方合法利益。1986年出台的《研究交流促进法》提出，企业可以利用国家科研机构的仪器设备，鼓励国家科研机构积极参与企业研发，以法律形式鼓励产学研合作。1995年，日本颁发了《科学技术基本法》，这是日本第一部支持科技政策的基本大法，将产学研合作确立为科技立国国策，每5年制定《科技基本计划》来实施国家科技创新战略，目前已陆续制定了4期。1998年制定了《大学技术转让促进法》和《研究交流促进法》（修正案），企业在国立大学及国家研究机构等地方建研究基地，政府在土地使用费用等方面给予优惠。2000年日本国会制定了《产业技术力强化法》，鼓励在高校建技术转移机构。

（二）实施极具竞争优势的创新计划

20世纪80年代中期，由于日本半导体产业的兴起，为打破美国半导体制造设备企业在国际上销量逐渐下滑的局面，美国成立了由AT&T、IBM、Motorola、HP、Intel、NCR、DEC、Ti等11家半导体公司联合成立半导体制造技术研究联合体——SEMATECH。SEMATECH整合了半导体产业中各企业的资金、技术、人才等创新资源，降低了技术研发和资金风险，减少了研发成本，建立利益共享和资源互补的协同机制，保持了美国半导体产业在国际上的竞争优势，重振美国半导体产业。另外，波士顿128号公路高新技术园区、斯坦福研究园推动硅谷构建创新网络、北卡罗来纳州和杜克大学组建的"三角研究园"、美国企业——大学合作研究中心（I/UCRC）和工程研究中心（ERC）计划、新一代汽车合作计划（PNGV）等都是促进产业协同创新的成功范例。

日本政府实施各种重大科技计划，如超大规模集成电路、超导材料和纳米技术等研发项目，都是由政府组织、企业牵头、高校和科研机构参与，鼓励产学研各方参与其中。1946年，日本政府为提升其半导体产业在国际上的竞争力，组建VLSI技术研究中心，目标是研究开发和制造高性能超大规模集成电路。该中心由日本通产省牵头，投资近720亿日元，日立（Hitachi）、富士通（Fujitsu）、三菱机电（Misubishi）、东芝（Toshiba）、日本电气（NEC）等龙头企业联合日本工研院电子所与计算机研究所共同组建。截至1986年，日本半导体设备数量占世界市场近50%，带动了日本半导体产业快速兴起。20世纪90年代初期，日本电子企业还在美国硅谷、英国剑桥大学等地设立了电子技术协同创新实验室。正是这种合作创新的远见卓识，使得日本电子产品在国际市场具备了强大的竞争优势。1988年，日本还建立了"国际超导产业技术研究中心（ISTEC）"，近90家企业和数十所大学参与其中。在产学研合作中日本政府发挥引导促进作用，在制定各种法律保障产学研合作的同时，以服务者的姿态出现，体现了服务职能。

2007—2013年间，欧盟为推动产业协同创新，实施了创新集群（Innovation Cluster）计划，即在一个特定产业和区域中，构建由企业、大学、研究机构联合参加的创新集群。如德国纳米集群计划集聚了80多家纳米技术工艺的企业、10余家高校、22家科研机构以及5个联合会等机构，组建了德累斯顿"纳米集群"。芬兰信息通信技术联盟由诺基亚、Sonera、Elisa等200多家信息通信企业、近30所高校和科研机构、金融服务机构以及科技中介服务机构组成，有力地推动了芬兰通信产业发展，促使芬兰由一个林业国家转变为世界通信强国。

（三）给予强大的风投基金和财政资金支持

国外发达国家政府通过直接财政支持推动企业技术创新，如2011年美国R&D投入高达4181亿美元，世界第一，R&D经费占GDP的2.77%；日本R&D投入1989亿美元，R&D经费占GDP的3.39%；虽然韩国R&D投入总量不高，仅为450亿美元，世界排名第六，但是R&D经费占GDP的4.03%，位居世界第一。从 R&D 投入结构上看，美国 70% 投入在试验发展上，用于航天、生物医药、信息技术和软件等高技术行业。美国州政府也投入巨大资金鼓励高校和产业界合作建立跨学科研究中心。例如，纽约州政府投入巨资支持纽约州立大学创建纳米科学与工程学院（CNSE）。该学院拥有 250 家包括 IBM、GE、AMD 等国际大企业的合作伙伴，在纳米科研机构排名中 CNSE 在全美名列前茅。在欧洲，法国、德国、西班牙与英国联合组建欧洲空客公司，组织了包括千余家供货商在内的约 10 万人参与制造空客飞机。其成功因素之一在于参与国政府的长期而稳定的投入。各国通过直接补贴、间接补贴、军事采购合同和政府设备购买、销售支持和干预等方式对空客公司的研发给予长期而稳定的支持。

发达国家还通过灵活多样的税收优惠形式，如加速折旧、投资抵税、提取科研准备金和消费型增值税，等等，促使企业加大科研经费投入，同时将大量资金投入大学，利用产学研合作促使企业获取隐形高额利润回报。例如，美国法律规定企业资助高校开展基础研究或者向高校转让科研设备可享受研发费用税收抵冲优惠，采用合同委托形式通过高校帮助企业开展基础研究项目，企业研发费用的 20% 可冲抵应纳税款。韩国企业收入总额的 3% 用于研发准备金而不纳税，保障企业研发活动的持续性。

发达国家还通过建立风险投资基金推动协同创新。美国的风险投资基金，从原来由联邦政府主导，转变为私人、风险基金、企业等多种投入方式，以民间资本为主，以风险投资公司为中介，以股票为主要信用工具，以银行为后盾，为美国高科技产业发展提供了强有力的支撑。芬兰国家技术创新局利用低息贷款、财政拨款等途径为高校、科研机构和企业提供研发资金，年度财政预算为 6 亿欧元，同时采用市场机制重点支持新兴产业发展。从 2010 年到 2014 年间，国家技术创新局对清洁能源产业和信息通信产业投入占 70% 以上。此外，芬兰国家研发基金（SITRA）是首个由政府建立且面向科技创新的风险投资基金，旨在促进中小型企业投融资和成果转移转化。该基金隶属于芬兰议会，实行独立运作，以种子基金的形式支持科技型企业在初创期的研发活动。

（四）重视对产业技术发展进行战略预见和规划

从发达国家的实践经验来看，他们都非常重视从战略层面对产业技术发展进行科学的预见和规划。自 1996 年起，日本每隔 5 年实施《科学技术基本计划》，同时将基本计划所需经费列入预算，目前正在实施第 4 期《科学技术基本计划〔2011—2015 年〕》，重点对信息通信、纳米技术、外太空、海洋探测等领域进行布局。2007年日本实施长期战略指针——《创新25战略》，2013年实施了《科学技术创新综合战略》。20世纪90年代，德国前后实施了3期技术预见活动，明确德国未来一段时间内须关注重点技术领域。发达国家不仅注重技术预见，而且把技术预见的结果转化为国家层面的技术战略，以保证切实占领高技术领域的竞争高地，获得长期竞争优势和丰厚的经济回报。例如，美国自1990年起实施先进技术规划（ATP），涉及化学、新材料、能源与环境、生物技术、信息、计算机与通信、电子等产业领域。德国制定了"2010纳米创新"技术发展规划。各发达国家出台各类相关政策支持本国生物技术的发展。美国政府设立生物技术委员会，负责制定支持生物技术产业发展战略规划，包括财政支持经费、法律法规和税收政策；英国工贸部负责制定相关生物技术法规与政策，同时设立理事会，由理事会负责开展生物科学研究与培训；德国也设有联邦教研部，专门负责推动生物技术产业的发展。

二、国内典型产业协同创新体系建设

（一）2011协同创新中心

1. 建设背景

2011年，中共中央总书记胡锦涛在清华大学100周年校庆上明确提出推动协同创新。2012年3月，教育部、财政部启动实施"高等学校创新能力提升计划"（以下简称"2011计划"）。该计划是"985工程"和"211工程"之后，中国高教系统实施的一项显示国家战略的重大举措。2014年4月，教育部相继颁布了《2011协同创新中心建设发展规划》《2011协同创新中心政策支持意见》和《2011协同创新中心认定暂行办法》3个文件，支持2011协同创新中心建设。2011协同创新中心，是以高校为建设主体，联合政府、企业、科研机构、中介服务机构和国际创新资源，致力于提升高校学科、科研和人才等创新能力而组建的大跨度整合的创新型组织。主要任务是探索服务于重大科技创新需求的资源配置方式创新和科研组织模式创新，建立先进科学的协同创新机制，提高学科、科研、人才三位一体的协同创新能力，构建相对独立、高效开放的运行管理体制机制，实施高水平有组织的科研创新。

根据面向对象不同，协同创新中心可分为四类：一是面向科学前沿的协同创新中心。以自然科学作为研究对象，瞄准前沿领域新方向和新兴学科，对标世界一流高校或科研机构，由高校联合相关科研机构或国际知名学术机构,建成我国在该领域科学研究、学科建设、人才培养的学术高地。二是面向文化传承创新的协同创新中心。以哲学社会科学为研究对象,高校牵头组织政府、科研机构、行业企业、国际学术机构,建设成为提升国家文化软实力和增强中华文化国际影响力的主战场。三是面向行业产业的协同创新中心。以工程技术学科为研究对象,以培育战略新兴产业和传统产业转型升级为目标,高校联合科研机构、企业(尤其是行业龙头企业),建设成为支撑我国行业产业发展核心关键共性技术开发和成果转移转化的重要基地。四是面向区域发展的协同创新中心。由地方政府主导,以推动区域经济社会发展为目标,促进省内外高校和行业龙头或骨干企业以及产业化基地紧密合作,成为推动区域创新发展的引领阵地。

2. 建设现状

在 2013 年和 2014 年期间,教育部分别批准 14 家和 24 家协同创新中心(见附录一)。根据《国务院关于取消非行政许可审批事项的决定》(国发〔2015〕27 号)文件要求,2015 年开始教育部取消了协同创新中心认定工作。

在目前 38 家协同创新中心中,根据面向对象不同进行分类:科学前沿类 8 个、文化传承创新类 7 个、行业产业类 15 个、区域发展类 8 个;按区域分:北京最多(9 个),其次是江苏(5 个),上海排第三(4 个),浙江、湖南各 3 个,天津、湖北、陕西、福建各 2 个,重庆、安徽、河南、四川、辽宁、黑龙江各 1 个,而广东没有。

3. 行业产业协同创新中心现状

行业产业类协同创新中心共有 15 家。这些协同创新中心在人事管理、考核评价、科研组织模式、运行管理等方面开展了很多探索性的改革与创新,为高校开展行业产业协同创新探索了新路子,形成了很多可借鉴的实践经验。

(1) 创新组织管理体系打破创新主体间的界限,促进创新资源有效集聚和高效协同。如未来媒体网络协同创新中心通过借鉴"公司法",建立"准法人治理"结构,实行理事会指导下的中心主任与首席科学家"双总师"负责制,通过公司化运作,实现协同创新中心独立运作和集约式管理,提升了组织运行管理效益。

(2) 打破高校旧有的人事聘任和人员管理模式。通过签订合同,实行专职和兼职、流动和固定相互结合的人员聘用制度,发挥访问学者及博士后工作站的作用,实现跨单位组建行业产业创新团队。如由中南大学牵头,联合北京航空航天大学、中国铝业公司等单位组建的有色金属先进结构材料与制造协同创新中心,建立了基于责任制、合同制、股份制的人员管理模式,明确责任权力利益。根据任务设岗、分级聘任、全职与兼职相结合方式建立科研团队，中心所有员工实行目标考核制，动态调整，校内在编人员和社会聘用人员按岗聘用、按岗考核、按绩取酬。

（3）构建面向行业产业协同创新需求的科研组织模式。根据应用基础、共性关键核心技术到应用示范等全产业链不同阶段设计，推动创新链、价值链、学科链融合，提升校企协同解决共性核心关键技术能力。如依托大连理工大学、西安交通大学等高校建设的辽宁重大装备制造协同创新中心，面向重大装备制造基础理论和共性关键核心技术攻关，致力于重大装备制造创新，通过联合行业优势企业组建沈阳鼓风机研究院、北方重工研究院、大连华锐重工研究院、瓦房店轴承研究院这4个专用技术研究平台，突破企业在产品研发过程中面临的专用关键技术，形成了高校共性技术与企业专用技术有效衔接的协同创新链条，创新科技组织模式从以单一技术为载体的"点"式项目合作模式向把基础研究、技术开发到应用示范全线贯通的产业链"线"式转变。

（4）构建以创新质量和实际贡献为基础的考核评价制度，营造良好的协同创新环境。如先进航空发动机协同创新中心通过成立独立于中心之外由行业部门专家组成的技术评审委员会以及由国际知名学者组成的学术评审委员会，实施学术评价与技术评价相结合，建立了协同创新团队评价体系。该评价体系包括重大任务、支撑行业发展和学术影响力等指标，重点评价重大任务和支撑行业两方面（权重为65%），把解决行业产业技术实际问题、示范应用、行业标准和规范、设计工具和准则作为评估的重要内容，有效地克服了高校原有考核体系过于注重论文、著作、专利和奖励等方面弊端。

（5）建立和完善协同创新各主体间的利益分配机制，实现互利共赢。在协同创新活动开展过程中，各创新主体通过签订合作协议，明确各单位的责任、权力和利益，明晰知识产权归属和利益分配，构建长期、稳定的协同创新中心，实现科学价值与市场价值的共生共赢。对高校来说，不应过度与企业争利益，目标应定位于通过协同创新实现学科建设、人才培养和科研的共同发展，推动区域经济和社会发展，从而获得更多的创新资源。

（二）中国特色小镇

2016年7月，国家住建部、发改委以及财政部共同颁布了《关于开展特色小镇培育工作的通知》（建村〔2016〕147号），要求到2020年培育1000个左右特色鲜明、产业发展、绿色生态、美丽宜居的特色小镇，推进新型城镇化和新农村建设。特色小镇是经政府批准设立的建制镇，具有行政区划地域概念，其主要特点是：产业形态鲜明，环境美丽和谐宜居，传统文化特色彰显，设施服务便捷完善，体制机制充满活力。同年 10 月和 12 月，国家发改委相继出台了《关于加快美丽特色小（城）镇建设的指导意见》（发改规划〔2016〕2125 号）和《关于实施"千企千镇工程"推进美丽特色小（城）镇建设的通知》（发改规划〔2016〕2604 号）。特色小镇建设迎来政策风口。同年 10 月 14 日，住建部经推荐和专家评审后发布了第一批中国特色小镇名单（见附录二），共计 127 个小镇入选。

1. 区域分布

在这 127 个中国特色小镇中，浙江最多（8），其次是江苏、山东和四川（7），广东（6）排第三，陕西、贵州、湖南、湖北、福建、安徽（5）排第四。从区域分布来看，华东（35），西南（21），华中（18），西北（16），华北（15），华南（12），东部（10），其中华东和西南地区数量较多，主要原因在于：一方面华东地区是我国经济发达地区；另一方面尽管西南地区经济不发达，但是西南地区却拥有丰富的旅游资源，通过大力发展旅游产业带动小镇建设。

产城融合以浙江、山东、河北等省份为代表。浙江的特色小镇建设比较早，被认为是特色小镇发源地，因此具有先发优势，入选数量也比较多，类型比较综合，共计 8 个小镇入选。具体包括：自然风光休闲旅游的莫干山镇、传统文化青瓷传承的上垟镇、6 个产城融合的专业分工制造业小镇，兼顾了民营经济专业分工和文化传承的特色。

人文与自然结合以陕西、河南、山西等省份为代表。如陕西通过发挥优势资源，推动区域经济均衡发展，建设 5 个特色小镇，包括温泉小镇 2 个、红色旅游小镇 1 个、自然风光小镇 1 个和农业小镇 1 个。为改善当前陕西旅游状况，提升旅游新价值，推动旅游产业的发展，一方面，陕西将会继续发展休闲旅游小镇，如玉华宫、仁寿宫等；另一方面，革命圣地也是红色旅游的重要内容，为了推动陕北革命老区发展，陕西也会继续发展独具特色的红色旅游小镇，如工农红军陕北会师旧址吴起、延安大生产运动的南泥湾等类型的特色小镇；另外，还可以依托杨凌农业高效技术产业示范区发展现代农业小镇或者依托阎良、蒲城建设航空小镇。

2. 主要类型

中国特色小镇根据产业不同主要分为六大类型：工业发展、农业服务、民族集居、旅游发展、历史文化和商贸流通，其中旅游发展型最多（64），占总数的 50.39%，占据半壁江山，以旅游产业为核心带动其他产业发展；其次是历史文化型（23），占总数的 18.11%，中国具有上下五千年深厚的文化底蕴，深入挖掘和传承中国文化，这也是国家所大力倡导的；工业发展型（19）排第三，占总数的14.96%；农业服务型（15），占总数的11.81%，民族集居型和商贸流通型最少（3），占总数的2.36%。

3. 主要省份特色小镇建设情况

（1）浙江。浙江省政府于2015年印发了《关于加快特色小镇规划建设的指导意见》（浙政发〔2015〕8号），要求从2015年开始，3年内建设100个特色小镇。详细情况见下一小节。

（2）江苏。2016年江苏省发改委牵头颁布了《关于培育创建江苏特色小镇的实施方案》（苏政发〔2016〕176号），要求3～5年内建设100个特色小镇。产业定位在高端制造、新一代信息技术、创意创业、健康养老、现代农业、旅游风情和历史经典等七大产业。空间规模上要求规划面积在 3km² 以内，建设面积在 1km² 以内。注重生产、生活和生态有机融合。3年内完成投资30～50亿元。坚持政府引导、企业为主体和市场化运作的原则，鼓励由特色产业内的龙头企业、创新创业载体或行业商（协）会牵头，建设多元化、公司化的运营管理平台。实行"宽进严出、动态管理、优胜劣汰、验收命名"管理机制，每一年考核及格后补助200万元。

（3）福建。2016年福建省政府印发了《关于开展特色小镇规划建设的指导意见》（闽政〔2016〕23号），指出特色小镇是产、城、人、文四位一体的平台。产业定位于高端装备制造、新一代信息技术、生物医药、新材料、节能环保、生态旅游、海洋高新、互联网经济等新兴产业和工艺美术（如木雕、石雕、陶瓷等）、纺织服装制鞋、茶叶、食品加工等传统特色产业，瞄准一个独具地域特色和竞争优势的细分产业。空间规模上要求规划面积在 3km² 以内，建设面积在 1km² 以内，3年内完成投资10～30亿元。每个特色小镇国土部门专门安排了100亩用地指标。2016—2018年期间，特色小镇公共设施建设项目新发行企业债券，根据当年发行债券规模按1%的比例进行贴息补助。同时加强小镇顶层规划，对完成规划设计的小镇，省级财政通过以奖代补的形式给予后补助50万元。

（4）山东。2016年山东省政府出台了《山东省创建特色小镇实施方案》（鲁政办字〔2016〕149号）。方案要求到2020年建设100个特色小镇，认为特色小镇是一种具有突出产业特色、文化内涵、旅游发展和社区功能的平台载体。产业定位于海洋开发、信息技术、高端装备、电子商务、节能环保、金融等新兴产业和文化创意设计、旅游观光、现代农业等绿色产业以及造纸、酿造、纺织等传统产业。空间规模上要求规划面积在 3km² 以内，建设面积在 1km² 以内。5年内完成投资20～30亿元。特色小镇实行动态监管，同时建立考核指标体系和评价制度，每年进行评估，对于第一年度没有完成规划建设投资任务的小镇，给予黄牌警告；对连续2年没有完成规划建设投资任务的小镇，取消创建资格。

（5）辽宁。2017年辽宁省发改委牵头出台了《关于辽宁省产业特色小镇建设方案》（辽发改规划〔2017〕755号），指出在2017—2020年期间，建设50个具有鲜明特色产业、灵活体制机制、浓厚人文气息、优美生态环境的综合功能融合特色乡镇。产业定位在高端装备制造、电子信息、现代商贸流通、健康养老、现代农业、生物医药、节能环保、文化体育、旅游风情等产业。空间规模上要求规划面积在$3km^2$以内，建设面积在$1km^2$以内。3年内完成投资10～20亿元。

（三）中国特色小镇案例——浙江特色小镇的创新探索

1. 浙江特色小镇概述

1）特色小镇内涵

浙江省先行先试，探索了一条新型城镇化建设新模式：特色小镇，成为浙江"十三五"产业创新和新型城镇化建设的新抓手，被国家列入向全国推广的新型城镇化建设模式之一。早在2015年初，浙江省人民政府就出台了《关于加快特色小镇规划建设的指导意见》（浙政发〔2015〕8号），要求在高端装备制造、旅游、时尚、信息经济、环保、健康、金融七大万亿产业以及茶叶、丝绸、黄酒等历史经典产业建设一批特色小镇。特色小镇不是行政区域单元的乡镇，也不是产业园区、风景旅游区和大工厂，而是按照创新、协调、绿色、开放、共享的发展理念，面向七大万亿产业和历史经典产业，根据本地特点，找准产业发展定位，发掘产业特色、文化底蕴和生态资源，集成产业高端要素，通过产业实现文化、旅游、社区等功能，形成"产、城、人、文"四位一体的创新创业发展平台。这点与中国其他特色小镇为建制镇有本质区别，浙江特色小镇是一创新创业综合性平台。2015—2016年期间，先后审批通过两批共79个省级特色小镇，实现投资2117亿元，入驻企业近2万户，已经涌现出美妆小镇、梦想小镇、基金小镇、云栖小镇等一大批生态环境优美、产业特色鲜明的小镇。

2）特色小镇发展背景

特色小镇最初出现在浙江大地极具深厚的理论基础和实践价值：一是浙江县域经济比较发达，为特色小镇建设奠定了坚实的产业基础。2015年，浙江县域经济占全省经济近一半，全国百强县就有17个。浙江县域经济的重要支持来自各具特色的块状经济，如温州鞋革、绍兴印染、宁波工艺品、诸暨织袜、海宁皮革等，这些块状经济从"一村一品""一乡一业"起步，已发展成为企业集中和要素资源集聚的区域性产业集群。二是民营经济相对发达，形成特色小镇的投资基础。浙江是民营经济大省，民企数量众多，超120万家，每12人中便有一名民企老板，每40人中就拥有一家民营企业。民营经济总量占全省税收收入6成以上、占全省生产总值7成以上、占全省外贸出口总额8成以上、占新增就业岗位9成以上。三是信息技术相对发达，强化特色小镇的技术基础。自21世纪以来，浙江在互联网和信息技术产业先行先试，占领了技术高地，是我国第一个"两化"深度融合的国家示范区，"两化"融合指数高达86.26。信息技术对传统产业转型升级和新兴产业培育以及社会服务支撑日趋凸显。四是大市场与小政府，营造特色小镇的良好环境基础。在特色小镇建设过程中，政府强调市场主体地位，尊重龙头企业、大集团和行业领军人物谋划的发展战略，充分发挥近800万浙商的作用，把市场作为主角和红花，而政府则扮演配角和绿叶，甘当为企业服务的"店小二"。

3）相关政策实践

推动浙江特色小镇建设政策主要包括省级层面和各地市出台指导意见。2015年4月《关于加快特色小镇规划建设的指导意见》（浙政发〔2015〕8号）出台，标志着特色小镇建设全面开始。浙江省专门建立了特色小镇规划建设工作联席会议制度，常务副省长为召集人，秘书长为副召集人，省委宣传部、省发改委、省经信委、省科技厅、省财政厅、省国土厅、省金融办、省商务厅、省旅游局、省建设厅、省文化厅、省统计局、省政府研究室等13个省级部门为成员单位。下设办公室，办公室设在省发改委，负责特色小镇建设工作日常管理工作。除了省政府外，省级相关部门如省发改委、工商局、金融办、统计局、科技厅、文化厅也陆续出台了相关的政策。同时浙江省下属绍兴、台州、温州、金华、杭州、衢州、宁波、湖州、舟山、丽水等11个地级市也出台相关政策和措施支持特色小镇建设，主要包括组织协调、土地、财政、金融、人才引进、行政审批和项目支持等七大方面的支持，形成了一套自上而下完备的政策体系，省市联动共同推进特色小镇建设。

4）特色小镇主要特征

（1）聚焦产业。聚焦支撑浙江未来发展的七大万亿产业，包括信息经济、环保、健康、旅游、时尚、金融、高端装备制造，兼顾茶叶、丝绸、黄酒、中药、青瓷、木雕、根雕等历史经典产业，根据各镇应发展和自身资源禀赋匹配的产业，1个小镇瞄准1个主导产业，构建完整的产业生态圈，即使主攻同一产业，也要细分领域、错位发展。如云栖小镇和梦想小镇都同为信息经济小镇，然而云栖小镇主攻大数据和云计算，重点引进阿里云、华通云数据、intel、富士康科技等行业一流企业，构建了一个比较完善的云计算产业链；而梦想小镇则专注于互联网创业和风险投资，聚集了一大批创新创业项目、创新创业人才和项目资金，其中有两家公司只用一年多时间就在新三板挂牌上市。

（2）功能融合。在产业基础上，特色小镇更强调产业、文化、旅游、社区的融合，由产业带动文化、旅游、社区综合功能实现，是"产、城、人、文"四位一体的创新创业平台。特色小镇建设强调包括政务生态、产业生态、自然生态和社会生态4个生态融合发展，优越的生态环境集聚了大批的创业者、创新团队、风险投资、孵化器等高端要素，营造独具特色而浓厚氛围的历史人文气息，有利于快速构建产业链、资金链、人才链和创新链，并实现融合发展，特色小镇生机勃发。例如，玉皇山南基金小镇瞄准金融产业，通过打造优美舒适的办公环境，提供"一站式"的政务服务，具有毗邻上海金融中心的地缘优势和浙商群体资源多、资金雄厚的资本优势，当前累计吸引了各种金融机构800多家入驻，汇集了众多金融人才和资金。

（3）形态特殊。在空间规模上，特色小镇要求规划面积控制在3 km^{2}以内，建设面积控制在1 km^{2}以内，所有特色小镇必须建设成为国家级3A级景区，其中旅游产业特色小镇要建设成为国家5A级景区。在固定资产投资方面，要求原则上3年内特色小镇要完成30亿~50亿元投资，不包括住宅和商业综合体项目，其中政府投资要低于3成，非政府投资要高于7成，要充分利用社会资本，在政府与市场的角色上做出明确的定位。在建筑风格上，无论软硬件建设，实行"一镇一风格"，多角度展现地形地貌、建筑特色和生态禀赋，求精不贪大。小，就是集约集成；小，就是精益求精。依据地形地貌特点进行整体规划和形象设计，因地制宜，明确小镇整体风格，建设"高颜值"小镇。

（4）机制灵活。坚持政府引导、企业为主体的市场化运作模式，开拓产业基金、股权众筹、政府和社会资本合作（PPP模式）等融资渠道。用创建制代替审批制，重谋划、重实效；在规划层面实行严进严管，实施动态管理，不搞区域平衡和产业平衡，建立"优进劣汰"的竞争机制。2017年8月，经对前2批审批的特色小镇进行考核评估，评估结果出现推进不力、建设滞后、创新乏力等问题，11个特色小镇未通过考核，其中5个被降格，6个被警告。扶持政策实行有奖有罚，采用期权式奖罚，从"事前给予"改为"事后结算"，对于验收合格的特色小镇给予土地指标和财政返还奖励，如果确实需要新增建设用地，各地方可先行办理农用地转用和供地手续，对于按期完成年度规划任务的，省里将按实际使用指标的一半予以配套奖励，特别对于高端装备制造、环保和信息经济等产业类特色小镇将按 6 成进行配套奖励；对 3 年内没有完成规划任务的，将会加倍倒扣省里奖励用地指标。特色小镇在建设期间和验收通过之后，其规划空间之内的新增财政收入中需上缴省级财政部分，前 3 年全部返还给当地财政，后 2 年按 50% 进行返还。同时实行"追惩制"，对没有在规定时间内完成规划任务的，倒扣土地指标，确保小镇建设质量。

2. 美妆小镇：构建化妆品全产业链

吴兴美妆小镇坐落于浙江省湖州市吴兴开发区内，规划面积 $3.28km^2$，核心建设面积 $133km^2$，是化妆品特色小镇。小镇以"一核三区"进行布局，通过建设化妆品产业核心区、产业服务区、旅游休闲区和创意体验区，参考法国化妆品谷的建设模式，打造中国美妆产业集聚中心、中国美妆文化体验中心和中国国际时尚美妆博览中心，练就"最美"小镇。截至 2016 年底，小镇吸引 20 多家包括韩佛、衍宇、上海上美等国内外知名企业入驻，投资超 60 亿元。其主要做法如下：

1）全产业链生态

美妆小镇着力构建以化妆品生产为主导的全产业链，不仅包括化妆品产品，还包括上游原材料、包装包材、品牌策划和产品展示等方面；不仅是化妆品生产的"世界工厂"，还研发生产护肤品、彩妆、香水以及配套产品；依托中国最大的化妆品博物馆和香料植物园等景点精心打造"吴兴美妆一日游"，发展会展业和休闲旅游业；利用"互联网+"发展化妆品电子商务，提供行业内最全面、便捷、优质的产业配套服务。

2）建设公共研发平台

引入珀莱雅等龙头企业建设珀莱雅企业研究院，引入浙江省检验检疫科学技术研究院建设化妆品检测中心，建设中国美妆学院等公共研发服务平台，为企业提供产品研发、检验检测、人才培训等服务。

3）"政产融网"四位一体

湖州市、区、镇三级政府基于全省特色小镇政策，还给予入驻企业最优惠的土地财税政策支持，如对于超出工业企业亩均税收的市、区、镇留存部分，3 年内全额返回给企业。专门成立"化妆品产业（湖州）投资发展有限公司"，搭建平台，统筹特色小镇建设与运营。设立了国内化妆品行业首支产业基金——望舒资本，基金规模达 16 亿元，首期 3 亿元，通过"公司+基金+政府"形式，建设股权投资基金平台。通过构建"政产融网"，即政府支持、产业为主导、资本为助力、结合互联网要素等四位一体化妆品产业集聚区，为美妆小镇建设保驾护航。

4）注重产业生态环境

利用低丘缓坡用地实施综合开发，让美妆产品与优美生态环境完美结合，使产业与自然环境、旅游设施、建筑风格协调融合、相得益彰，实现产城融合。

3. 基金小镇：产业生态圈与优质生活圈良性发展

玉皇山南基金小镇起源于玉皇山南国际创意金融产业园。2014年8月，小镇规划通过评审后开始建设。截至2016年底，该小镇已累计入驻企业超千家，资金管理规模近6000亿元，税收超10亿元，已经成为杭州私募股权投资企业最多、管理资金规模最大的地区。

1）活用政策资源，政策叠加效应明显

管辖基金小镇的上城区政府财政实力与目前国内金融产业园区当地财政相比十分有限，在税收、土地、投资奖励等优惠政策上并不占上风。实际上，该小镇所得税返也只有国内大部分金融产业园的一半左右。但上城区政府却在营造政策环境上下功夫，为此专门成立了私募（对冲）基金小镇领导小组，通过对基金小镇各级优惠政策进行分析研究、再创新，灵活运用省市区各种已有政策，制定并实施较为科学合理高效的扶持政策，政策叠加效应十分显著。目前，基金小镇扶持政策覆盖了企业所得税、营业税、个人所得税、落户奖励、购房补贴等许多方面。基金小镇已被确定为杭州市深化金融体制改革试点地区，得到浙江省金融发展促进会和省金融管理部门的大力支持。

2）侧重政府服务，构建产业生态圈

基金小镇采用"政府服务＋企业化运作"的模式，政府职责主要是为入驻机构提供硬件环境、政策和服务配套。首先，依托私募（对冲）基金行业龙头机构联合行业协会组建运营管理实体，采用"产业链招商＋生态圈建设"模式，充分发挥龙头企业和行业协会带动引领作用，开展专业化的园区运营和管理工作，有效地带动整个产业集聚和发展。事实上，对于基金产业来说，"金融生态圈"与"私募金融产业链"都十分重要。其次，上城区政府在培育和引进各类私募（对冲）基金等核心机构如私募证券基金、私募商品期货基金、对冲基金、量化投资基金和私募股权基金的同时，配套引进与其业务密切相关的私募中介服务机构（如私募代理机构、投资顾问公司、证券公司、期货公司、信托公司等）、辅助性产业机构（如清算托管机构、金融数据和服务供应商等）、共生性产业机构（如第三方理财机构、互联网金融企业等）和配套支持机构（如法律服务机构、会计审计机构、研究咨询机构等），形成5个维度产业生态圈，实现私募（对冲）基金和上下游企业之间"零距离"，形成完整的私募基金产业链和生态系统，构建区域创新网络。目前，上城区内集聚了400多家各类金融机构，平均每平方千米有20多家，总部经济凸显，拥有银行、保险、期货、证券四大行业的省市以上区域总部

27家，各类银行机构25家，包括13家省市分行。再次，小镇还专门成立了私募（对冲）基金产业研究院，为入驻企业提供包括开展私募基金行业研究、发布权威行业研究报告、建立私募基金管理人评价和监测系统、组织私募（对冲）基金论坛以及举办各类金融人才交流活动等专业化配套服务。

3) 完善生活配套服务，打造高级金融人才生活圈

为配合基金小镇建设，上城区政府实施了一系列服务金融人才的政策举措，从买房、租房、房屋装修到信息化应用、税收减免等方面给予高额的资助和补贴，努力建设高层次金融人才的生活圈。小镇内建有人才公寓，同时引进超市、娱乐中心、餐饮、茶楼、酒吧、美容健身等综合娱乐生活设施，构建完整的生活配套服务体系。一方面，小镇周围是杭州市高端住宅区，尤其是钱塘江北岸沿江高档生活小区，为高层次金融人才提供了良好的宜居环境；另一方面，小镇附近餐饮设施齐备，小镇内建有杭帮菜博物馆，临近高银街、满觉陇等餐饮集聚地；此外，小镇的医疗和教育资源十分丰厚，上城区坐拥浙江省第一医院、浙江省第二医院、浙江省妇幼保健医院、浙江省中医院等知名医院，三甲医院密集度为全省第一，是浙江省医疗资源最好的地区，同时小镇周围也拥有众多全省知名中小学校。

4. 梦想小镇：互联网创业小镇+天使小镇融合发展

占地3km²的余杭"梦想小镇"，其最大特色在于促进"互联网创业小镇"+"天使小镇"融合发展，构建完善的创业生态系统、人才服务体系和金融服务体系。该小镇自2015年3月开园，截至2016年底已入驻各类基金和投资机构近60家，各类基金管理规模达300多亿元，新注册各类投资基金和基金100多家，创业项目600多个，创业人才6000余人。

1) 孵化与金融叠加，实现人才和资本无缝对接

梦想小镇努力促进"互联网创业小镇"+"天使小镇"融合发展。其中，互联网创业小镇侧重于鼓励支持"泛大学生"创办云计算、大数据、移动互联网、电子商务、物联网、软件设计、动漫设计等互联网相关领域的企业；天使小镇则专注于培育发展科技金融和互联网金融，汇聚各类天使基金、私募基金、股权投资机构和管理机构等金融机构。通过孵化与金融叠加，梦想小镇牢牢抓住创业中两个关键环节，实现"人才"和"资本"无缝对接。构建"创业苗圃（前孵化器）+孵化器+加速器"全链条孵化体系，为不同发展阶段的创业企业和团队提供全方位专业化创业孵化服务，营造勇于创新创业的氛围。苗圃阶段，经选拔或创投机构推荐，可为入围企业或者项目提供3～6个月零成本孵化期，同时为其配备导师团队，为企业或者项目发展提供指导和建议；孵化阶段，为入孵企业提供小镇各项优惠政策和服务；加速阶段，当高成长性企业进入加速器之后，可享受小镇特别定制的"育成计

划",并提供一站式服务直至并购上市。针对初创企业融资难等问题,小镇鼓励天使投资和引导社会资本,共同设立天使投资引导基金和创业贷款风险池,与银行、保险、担保、信托等金融机构合作推出金融产品。通过政府投资带动风险投资、风险投资促进孵化服务等方式,提高财政资金使用效益,努力完善创业投资制度环境。如今,小镇逐渐建立起涵盖企业初创、成长、成熟等不同发展阶段的金融服务体系,主要围绕创业引导基金、天使基金和风险投资三大基金,与此同时,还吸引了红杉资本、IDG资本和浙江省信息产业基金等金融资本入驻。

2) 以赛促创,重点支持"泛大学生"创新创业

根据杭州工商局数据,2016年杭州大学生创业的企业近9000家,创业大学生1.9万余人,其中以浙江大学和杭州师范大学为主,电子信息、计算机、电子商务、软件等相关领域最热,创业氛围远远超过清华大学和北京大学。梦想小镇所在地正好临近浙江大学和杭州师范大学等高校,而且专门建立了浙江大学校友孵化器,努力将人才牢牢抓在手里。小镇主动搭台,建立"创业先锋营",通过以赛促创方式,集聚"泛大学生"群体(即在校学生或毕业后10年之内的大学生)。针对这些无资本、无经验、无市场、无支持的"四无青年",政府提出"我负责阳光雨露,你负责茁壮成长",给予如"3+2"租金优惠,即入驻企业3年免租,若3年之内获得首轮300万元及以上融资支持,还可续签两年免租期;同时制订多种资金支持计划:入驻团队可获得最高100万元风险池贷款和最高30万元商业贷款贴息,还有各种物业、云服务和中介服务补助等。此外,余杭区还成立创新创业导师团,推广大学生创新创业导师制,通过聘请创新创业导师、成功企业家和政府有关部门专家,通过单一指导、咨询指导、远程会诊、教学指导等多种形式帮助入驻大学生提高创业实践能力,培养创业人才。

3) 强化服务意识,优化公共配套设施

余杭区政府出台了《关于加快推进梦想小镇——天使小镇建设的若干意见》《关于加快推进梦想小镇——大学生互联网创业小镇建设的若干意见》等政策文件,同时建有创业服务中心,建设了一站式服务大厅和"云平台"服务系统,通过线上线下结合模式为入驻企业提供专业化的创业服务,保障政策落地实施。"云平台"包含五大核心模块:一是梦想办事厅,包括政务办理、办公室管理、人才公寓管理、会议室管理、宽带管理、一卡通管理、活动管理、小镇公告栏等;二是梦想工作坊,包括云主机、云存储、云协同、云开发、云应用商场、云实验室、云视频会议等;三是梦想学院,包括魔鬼训练营、天使训练营、创客擂台、技术论坛、魔法导师等;四是梦想驿站,包括商务超市、贾客钱庄、威客交易、创客斗秀场等;五是梦想集市,包括

美食广场、仓前咖啡、优+客栈、龙门镖局、欢乐时光等。

此外，小镇根据产业发展需求逐步完善公共设施建设，努力建设成为一个宜居宜业宜游的特色小镇。小镇践行"三生"开发原则，遵循"先生态、后生活、再生产"的理念，生态先行。小镇毗邻西溪湿地、闲林港，在环境建设上突出"生态"特点，核心区三分之一面积保留稻田、菜地、水系等原有生态。小镇努力完善全息生活配套，从食、住、行、乐四个方面完善小镇生活配套，在空间布局上根据创业办公兼顾生活和精神文化进行规划，优化商业、居住、网络三大配套服务。在商业配套方面建设了点典万喜年公司运营的食堂、祐驿站便利店等；在居住服务方面引进了小米"U+公寓"，全方位铺设宽带、4G网络、无线WiFi三大基础网络，构建一个五脏俱全的创业者生活圈。

5. 云栖小镇：依托名企构建云产业生态链

云栖小镇是依托阿里云和转塘科技经济园区两大平台而建设的特色小镇。2016年底，小镇共引进各类涉云企业360多家，实现涉云产值80亿元以上，产业覆盖APP开发、云计算、移动互联网、物联网、数据挖掘和互联网金融等多个领域，吸引了包括阿里云、富士康科技、华通云数据、intel、数梦工厂和洛可可设计等一批行业巨头，云栖大会成为全球规模最大的云计算峰会之一，已初步构建了较为完善的云生态产业。

1) 政府主导，名企引领

"政府主导、名企引领"的创新模式，为云栖小镇快速发展奠定了良好的基础。2012年12月，西湖区政府出台了《关于促进杭州云计算产业园发展的政策扶持意见（试行）》，提出要建设杭州云计算产业园，大力推进云计算、大数据、物联网、互联网金融、数字内容、智慧物流等新兴产业的快速发展。2013年4月，产业园引入阿里云，并共建阿里云创新创业基地。阿里云出台了引进企业相关政策，充分发挥名企带动和引领作用。例如，凡入驻园区的企业在阿里云官方网站上的云市场上进行宣传、推广、销售的云产品和服务，阿里云3年内不收取佣金；入驻园区的企业基于阿里云平台开发相关云计算应用所产生的费用，阿里云将给予云示范补贴；阿里云还为园区内入驻企业积极引入风投机构，助力初创企业的发展。

2) 建设创业创新引导区和"超级孵化器"两大载体

云栖小镇将建设创业创新引导区和"超级孵化器"两大重点工程。创业创新引导区总面积100 000 m²，主要是云产业生态展示区和云上创业创新企业标杆示范区，为入驻企业提供物理空间和一系列硬件基础服务。引导区将遵循"总量控制，分步实施"的原则，分步出租及装修引导区用房，努力提供"拎包入驻"式免租服务和其他相关的扶持政策。小镇和阿里云共同建设

5000m² "云栖小镇超级孵化器"，3年内投入约千万元，为创业企业或团队提供服务，汇集云计算创业人才和项目。同时对入驻创业企业或团队提出相关要求：团队成员必须具有良好背景，创业项目在云计算领域拥有较好孵化潜力和发展空间，成员原则上不超过20人。

第三节　国内外产业集群协同创新体系建设实践对广东的启示

（一）树立市场经济理念是产业协同创新体系建设的先导

先进理念是行动的先导，创新思路决定行动的出路。从国内外产业集群协同创新体系构建实践来看，需正确处理好政府与市场的关系，充分发挥市场机制的作用。政府侧重于做好规划、优化服务、营造良好创新环境和保护好生态，剩余的都交由企业去做，提供优质的服务，向服务型政府转变。浙江特色小镇建设开始就坚持以企业为主体，采用市场化运营模式，在固定资产投资中，明确要求以社会资本为主，政府投入不可超过30%。事实上，实践效果较好的特色小镇，是实行市场化运营的结果，发挥企业在创新中的主导作用，彰显企业能动性和影响力。例如，海宁皮革时尚小镇由海宁中国皮革城和浙江钱塘江投资开发有限公司联合开发，海盐核电小镇由中国核建集团、中国能建集团和中国核电工程公司等央企牵头建设，西湖云栖小镇由转塘科技经济园区联合阿里云共同开发，嘉善巧克力甜蜜小镇由嘉善大云文化生态旅游发展有限公司、斯麦乐集团、康辉集团、梦东方文化投资有限公司等合作投资建设等。因此，广东专业镇产业协同创新体系建设，也要按照"政府搭台、企业唱戏"的原则，通过市场化机制充分发挥企业的能动作用。

（二）创新要素的充分整合是产业协同创新体系建设的关键

产业集群创新具有综合性和系统性特点，需综合考虑各创新主体需求。美国产业协同创新体系的鲜明特点就是各创新主体分工明确，互相联系，密切合作，相关的立法非常完备，各自的利益在相关合作过程中得到较好的保证。政府采取鼓励战略性研发、出台法律政策、建设科技园区等多种措施。美国拥有世界一流的高等教育体系，其研究生教育水平在全世界享有盛誉，除培养高层次人才外，高校还承担着80%的基础研究工作。企业是创新的主体，大企业大部分拥有研发机构，全美上万家企业设立了研发实验室，大企业研发投入占全美7成以上，国家科研机构拥有实验室近900个、职工20万余人，居世界第一，民营科研机构较多。美国还有大量科技中介服务机构和行业组织，发挥着黏结作用，为各创新主体提供融资、培训、管理、咨询等服务，是促进产业协同创新的桥梁。它们之间关系密切，建立一种使知识在各创新主体之间流动和更新的机制。因此，在广东专业镇产业协同创新体系建设过程中，要注重各创新要素的有机融合和协同合作，不断完善协同机制。

（三）产业集聚是成功构建专业镇产业协同创新体系的根本

专业镇的生命力在于创新引领和竞争力，要以产业为根本，找准并放大其特色效益。在构建专业镇产业协同创新体系过程中，要综合考虑各专业镇资源禀赋、政策因素、市场需求等因素，空间规模、资源优势、品牌优势、产业发展、产业集聚等方面在规划时都要考虑。无论发展传统特色产业还是培育战略性新兴产业，关键在于形成小镇的特色，找准专业镇产业定位。如浙江特色小镇建设时要求聚焦支撑浙江未来发展的七大万亿元产业和七大历史经典产业，1个小镇立足1个主导产业，通过企业间分工协作，促进产业集聚，形成产业价值链，构建完整的产业生态圈，即使主攻同一产业，也要细分领域，有所差别，错位发展，走创新发展之路和大众创业之路，推动大众创业、万众创新。

（四）营造优质创新生态环境是专业镇产业协同创新体系建设的保障

创新生态环境包含地理条件、基础设施等硬环境和政策、文化、制度等软环境。建设优美宜居的居住环境，突出独具特色的建筑风格、景观设施和人文环境，有利于吸引高端科研人才，聚集人才，促进产业聚集。无论是国家特色小镇还是浙江特色小镇建设都尤其重视生态环境建设，要求所有特色小镇都要建设成为国家AAA级以上景区，旅游特色小镇更是要按国家5A级景区标准建设。优秀特色小镇如梦想小镇、美妆小镇、云栖小镇、基金小镇等不仅产业层次高、汇聚人才多，而且风景优美、环境宜人，已经成为产城融合的典型代表。在软环境建设方面，在规划理念、运营机制、制度供给和创新文化营造每一个环节，彰显改革创新的力量，构建创新制度体系和营造良好的创新生态环境。例如，2011协同创新中心在协同创新组织模式和管理运行机制上如人事聘用和管理方式、科研组织模式、考核评价和利益分配机制等方面进行了有益的探索。因此，在广东建设专业镇产业协同创新体系中，坚持以改革创新为动力，不仅把专业镇产业协同创新体系建设作为镇域经济创新驱动、转型升级的载体和平台，而且要作为广东全面实施深化改革的先行示范和引领。

第三章 广东专业镇产业协同创新体系建设现状

广东专业镇发展是广东科技管理部门在地方产业集聚的基础上，通过科技政策引导、创新平台建设等措施推动集群发展的实践。10多年实践以来，广东专业镇已经开始具备了自身产业集聚功能。随着专业镇的发展，广东已经涌现了一批典型专业镇协同创新体系建设示范专业镇，呈现出良好的发展势头，为全省专业镇产业协同创新体系建设提供了可供借鉴的体系构建思路和适合推广的模式。

第一节 广东专业镇建设概况

一、专业镇定义及特征

（一）专业镇的定义

专业镇是1990年在广东大地出现的一种产业集聚的镇域经济新形态，成为县域经济的重要支撑，亦是产业集群在广东的具体表现形式。各地对于专业镇的理解多种多样，甚至连名称都各不相同。例如，我国山东将专业镇称为"特色专业乡镇"、浙江称之为"块状经济"、江苏称之为"小狗经济"等，这些都是典型专业镇表现形式。虽然有的区域专业镇经济比广东出现得更早，但是，"专业镇"一词却是在广东首先使用的，最早提出专业镇经济概念的学者是王珺教授，他认为：专业镇是基于一种或者两三种产品专业化生产的乡镇经济。2000年开始，广东省科技厅组织实施"专业镇技术创新试点"工程，指出专业镇是把镇（区）作为经济单元，拥有一定规模而集聚的产业，生产、供应和销售实现一条龙，科技、工业和贸易实现一体化，销售网络辐射面广的镇域经济实体。随着时代和专业镇的发展，对专业镇提出了新的要求，2016年广东省科技厅出台了《加强专业镇创新发展工作的指导意见》(粤科产学研字〔2016〕54号)，提出专业镇是基于镇、街道或者县区等行政区域单元，产业集聚度高、专业化分工协作紧密、创新活跃、产业示范带动显著的镇域经济一种产业组织形态，推动产业集群化发展和鼓励产业链分工合作和协同创新。

（二）专业镇的主要特征

1. 独立行政区域

专业镇在地域上是一个建制镇（街道、区），是经各级政府批准设立的行政区划单位。镇政府是国家最基层的行政机关，也是最基本的独立行政单位，在区域管理中呈现出自身特点。

2. 特色产业集聚

在镇（街道、区）范围内，有一个或几个明显的特色产业为主导，以主导产业为核心，集聚了较多企业，其中以中小微企业为主，企业根据产业链形成纵向或横向的分工体系，特色产业明显是专业镇的重要标志。

3. 专业化配套协作

专业镇是大量企业集聚合作形成的镇域经济，若区域内企业集中生产某一特定产品，则形成水平专业化分工协作；也可以是区域内大量中小企业围绕一家或几家大型骨干企业开展产业链垂直专业化分工协作；又或者两者兼而有之。

4. 协同创新

专业镇强调创新要素的整合和创新主体合作，将资金、技术、信息、人才等创新要素进行整合和交互，推动企业上下游产业链和各级政府、高校科研机构、中介服务机构、行业组织、金融机构等各创新主体之间开展紧密合作和协同，提升专业镇产业竞争力。

二、广东专业镇发展历程

专业镇发展过程大致可以分为以下4个阶段：

1. 萌芽期

20世纪80年代，广东农村逐渐涌现了一批"专业户""专业村"，并逐步形成了某种商品专门生产、供应和营销一体化的专业市场。以农业生产为主要特征，逐渐出现生产大户、中小企业集聚现象。这种萌芽现象大多是由市场经济的无形之手推动而自发形成的，市场经济的无形之手起着包揽一切的作用。这一阶段的专业镇主要是开展简单生产与商品交易，缺乏技术创新、市场营销与战略管理等内容。

2. 形成期

20世纪90年代，各地的乡镇积极调整和优化农业产业和农产品结构，农产品加工业和"三来一补"外贸形式得到迅速发展，逐渐形成"一镇一品"的发展局面。同时，专业镇产业结构由农业向工业、商贸、旅游等产业迅速发展，显现多样化特征。此时的专业镇企业形成横向关联，企业在某一区域大量集聚或以某类产品为中心形成产业集聚，或以商品流通为核心形成产业集聚。尽管经过市场分工，各中小企业可以找到自身定位。但是，在这些专业镇内，大部分企业之间联结关系非常松散，相互合作相当少，以产业链为核心的产业分工组织形式尚未形成。传统家族企业逐渐向现代企业转变，现代经营管理理念逐步发挥作用，政府作用已经开始参与，中介机构逐渐产生。

3. 升级期

自21世纪起，随着专业镇企业逐渐进行产业垂直分工，企业根据上下游产业链而联接，每个企业仅从事某种产品的某一环节的生产。在这种情况下，专业镇内往往存在一个或者几个大中型龙头企业，大企业进入是形成产业垂直分工的直接推动力，随着大企业进入，为其配套的小企业也相应跟进。企业间联系日益紧密，社会关系网络和个人关系网络逐渐加强，资金和技术协作关系越来越密切，知识、技术、信息、资本和劳动力等科技资源充分流动、扩散和交互，逐渐形成产业网络。

各级政府积极地制定有关政策和实施相关举措，引导和促进专业镇健康发展。如广东省科技厅积极组织实施"专业镇技术创新试点"工程，引导专业镇以技术创新促进镇域经济发展。此后，又陆续实施了"省市联动推进专业镇建设""创新示范专业镇建设""一镇一策""专业镇中小微企业服务平台建设""珠三角与粤东西北专业镇对口合作建设""专业镇协同创新中心建设"等措施推动专业镇转型升级和创新发展。

4. 创新期

在政府扶持和引导下，部分条件优良的专业镇逐渐形成产业辐射扩散的模式，内生型专业镇从水平分工向垂直分工转变，形成空间集聚：一是围绕龙头骨干企业集聚效应和形成配套中小企业集聚的产业链网络；二是不同区域的部分中小企业群体，突破行政区划上的空间障碍，形成跨区域协作网络。同时，一些基础较好的专业镇发展品牌战略，向技术型、知识型转变，向产业生态演进。这是专业镇未来发展的方向。

三、广东专业镇类型

经过 15 年的发展,广东专业镇规模一直稳步增长,其综合实力逐步增强。截至 2015 年,经省科技厅认定专业镇有 399 个,主要分布在五金、皮具、服装、玩具、家电、石材、家具、陶瓷、农业生产加工等传统产业,以及高端电子信息、LED、生物医药、现代物流、新能源、生态旅游等新兴产业。

(一) 从三次产业分类角度划分

按照广东省专业镇促进会制定的"广东省专业镇特色产业分类表""广东省专业镇特色产业命名参照表",以三次产业分类法为基础,专业镇可分为三种:农业类、工业类和服务业类。

1. 农业类

农业类专业镇主要包括农林牧渔业等产业,以第一产业为主导,主要包括畜禽养殖、花卉、蔬菜、瓜果种植、农产品生产和加工等产品。截至 2015 年底,该类专业镇共有 122 个,占全省专业镇总数的 31%。主要集中在自然资源比较丰富的地方,在省内各地各市都零星分布,如惠州惠东县铁涌冬种马铃薯专业镇、湛江徐闻县曲界菠萝专业镇、茂名高州市根子荔枝专业镇、梅州市梅县石扇金柚专业镇、潮州庵埠食品加工专业镇、顺德陈村花卉专业镇等。

2. 工业类

广东的专业镇主要集中在工业类,包括传统制造业和高新技术产业等。截至 2015 年底,全省共有工业类专业镇 249 个,占全省专业镇总数的 62%,其中制造业专业镇是专业镇的主要形式,占全省专业镇总数一半以上。传统制造业专业镇主要集中在五金、纺织、皮具、石材、服装、陶瓷、家电、玩具等传统制造业。其特征是产业层次较低,产品附加值较低,可持续发展能力较弱、如汕头澄海区凤翔街道玩具专业镇、佛山南海区盐步内衣制造专业镇、中山小榄五金专业镇、江门开平市水口镇水暖卫浴专业镇等。高新技术产业专业镇的特色产业主要包括高端电子信息、生物医药、新能源、LED 等产业。如东莞石龙电子信息专业镇、江门江海电子材料专业镇、珠海三灶生物制药专业镇、中山小榄 LED 照明专业镇等,这种类型专业镇约占 7.3%。

3. 服务业类

服务业类专业镇不以生产有形产品为主,而是专门从事无形产品的生产或者为有形产品生产提供服务或者从事第三产业,包括现代物流、电子商务、

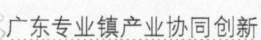

生态旅游等。截至2015年底，全省共有服务业类专业镇28个，占全省专业镇总数的7%，如韶关仁化县丹霞街道旅游专业镇、东莞常平镇物流专业镇、广州花都区花东镇空港物流专业镇等。

（二）按企业专业化分工划分

王珺教授认为，专业镇是基于一种或两三种产品的专业化生产，以镇域经济为单元的新型产业组织形态。在一个专业镇内，大多数企业围绕一个或两三个产品而形成专业化分工生产网络。这种专业化分工可分为水平型、垂直型和水平垂直共存型等三种类型。

1. 水平型

由于各专业镇在地域资源禀赋、区位优势和生产传统的不同，不同专业镇之间形成不同产品的专业化分工。往往一个镇主要生产某种产品，而另一个镇专门主要生产另一种产品。在一个专业镇里，绝大部分的企业都生产同一种产品，只是在产品类型、款式、档次上有所不同，整个生产过程如原材料采购、产品设计、生产、销售等过程都是由企业单独完成，生产环节并没有外包给其他企业。目前，大多数专业镇属于这种依赖本区域资源禀赋和专业化市场而形成的专业镇，例如东莞虎门服装、佛山西樵纺织品、顺德乐从家具等。

2. 垂直型

在一个专业镇内，企业之间根据产业链上下游而联接，每个企业仅从事其中一个生产环节。这种方式使得产品生产流程从原材料采购、产品设计、产品生产、组装、物流配送和销售都是由不同企业来完成，往往存在一个或者几个大中型龙头企业。如东莞清溪镇是全国最大的计算机产品生产专业镇，国际知名计算机制造龙头企业如光宝、NEC、致力、鼎立等随着台湾制造业整体搬迁或者投资建厂后，负责生产计算机的核心部件和整机产品设计，同时在台湾为其配套的上下游企业跟着落户清溪，负责生产相关组件、零部件，形成了产业链上下游分工合作的结构。正是靠这种群体迁徙清溪形成完善的产业配套能力，上至一块电路板下至计算机整机，一台计算机95%以上零部件可在清溪镇找齐，形成了配套完善的电子信息产业集群。

3. 水平垂直共存型

在一个专业镇里，水平型与垂直型产业化分工同时存在。例如江门蓬江摩托车专业镇，目前已形成以大长江、迪豪为龙头的大型摩托车整车生产企业和120多家摩托车零部件生产企业，建立了比较完整的摩托车设计、生产、研发、配送、销售与服务产业链。

（三）从专业镇发展动力的角度划分

根据专业镇形成过程中的动力来源，可以将其分为三种类型：内生型、外生型和综合型。

1. 内生型

内生型专业镇主要依靠当地自然资源、市场和资本等发展，有些是依靠企业原有优势资源，如南海西樵纺织品、佛山禅城石湾建筑陶瓷、中山黄圃腊味；有些是源于早期的乡镇企业和工业基础，如顺德北滘和容桂的家电等；有的则是源于本地的专业市场，通过市场拉动带动产业发展，如顺德乐从家具等。他们的共同特点是根植于本地社会经济环境，形成本地生产体系，多以传统产业和中小企业为主。

2. 外生型

外生型专业镇则是通过招商引资或承接产业转移的结果。珠江东岸的深圳、东莞等地在发展早期承接香港、台湾的制造业转移，发展"三来一补"工业，某些产业在镇域集聚，形成了今天的专业镇，如东莞的虎门、厚街等；后来，这种产业转移方式发生了改变，以大型跨国公司整体迁徙及其配套企业进入为主，发展成为直接投资建厂成立分公司，如东莞石龙、石碣等。这类专业镇的特点是，所发展的产业与本地经济不大相关，与本地的生产体系协作不紧密，往往服从产业国际转移趋势，专注于国际产业价值链上的特定环节，因此又称之为"嵌入型"。

3. 综合型

综合型专业镇是前面两种交叉融合。内生型专业镇由于在本地具有良好的产业氛围而成为招商引资的优势，吸引国外企业来本地投资，如佛山北滘吸引了美国的Whirlpool、日本的Toshiba和韩国的Sumsung等加入；而外生型专业镇也逐渐融入当地的文化和生产体系，越来越多地接受当地企业的配套生产和服务，有的甚至在发展过程中被当地企业替代主导地位，例如，南海盐步的内衣专业镇源自"三来一补"香港内衣制造公司，通过为其做OEM生产配套，做外贸，逐步向品牌打造转变，逐渐发展成为中国内衣第一城。

四、广东专业镇区域分布

截至2015年底，全省399个专业镇分布在全省各地市（除深圳），如图3-1所示，详细名单见附录三。其中，佛山和梅州各建有41个专业镇，位居全省第一，其后依次是东莞34个和汕头29个。佛山、东莞、中山市基本实现"专业镇化"。广州和珠海排最后，仅6个。

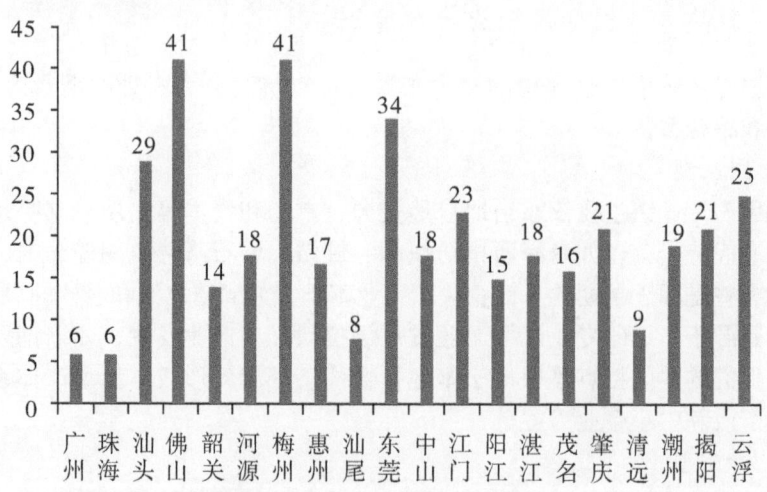

图 3-1　全省专业镇各地市数量

五、广东专业镇建设的主要做法

经过 15 年的发展，在省委省政府大力支持和省科技厅积极地推进下，广东专业镇实现数量从少到多，实力从弱到强，从一片小树林长大成为一座可以护佑广东经济社会健康发展的"大森林"。截至 2015 年底，399 个省级专业镇 GDP 总量达 2.77 万亿元，占全省 GDP 的 38%，拥有 9 个超千亿元大镇、141 个超百亿元大镇。专业镇已经成为推动广东特色产业集群发展的重要载体。广东专业镇建设方面主要做法如下：

1. 出台政策，省市联动，为专业镇发展提供政策支撑

广东省出台《关于加快科技创新的若干政策意见》（即科技创新 12 条）、《关于依靠科技创新推进专业镇转型升级的决定》《关于加快专业镇中小微企业服务平台建设的意见》《关于加强专业镇创新发展工作的指导意见》《关于推进协同创新加快专业镇发展的实施意见》《关于加快特色小（城）镇建设的指导意见》等政策文件，大力实施创新示范专业镇建设、专业镇中小微企业服务平台建设、专业镇协同创新平台建设、特色小镇建设等政策措施，营造良好的制度环境，推动专业镇创新发展。2015 年，全省专业镇研发投入达 395.51 亿元，是 2011 年的 2.66 倍，年均增速 27.7%；研发人员 31.02 万人，比 2011 年增加 10.9 万人，年均增速 11.2%；专利申请量和授权量分别超 14 万件和 9.44 万件，是 2011 年的 1.73 倍和 1.52 倍，分别占全省的 39.4% 和 39.1%；规模以上企业数达 3.03 万家，其中高新企业 2654 家，高

新企业工业总产值1.37万亿元，占全省高新技术产品产值四分之一以上。

2. 聚集资源，协同创新，推进产业集群创新发展

通过三部两院一省产学研合作，推动专业镇与高校、科研院所长期紧密合作，深入实施"一校（院、所）一镇""企业科技特派员""特派员工作站""院士工作站"等行动计划，将高校科研院所的技术、成果、资金和人才等创新要素向专业镇集聚，积极推动专业镇协同创新和集群式发展。2015年，全省专业镇参与产学研合作企业近2000家，共建产学研合作平台近800个。全省专业镇企业集聚度超1700个/镇，其中珠三角专业镇超3200个/镇，形成了五金、灯饰、皮具、家电、服装、家具、玩具等特色优势产业集群，涌现出小榄五金、古镇灯饰、狮岭皮具、顺德家电、虎门服装、乐从家具、澄海玩具、横沥模具等一大批区域品牌。

3. 搭建平台，多元服务，打造专业化的公共服务体系

依托高校、科研机构、产学研技术创新联盟、大型骨干企业等创新主体，引导专业镇建立技术创新、工业设计、信息网络、创业孵化、人才培训、企业融资、检验检测、电子商务、知识产权等创新服务平台，为企业提供多元化、专业化服务。组建一批包括横沥模具产业协同创新中心、江尾兰花产业协同创新中心等专业性协同创新中心和中山小榄镇生产力促进中心、云浮市专业镇协同创新中心等综合性协同创新中心。全省专业镇创新服务平台近3000个，创新服务平台覆盖率超9成。

4. 品牌带动，标准先行，引领专业镇产业转型升级

积极引导企业培育自主品牌，建设专业镇区域品牌，不断提升专业镇产品和市场影响力，扩大品牌覆盖率；引导专业镇采用"政府＋行业协会＋企业"等方式制定、推广、应用企业标准、地方标准、行业标准和国家标准。建设专利数据库，完善专利信息检索、知识产权咨询和运营服务，开展快速维权活动，有力促进知识产权保护和运用等工作。2015年，全省专业镇拥有著名商标和名牌产品3622个，集体商标和原产地商标253个，参与制定或修订行业标准1692件。

5. 区域合作，对口帮扶，增强专业镇辐射带动效应

以中山—潮州市专业镇对口帮扶为试点，深化专业镇互补型产业对接，促进粤东西北地区因地制宜发展特色主导产业。2015年，232个粤东西北地区专业镇实现GDP超6千亿元，是2011年的1.46倍，占当地GDP的36.7%，镇均GDP比当地平均水平高出4成以上；工农业总产值超1千亿元，是2011年的1.41倍。

第二节 广东特色小（城）镇建设

特色小镇，首先产业要有特色，挖掘产业特色，这是特色小镇发展之根本。许多专业镇着手开展特色小镇创建，对专业镇经济发达的广东来说，具有深远意义。为了推进广东特色小镇建设，2016 年 7 月，省政府在佛山北滘组织召开全省特色小镇建设工作现场会，部署开展广东特色小镇建设，广东正式启动实施特色小（城）镇创建工作。2017 年 6 月，省发改委、省科技厅和省住建厅联合颁布了《关于加快特色小（城）镇建设的指导意见》（粤发改区域〔2017〕438 号）。2017 年 8 月，省发改委发布了第一批广东特色小（城)镇名单。广东特色小（城）镇的建设正如火如荼进行。

一、定义和分类

广东特色小（城）镇主要分为特色小城镇和特色小镇两种形态。特色小城镇是行政区域的建制镇，以打造美丽小城镇为目标，着力完善城镇功能，建设产业集聚发展、生态环境优美、人文气息浓厚和城镇功能完善的小城镇；而特色小镇是以集聚特色产业和培育新兴产业为目标，致力于延伸产业链和提升价值链，建设产业、文化、旅游、生活和生态综合平台，打造产业"特而强"、功能"聚而合"、形态"精而美"和机制"活而新"的特色小镇。特色小镇可分为特色产业、科技创新和历史文化三大类型。广东特色小（城）镇不同于国家特色小镇，又有别于浙江特色小镇，而是分类探索新型城镇发展途径，建设一批独具广东特色的小（城）镇。

二、区域分布

2017 年 8 月省发改委公布了第一批广东特色小（城）镇创建示范名单（见表 3-1），其中 6 个进入第一批中国特色小镇的顺德北滘、江门赤坎、肇庆回龙、梅州雁洋、河源古竹、中山古镇也被列入示范名单。36 个小（城）镇分布全省 21 个地市，其中佛山、梅州、中山最多，各有 3 个，其次是汕头、东莞、肇庆、揭阳、云浮，各有 2 个，其余地市各有 1 个入选。佛山 3 个示范点涉及 7 个镇街，顺德区着力把北滘、陈村、乐从、龙江 4 个镇建设成为"泛家居特色小镇集群示范区"。北滘是目前全世界产能规模最大、产业链最完整的白色家电制造基地和小家电产品产业集群；龙江拥有全球规模最大的家具材料集散中心，塑料建材产能排名全国第一；乐从建有全球最大的家具销售中心；陈村花卉世界拥有国内最大的花卉种植基地和交易市场；禅城石湾街道联合南庄建设"禅城陶谷小镇"；南海区则将在桂城街道千灯湖内打造"灯湖创投小镇"。

表3-1 广东特色小（城）镇创建示范名单（第一批）

序号	地市	名称	产业	是否专业镇	级别
1	广州	番禺沙湾瑰宝小镇	珠宝/旅游	是	
2	深圳	龙华大浪时尚创意小镇	时尚服装	否	
3	珠海	平沙影视文化小镇	影视	是	
4	汕头	龙湖外砂潮织小镇	毛衫	是	
5		潮南陈店内衣小镇	内衣	是	
6	佛山	禅城陶谷小镇（石湾片区）	陶瓷	是	
7		禅城陶谷小镇（南庄片区）	陶瓷	是	
8		南海千灯湖创投小镇	金融创投	否	
9		北滘智造小镇	家电	是	国家级
10		龙江智慧家居小镇	智慧家居	是	
11		乐从乐商小镇	家具	是	
12		陈村花卉小镇	花卉	是	
13	韶关	翁源江尾兰花小镇	兰花/旅游	是	
14	河源	江东新区古竹生命谷小镇	生物健康及养老	是	国家级
15	梅州	梅江东山健康小镇	健康	否	
16		梅县雁洋文化旅游小镇	旅游	是	国家级
17		丰顺留隍潮客小镇	旅游	是	
18	惠州	潼湖科技小镇	智慧科技	否	
19	汕尾	红海湾滨海运动小镇	旅游（海上运动）	否	
20	东莞	长安智能手机小镇	手机	是	
21		大岭山莞香小镇	莞香种植/旅游	是	

(续表)

序号	地市	名称	产业	是否专业镇	级别
22	中山	小榄菊城智谷小镇	智能制造	是	
23		古镇灯饰小镇	灯饰	是	国家级
24		大涌红木文化旅游小镇	红木/旅游	是	
25	江门	开平赤坎华侨文化旅游小镇	旅游	否	国家级
26	阳江	阳东新洲地热小镇	旅游	否	
27	湛江	麻章南药之芯小镇	医药健康/旅游	是	
28	茂名	高州马贵高山草甸运动小镇	旅游	否	
29	肇庆	高要回龙宋隆小镇	旅游	是	国家级
30		四会玉器文化小镇	玉器加工/旅游	是	
31	清远	英德锦潭小镇	中医药/旅游	否	
32	潮州	饶平钱东潮商文化小镇	旅游（文化）	是	
33	揭阳	中德金属生态城合创小镇	金属产业	是	
34		望天湖生态康养小镇	生态农业/旅游	否	
35	云浮	云城氢能小镇	氢能源	否	
36		新兴六祖小镇	旅游（禅文化）	是	

三、主要特点

1. 特色小（城）镇主要依托于省级专业镇建设

在公布的36个特色小（城）镇中，三分之二是依托于省级专业镇而建设的，而省级专业镇都拥有深厚的产业基础，因此广东众多专业镇具备转变为特色小镇的基本条件。如中山古镇是灯饰专业镇，全镇拥有与灯饰生产、销售相关联的企业8千余家、配套企业1.8万家、从业人员30余万人，灯饰产品占国内市场7成以上，并远销全球130多个国家和地区。通过灯博会和灯光文化节，科技与文化艺术融合发展。当前，已经形成以中山古镇为核心，辐射包括中山、江门、佛山三地市11个镇区超千亿元的灯饰产业集群。中国中山（灯饰）知识产权快速维权中心是全国唯一一家面向单一行业而建设的知识产权快速维权机构。镇内建立了专门为中小企业服务的古镇镇生产力促进中心，所打造的照明灯饰产业服务平台建有包括研发设计、检测认证、金融服务、知识产权维权、信息发布、商务服务、品牌孵化等功能的29个公共创新服务实体。

部分示范点按照区域产业发展整体布局，通过规划新区建设特色小（城）镇，如深圳龙华大浪时尚创意小镇、河源江东新区生命谷小镇、云浮云城氢能小镇、梅州梅江东山健康小镇等。其中，云浮云城氢能小镇坐落于思劳、腰古两镇之间，主打氢能源产业，引入了广东国鸿氢能科技公司和佛山飞驰汽车等龙头企业，投资近60亿元建设氢能产业和新材料发展研究院、氢燃料电池生产基地和氢能源汽车整车生产基地，构建包含氢能研发、孵化和生产产业链，打造中国最大氢能源汽车生产基地。

2. 产城人文融合发展

特色小镇与专业镇最大的区别是：专业镇更强调单维度产业经济，而特色小镇则是强调产业定位、文化内涵、旅游功能和社区特征四位一体有机融合。广东特色小（城）镇把特色产业和传统产业作为建设重点，构建包括智能制造、绿能科技、海洋、"互联网+"、时尚、工艺、文化创意、生命健康、旅游休闲等产业"9+N"新形态。36个示范点中大部分拥有一个实力相当的特色产业，立足特色产业发展同时推动旅游、生态和文化融合发展，如广州沙湾瑰宝小镇、韶关江尾兰花小镇、东莞大岭山莞香小镇、中山大涌红木文化旅游小镇、湛江麻章南海之芯小镇、肇庆四会玉器文化小镇、清远锦潭小镇、揭阳望天湖生态康养小镇等。小镇在发展特色产业的同时大力发展旅游产业，通过产业带动文化、旅游和社区融合发展。如韶关江尾兰花小镇依托于广东唯一的兰花省级专业镇而建设，其特色产业为兰花种植，拥有中国最大国兰种植基地，全镇种植兰花面积达1.3万余亩，第28届中国兰花博览会于2018年落户于翁源。小镇在大力发展兰花种植产业的同时将产业链向兰花科技研发、生产服务、文化体验等环节延伸，努力打造现代兰花产业生态圈。

3. 完善政策保障体系

政府主要通过金融和财政资金支持、土地保障和提供服务等形式构建特色小镇政策保障体系：一是整合资源，资金保障。省发改委将通过整合广东特色小镇建设发展基金、专项建设基金、基础设施供给侧结构改革基金、珠三角优化发展基金等各类基金和协调省内外各种金融机构，为特色小镇创建提供资金支持。二是多部门联动，分类实施。根据不同类型小镇分别由三个部门牵头组织实施，其中省住建厅牵头负责特色小城镇建设，省科技厅牵头负责科技创新类特色小镇建设，其他由省发改委牵头负责。三是组建联盟，提供服务。2017年12月，由省发改委发起成立广东特色小镇发展联盟，为各特色小镇提供服务。联盟由认定特色小镇和为特色小镇提供规划设计、工程咨询、创业孵化、投融资、法律服务、开发运营和招商等服务的各类中介服务机构组成，同时设立智库联盟、科创联盟、投融资联盟和运营联盟等多个子联盟，推动特色小镇创新创业生态圈的形成。

第三节　广东专业镇产业协同创新体系建设基础

目前，广东已经涌现了一批典型专业镇协同创新体系建设示范专业镇，如东莞横沥模具全产业链的协同创新平台体系、中山小榄以生产力促进中心为核心的协同创新服务体系、顺德北滘"产、城、人、文"四位一体融合发展和中山潮州专业镇对口帮扶的跨区域协同合作，呈现良好的发展势头。广东专业镇协同创新基础良好，为专业镇协同创新体系建设奠定了良好基础。

（一）专业镇产业基础雄厚，是建设专业镇产业协同创新体系的前提

2015年，399个省级专业镇贡献了全省GDP的38%，研发投入近400亿元，研发人员31万余人，专利申请量约14万件和授权量约9.44万件，占全省近4成，拥有高新企业2654家，占全省（除深圳外）总数的三分之一。除传统特色产业外，专业镇在LED、高端电子信息、新能源、生物医药等新兴产业集聚发展。

（二）广东科研实力雄厚，是专业镇产业协同创新的后盾

广东拥有众多高校科研机构，2017年广东区域创新能力综合排名首次超过江苏，位居全国第一，有效发明专利量和PCT国际专利申请量位居全国首位。近年来，通过"三部两院一省"产学研合作机制，实施"一校（院、所）一镇""企业科技特派员"等措施，推动专业镇与高校科研机构密切合作，集聚技术、人才、资金、设备、项目等各类创新要素，促进专业镇协同创新发展。2015年，专业镇共有1929家企业联合高校科研机构开展产学研合作，共建769个产学研创新平台。

（三）出台政策，为专业镇协同创新体系建设提供政策保障

2016年4月，广东省科技厅颁布了《关于加强专业镇创新发展工作的指导意见》，提出要建设专业镇产业协同创新中心，构建协同创新平台。同年6

月，省政府在东莞组织召开全省专业镇协同创新工作现场会，要求推广东莞横沥、中山小榄等专业镇协同创新做法，以协同创新为抓手推动专业镇创新发展和产业转型升级。同年7月，省政府在佛山北滘组织召开全省特色小镇建设工作现场会，要求推广佛山北滘特色小镇建设经验，部署开展广东特色小镇创建，广东特色小（城）镇建设工作正式启动。同年9月，省科技厅出台了《关于推进协同创新加快专业镇发展的实施意见》，提出要在创新主体、区域和创新要素等方面加强协同，共同推动专业镇协同创新。2017年6月，省发改委、省科技厅和省住建厅联合颁布了《关于加快特色小（城）镇建设的指导意见》，提出要集聚各创新要素建设产、城、人、文融合发展特色小镇，推进新型城镇化建设。这些举措，为专业镇协同创新体系建设营造了良好的制度环境。

（四）专业镇产业协同创新体系建设问题

目前，广东省专业镇发展还存在特色产业竞争力不强，专业镇创新资源匮乏，创新资源整合难度大，产业协同创新体制机制尚未建立健全，协同创新效率不高等问题。而建设专业镇产业协同创新体系是广东经济新常态下推动专业镇创新发展和转型升级，推进新型城镇化建设、完善区域创新体系建设的有效途径。

第四节 典型专业镇产业协同创新体系建设分析

一、东莞横沥："政校企协"四方联动

早在2008年东莞横沥就获批"广东模具制造专业镇"，2011年获得"中国模具制造名镇"称号，2016年第一次进入全国百强镇。2016年底，全镇模具企业1257家，其中规上企业80多家，模具总产值达118亿元。但是，模具产业发展曾经出现土地资源严重匮乏、环境容量已接近极限、难以可持续发展等问题。为了有效解决面临的困难，2002年横沥镇政府牵头组建了"横沥模具产业协同创新中心"（以下简称"协同创新中心"），提出了"政府搭平台、企业为主体、项目为支撑、市场化运作"的工作思路，通过"政校企协"四方联动，取得了良好的协同创新效果。

（一）全产业链

围绕模具产业，有选择引入高校科技资源和创意、创业孵化、人才培训、展览展示等资源，建立涵盖模具全产业链协同创新平台体系，包括模具制造装备、模具设计、材料应用等研发设计环节，检测和制造工艺等加工制造环节，品牌设计、企业孵化、信息服务、人才培训、电子商务等市场营销环节，协同为产业链转型升级提供支撑（见图3-2）。

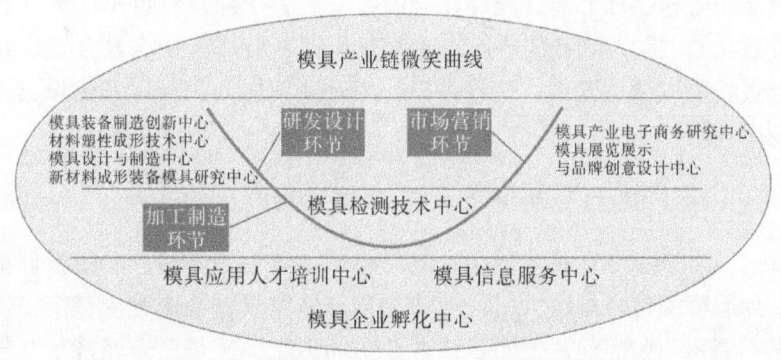

图3-2 东莞横沥模具全产业链生态平台体系

（二）四方联动

1. 政府

发挥政府引导作用。一是镇政府积极对接高校。镇政府组织相关企业主动与上海交通大学、东华大学、华中科技大学、广东工业大学等高校对接，引入高校设备、人才、项目等资源，与高校开展紧密而稳定合作。二是提供资金支持。镇政府投入2亿元支持协同创新中心建设和每年安排1500万元配套资金，鼓励企业科技创新。三是提供研发场所。整合3000m^2办公楼无偿供协同创新中心使用。四是加强组织领导。镇政府专门成立"模具强镇"领导工作小组，由镇政府主要领导担任组长和副组长，跟踪落实协同创新中心建设中面临的问题。同时制定《横沥建设模具强镇发展规划》，强化顶层设计和系统布局。

2. 高校

发挥高校研发作用。通过每季度举办"校企合作"推进会及上门推介等方式，引导高校与企业对接，多校共建。如联合上海交通大学建设材料塑性成型技术中心和模具检测技术中心，联合广东工业大学建设模具设计与制造中心和模具企业孵化中心，联合上海第二工业大学建设模具展示与品牌创意设计中心，联合东华大学建设模具产业信息与电子商务服务中心和新材料成型装备及模具研究中心，联合华中科技大学建设模具装备制造创新中心，联合东莞理工大学建设模具产业3D打印技术公共服务中心，上海教委科技发展中心负责协调上海高校与当地对接，上海高校投入技术、人才、专利等资源参与十大中心建设。

3. 协会

发挥协会桥梁纽带作用。横沥镇专门成立了横沥模具工程师俱乐部、东莞3D打印技术产业联盟、东莞市机械模具协会等社会中介组织，同时引入广东省机械模具科技促进协会。这几个机构在衔接协同创新中心科研服务与企业创新需求之间，发挥了积极的桥梁纽带作用。

4. 企业

发挥企业创新主体作用。依托协同创新中心，为500余家模具企业提供技术研发、产品设计、制造、销售、展示、检测等服务，他们成为科研成果项目决策、项目投入和组织实施的主体，同样成为直接受益者。

(三) 科技产业金融人才四融合

1. 科技产业融合

建设965科技创新体系，即开展9个协同创新项目，包括3D打印技术服务公共平台、模具检测技术中心、模具产业电子商务信息中心、模具技术培训学院、广东模具与汽车零部件产业技术创新联盟、模具装备制造创新中心、模具设计中心、金融综合服务一体化平台、模具行业中小企业精益研发创新服务平台；实施6项产业升级配套服务工程，包括横沥模具创新设计园、横沥模具产业总部大楼、模具产业配套服务园、模具科技企业孵化器、横沥创意产业园（二期）和模具城（二期）；构建5个产业平台，包括汇英模具城、模具科技产业园、模具网站、模具展览和模具论坛。

2. 科技产业金融融合

成立金融综合服务一体化平台，联合东莞市信用担保协会、东莞市中小企业发展促进中心、东莞市银行协会等金融机构，开发订单贷、供应链下应收账款质押和动产融资、税易贷、专利权质押贷等创新金融产品。自2013年以来，金融综合服务一体化平台协同各金融机构为340多家企业融资9.96亿元，推动了4家企业开展新三板挂牌工作；同时建设"风险资金池"，为中小微企业提供无抵押贷款，首期启动资金为1000万元。截至2015年6月，风险资金池已为11家模具企业提供了2000多万的贷款。

3. 科技与人才融合

引入创新团队28个,包括上海交通大学汽车冲压成型高精度数值仿真团队、华中科技大学重庆汽车研究院热冲压成型团队等。建设横沥模具技术培训学院,培养模具产业职业技能人才和产业发展配套人才。通过创新团队引进和技能型人才培养,为横沥模具产业协同创新发展提供人才支撑。

(四)创新体制机制

1. 建立联系机制

建立了理事会、执委会、专家咨询委员会和产业指导委员会四方联席会议机制(见图3-3)。理事会为"协同创新中心"领导与决策机构,由镇政府、共建高校、参与企业分别派代表担任,理事长由镇政府派代表担任。专家咨询委员会由国内外著名专家组成,负责制订技术研发规划和技术开发项目立项评估等工作。产业指导委员会负责协同创新中心技术研发规划市场定位准确性和针对技术成果与市场对接技术开发项目立项评估,由企业的行业专家担任。执委会为协同创新中心日常管理机构,由模具产业公司和十大平台派员组成,实行主任负责制。

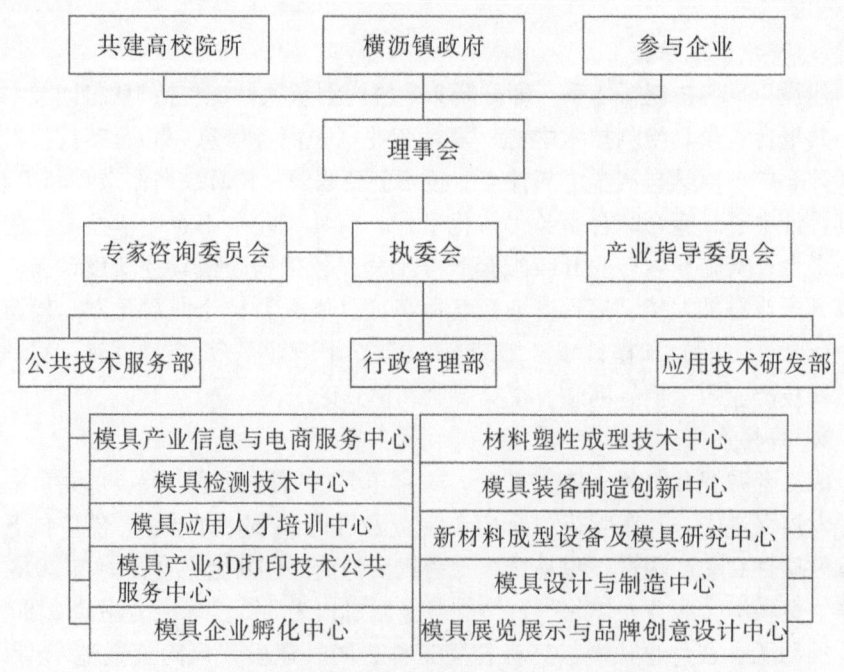

图3-3 横沥模具产业协同创新中心组织架构图

2. 实行聘用合同制，提供有偿服务

平台主任对固定研究人员、技术和管理人员的聘任具有决定权。人员的聘用采取"下聘一级"方式进行招聘，即由技术中心主任负责聘请研究部主任，研究部主任负责聘请课题负责人，课题负责人负责聘请研究人员。同时协同创新中心实行仪器设备开放共享，兼顾开展模具产品研发、生产、技术咨询、人才培训等有偿服务，提升协同创新中心自我发展能力。

3. 绩效考核结合产学研

项目规划上，与企业共同编制；项目立项时，要联合企业共同申报；绩效考核时，建立定量与定性相结合的考核指标，考核有企业需求的专利技术、科技成果和产品数量；项目孵化时，项目来源于建设高校，孵化过程要联合东莞企业，孵出后在东莞实现产业化。

二、中山小榄："政生协企"制造业服务化

中山小榄为五金制品省级专业镇。2015年，全镇GDP实现274.42亿元，工业企业12504家，主要以中小微企业为主，占企业数的90%。主要产业包括：①传统产业，如五金制品、电子电器音响、食品饮料、化工胶黏、包装印刷、服装制鞋等；②新兴产业，如LED新光源产业。当前，小榄镇已构建以镇政府为主导、以生产力促进中心为核心、以行业协会为支撑、高校科研机构和中介机构等参与的较完善的专业镇协同创新服务体系，将综合服务贯穿企业发展全过程，为中小微企业提供技术创新、信息网络、质量检测、创业孵化、人才培训和企业融资等服务，解决企业从出生、成长到壮大等不同阶段所面临的问题。镇政府发挥统筹规划作用，小榄生产力促进中心、小榄商会、中山市锁业协会、中山市工业设计协会、中山市半导体照明行业协会、小榄个体私营协会等中介机构以及企业负责建设协同创新服务体系，包括建设十大平台、机制体制和人才队伍等。中介机构、高校科研机构、国际机构为协同创新服务体系提供智力、人才、资金等支持。

（一）以专业镇生产力促进中心为主导

中山小榄专业镇协同创新服务体系如图3-4所示，其核心是小榄生产力促进中心，该中心是以企业法人形式注册的科技服务机构。在建设模式上，通过镇政府前期投入相关硬件设施建设后，下放平台建设权和管理权，在政府监管下实行市场化运作。一是小榄生产力促进中心围绕中小微企业发展的共性和关键需求，建立了技术创新、质量检测、信息网络、人才培训、企业

融资、创业孵化等六大服务平台,拥有43个服务实体。二是坚持以企业需求为导向,建立公益性服务与市场化运作相结合的运行机制,通过市场化运作来检验新项目成效,以市场化服务实现自我造血,实现可持续发展。三是建立一套完善的绩效考核评价体系。对加入科技服务的机构或者研发机构给予一定奖励,平台每季度对运营绩效进行评价,对于成效显著的项目,中心给予支持,促使其发展壮大。

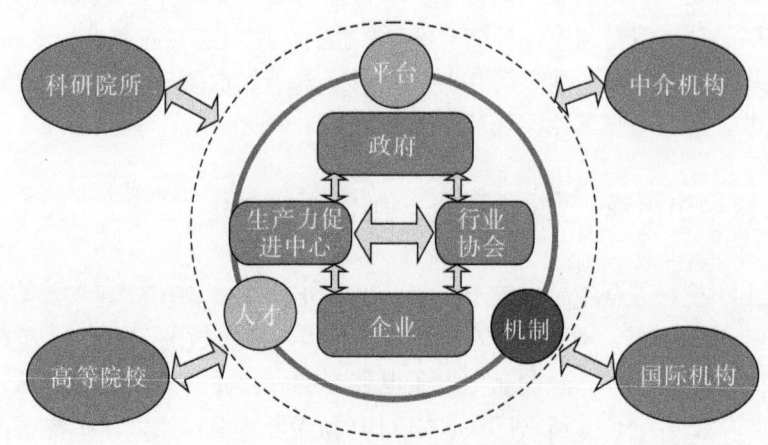

图3-4 中山小榄专业镇协同创新服务体系

(二)制造业服务化

镇政府在构建产业协同创新体系时,针对小榄五金制品、电子电器音响、食品饮料、化工胶黏、包装印刷、服装制鞋等六大传统产业和LED新光源产业建设十大中小微企业服务平台,以及技术创新、信息网络、企业融资、人才培训、创业孵化、质量检测、电子商务、公共展示、知识产权和工业设计等服务平台,推动产业链由"以制造为中心"向"以服务为中心"转变,把"制造业服务化"作为促进专业镇转型升级的新抓手,推动产业价值链向高端化发展。

(三)创新服务团队

组建三类创新服务团队:创新管理团队、技术开发团队和技术顾问团队。一是小榄生产力促进中心和小榄商会已逐步形成了一支结构合理的创新管理团队,如小榄生产力促进中心已建立一支650余人的专业化服务队伍;小榄商会吸引了近50人团队，专职干事18人。二是加强专业技术队伍建设，这是小榄专业镇协同创新服务体系建设的关键。通过引导企业建立技术部门，配备专职技术人员，建立和完善《企业科技和管理创新考核奖惩办法》《企业技术人员绩效考核奖惩办法》等管理制度，推动企业科研管理工作规范化。三是通过引进香港生产力促进局和台湾CPC等优质师资以及华南理工大学、电子科技大学等50多个高校和科研机构的师资，引进顾问团队，帮助企业解决技术难题。

（四）创新机制

小榄专业镇产业协同创新机制如图3-5所示。

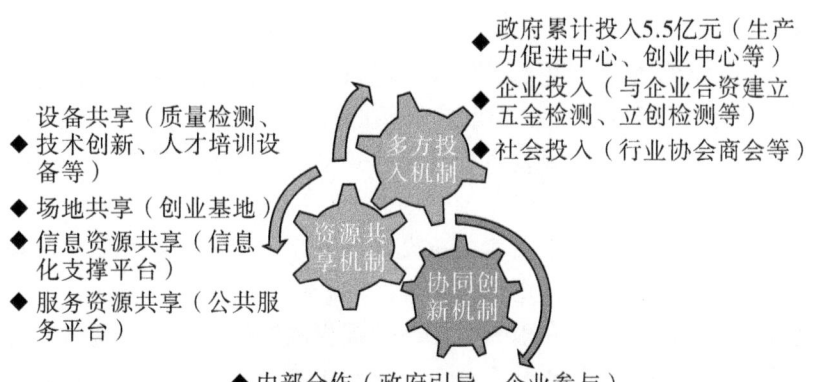

图3-5 小榄专业镇产业协同创新机制

1. 多方投入机制

小榄建立了"实施单位投入为主、政府协调、多方参与"投入机制，截至2013年，小榄镇政府投入累计财政资金5.5亿元，吸引企业和社会资金2亿元。省科技厅与镇政府按照1∶4比例设立规模为5000万元的联合科技贷款风险准备金。小榄镇生产力促进中心投入30万元与中南大学共同设置"中南大学小榄智造创业奖励金"。企业利用自身资源，通过投入资金、技术、人才等资源共建检测、技术、培训等平台，带动整个区域中小微企业创新水平的增长。如中山市立创检测技术服务有限公司投入达1150万元，中山市汉信精密制品有限公司投入3063万元。来自小榄镇商（协）会、中介机构等共同建设公共服务平台以及企业家交流平台，培养创新型企业家，鼓励企业开展创新活动，激发企业转型升级的内生动力。如小榄商会与小榄生产力促进中心、省机械研究所投入建设表面热处理中心。同时小榄镇商会通过分行业举办企业家座谈、交流和研讨会，组织企业家到国内著名大学培训学习等举措，不断地培育优秀人才。

2. 资源共享机制

坚持"共建平台，共享资源"的思路，建立了设备、场地、信息资源和服务资源四大共享机制。

设备共享主要是面向会员单位，建立会员免费使用相关检测设备制度。在产品检测上，不收产品检测费用，仅收取少量检测报告费用，显著地节约了中小微企业产品检测的时间与成本。截至 2013 年，小榄镇累计通过各项专项支出购买各类型检测设备 2466 台，合共 1958 万元。同时鼓励引导企业改进原有设备、引入先进设备，提高设备自动化水平，目前已购买 44 万元设备供企业无偿使用 5 年。

场地共享方面主要体现在提供优惠的经营场所、减免公共场地租金等方面。一是成立小榄镇展览中心，组织开展茶叶展览、汽车展览、2008 奥林匹克美术展、中山市美食节、服装博览会等形式多样的展览活动为中小微企业提供无偿的推介平台。二是为优质创新创业项目提供优惠的经营场所。镇内建有小榄镇科技创业中心、中山市工业设计产业园、青年创业孵化基地等创新创业载体，每一年可为孵化企业减免租金 500 多万元。

信息资源共享主要体现在引入数据库、提供网络服务、出版刊物、行业组团海外参展等方面。一是通过 Thomson innovation 专利检索平台为企业提供免费专利申请、检索和维权等一条龙服务；二是建设"小榄智造网""生产力促进网""五金基地网"等网站，免费为企业提供综合性的信息服务；三是出版《小榄镇名优产品展示》《新光源基地特刊》等刊物，充分分享本土企业的发展信息。

服务资源共享主要是指通过技术研究院、检测资源共享公共服务平台以及产学研合作实现资源共享。如小榄镇五金锁具、化学成分分析、电器安全规范、EMC 电磁兼容和光性能等五大实验室可以为镇内及其附近企业提供公共检测服务。此外，小榄镇中小微企业还可以享受由生产力促进中心提供的其他如专家诊断服务和培训服务等资源。

3. 协同创新机制

充分利用政府、商会、协会、企业、高校、科研机构等机构资源，建立"镇内合作，协同创新"的合作机制，共同推进专业镇协同发展。

在镇内合作方面，小榄镇坚持"政府引导、协会联动、企业参与"的合作模式，引导中小微企业既分工协作又集群发展。一是通过小榄镇商会、中山市工业设计协会、中山市锁业协会和LED产业联盟等社会机构，探索系统内部合作新机制。二是促进企业通过论坛、研讨、沙龙、考察等形式营造互通有无、共同进步的氛围，构建上下游产品及各类配件品类齐全完整的产业链，推动五金产业集群的形成。

在协同创新方面，鼓励企业加强产学研合作以及国际科技合作。一方面，鼓励和支持企业与高校科研机构联合共建研发机构，建立博士、硕士研究生创新实践基地和实习基地，提高企业研发能力和技术创新水平。全镇共组建省、市、镇级工程中心、技术中心189家，其中大部分都开展了产学研合作，如中山华帝燃具股份有限公司与华中科技大学煤燃烧国家重点实验室共同建设燃气具联合实验室等。另一方面，积极探索泛珠三角地区的交流合作，与香港生产力促进局签订合作协议，量身定制中小微企业转型升级系列课程和提升方案。

三、顺德北滘：产城人文融合发展

2016年10月，在广东特色小镇全省铺开之际，顺德北滘率先探路，被列为第一批中国特色小镇。昔日"百河交错、水网密集"的北滘，通过实施"以城市化带动区域发展和产业转型升级"发展战略，将城市定位为"智造北滘、魅力小城"，打造出珠三角都市圈中产城人文融合发展的特色小镇样本，突破了专业镇在产业和地域上的限制，探索出构建独具特色的产业协同创新体系路径。

（一）智造小镇奠定产业基础

北滘早在2004年就获批家电产业省级专业镇，是中国家电制造业重镇，世界500强的千亿元级企业——美的坐落其中，镇内家电及其配套企业近900多家，家电产业年产值超千亿元，约占全国份额1成。围绕家电产业"微笑曲线"两端，构建家电全产业链，推动家电产业向两端延伸，促进"制造"向"智造"转型，摸索出一条独具匠心的家电产业转型升级新途径。产业链一端，借助国家级科技企业孵化器——广东工业设计城和国际化创新创业孵化平台——美的全球创新中心，施行智能制造战略，促进家电企业由传统制造向智能制造和智慧家居转型升级，目前广东工业设计城已进驻国内外工业设计企业160多家，设计师2000多名，工业设计成果成交近万项；产业链另一端，借助广东（潭州）国际会展中心推动会展经济发展，同时依托中国慧聪家电城和飞鱼等电商平台加快家电电商产业发展，中国慧聪家电城

2016年开业，吸引700多家家电企业入驻，年交易额将达到1千亿元。

（二）完善公共服务配套，打造新型宜居空间

专业镇强调产业经济，而特色小镇更强调通过产业带动产业、文化、旅游和社区融合发展。北滘拥有独特的水乡资源、优秀的人文传统。镇政府注重规划顶层设计，自2011年以来，北滘镇财政每年投入资金500万元，而且投入逐年增加，至2015年每年投入超过1千万元开展规划编制和城市设计。对于新城区重大基础设施和公共服务项目建设采取BOT、政府购买服务、土地出让等形式，吸引社会资本近300亿元参与投入，极大地加快了新城区建设速度。如今，北滘新城区总部林立，构建了北滘公园、北滘文化中心、市民活动中心等新的城市中轴线，北滘商业广场、北滘医院、北滘新城区学校等配套设施拔地而起。同时对北滘旧城开展大规模改造，对农村区域坚持恢复生态、改善人居环境的原则进行美丽乡村建设，对和园、碧江古村落等岭南特色水乡文化开展活化提升改造。北滘不仅拥有国际化大都市的效率和便利，还有小城镇的舒适和亲切。到2017年，基本建设成为珠三角城市圈内产业先进、独特的岭南水乡特色、宜居和谐的国际化特色小镇；到2020年，建设成为"产城人文融合发展"魅力小镇，主要人均经济指标达到中等发达国家水平。

四、潮州：专业镇对口帮扶

中山共建有16个省级专业镇，潮州共建有27个专业镇，其中19个省级专业镇和8个市级专业镇。针对中山、潮州两市专业镇产业相邻、发展路径类似和产业链互补性强等特征，中山与潮州市政府于2013年开展了专业镇对口帮扶工作。通过中山与潮州跨区域协同合作，优化区域创新资源的配置，推动专业镇创新发展。

（一）产业融合

通过中山优势产业帮扶带动潮州特色产业发展，推动资源优化配置，强化企业间协作配套，有利于构建基于产业链分工协作体系，促进潮州产业集聚的同时优化中山产业结构，特别是推动中山红木家具、服装、五金、灯饰等传统特色产业与潮州木雕、潮绣、婚纱、工艺陶瓷、不锈钢制品等传统特色产业深度对接，推动产业转移向产业融合发展转变。中山专业镇的优势体现在技术、人才、市场、资本、体制机制等，潮州专业镇的优势体现在资源

禀赋、生态环境、劳动力等,将中山和潮州专业镇优势相结合,擦亮"中山美居"和"中国瓷都"名片。因地制宜,发挥区域优势,推动两地企业加强产品开发、资源共享和技术支持。

把潮州陶瓷材料用于中山灯饰加工上,产生了"陶瓷灯饰"新兴产业,促使传统"工业品"转型为"工艺品"。截至2015年,中山古镇和潮州枫溪两地陶瓷灯饰企业达200多家,产品出口60多个国家和地区。潮州意溪镇木雕历史悠久、世界闻名,拥有许多国家级工艺美术大师,木雕工艺精美。意溪镇政府一直想发挥木雕传统技艺,发展木雕产业,但是缺乏相关的产业基础和市场链条,尚未实现产业化和市场化;而大涌的红木家具拥有畅通的销售渠道和完整产业链等特点,因此,通过对口帮扶,把木雕工艺运用到家具产业上,一方面将意溪工艺美术大师引进中山,在大涌建立"大师工作室",指导中山家具生产工艺设计;另一方面,在意溪镇征地2000亩,建立家具生产、展览和销售基地,打开潮州木雕走向市场的新途径。潮州钱东镇拥有"中国盐焗鸡之乡"称号,是全国唯一获得该称号的乡镇,但加工业起步较晚;而中山黄圃镇被誉为"粤式腊味之乡",是中国腊味食品名镇,在食品检验检测、食品工业污水治理、产品销售和建设中国食品工业示范基地等方面具有独特优势。中山黄圃和潮州钱东以食品工业园建设和产学研合作为抓手,构建"政府+龙头企业+平台/协会+产业园区"的现代产业发展模式,携手合作共同壮大两地食品产业。中山阜沙是中国淋浴房产业制造基地,而潮州古巷则是全国最大卫生洁具生产基地,两者实力相当。通过联办展览互设展厅、共建电子商务平台、协助古巷获国家质检总局批准筹建"全国卫生陶瓷产业知名品牌示范区"等方面开展卫生洁具合作。专业镇对接成为两地合作新载体。

除产业对接外,还包括发展思路、人才、平台、行业协会、企业发展、市场开拓、招商引资等多领域的对接,加强两市县镇在技术研发、检验检测、认证服务、技能培训、金融服务、企业孵化等方面的合作,提升潮州专业镇创新服务平台服务能力和水平。

采用政府牵头、协会联动、企业参与等形式,建设信息交流平台,扩大两地企业合作交流。2015年,两地企业开展交流活动25次,达成合作项目总金额3.5亿元。组织两地企业参展办展,共同开拓市场。2015年,两地政府组织1000家次企业参展,扩大"中山+潮州"区域品牌影响力;组织开展第十三届中国红木家具博览会和红木家具十里名店订货会等活动。2015年,金石红木家具销售额比上年增长四分之一;阜沙联合古巷参加第20届上海国际厨卫展览,两地企业共获得订单金额20亿元,比上年增长8%。

中山潮州专业镇对口帮扶对接内容见表3-2。

表3-2 中山潮州专业镇对口帮扶对接内容

序号	对接	内容
1	发展思路	通过技术交流、产业配套、产销联动等模式，突出特色，吸引中山技术、管理、资本、机制优势与潮州的资源、生态、劳动力结合
2	干部交流	采用"引进来走出去"方式，定期组织干部交流挂职，每期1年
3	创新平台	围绕潮州产业，推进潮州检验检测、技术创新、电商与信息网络等平台建设
4	特色产业	推进中山红木家具、服装、五金、灯饰等产业与潮州木雕、潮绣、婚纱、工艺陶瓷、不锈钢制品等产业对接
5	行业协会	·行业协会是连接企业、市场、政府的桥梁，发挥行业协会在整合资源、招商引资、技术创新等方面的优势，促进产业发展 ·加强行业协会信息技术支撑，提升传统产业在产品档次、改进质量和性能、降低生产成本、优化管理和运营的能力
6	企业发展	·培育形成年收入超十百千亿元的大中型骨干企业。促进企业发展壮大 ·组织召开企业代表座谈会，利用潮州土地、劳动力资本、环境资源优势吸引中山企业、民间资本、社会力量，在工农业、海洋开发、文化旅游、信息化方面开展经贸合作
7	市场开拓	以"中山美居"和"中国瓷都"为平台，整合古镇灯饰、南头小家电、阜沙淋浴房、大涌红木家具等产业，推动潮州特色产业与中山相关产业对接，开发新产品拓展市场
8	招商引资	·每年定期联合开展招商引资活动，建立招商引资信息共享平台 ·中山制订专业镇项目引进年度计划，定期组织本市企业到潮州考察和交流对接，将潮州专业镇纳入对外经贸活动进行统一推介 ·潮州负责招商引资"优惠政策"，建立为企业全程服务代理机制，发挥市场机制

（二）一对一结对，建设创新平台

根据各专业镇产业特点，确定一对一对口帮扶专业镇，明确帮扶内容。同时借鉴中山的经验和做法，立足本地产业基础，建设市、区、镇、企"四级创新平台",为潮州中小企业解决技术、市场、资金、人才等发展瓶颈问题,推动产业转型升级。启动建设了"中山-潮州产业创新创意园""庵埠-小榄生产力促进中心""枫溪-古镇生产力促进中心""婚纱晚礼服设计研发中心""三环-美的新型电子陶瓷部件研发中心""凤凰茶叶质量检测中心""广东钱东中潮食品质量检验检测中心"等等10个平台和"粤东海西花卉产业园""洪洲镇大蚝综合集贸市场""茶叶一条街"、全国首家淋浴房及卫浴3D网上展厅等5个专业市场。

中山和潮州两地采用股权投资方式联合投入6亿元,打造了建筑面积21 556m^{2}的"潮州-中山产业创新中心",中山小榄镇生产力促进中心团队首先入驻,完成创新中心的框架建设。其主要功能是推动创新平台三级联动,即政府推动、市镇联动、行业协会与镇联动。强调政府引导、企业主体、协会联动和市场运作理念,建立激励机制,推动企业竞争,强化市场推动作用。

表3-3所示为中山与潮州结对专业镇。

表3-3 中山与潮州结对专业镇

序号	中山市		潮州市		帮扶内容
	专业镇名称	特色产业	专业镇名称	特色产业	
1	古镇镇	灯饰	枫溪区	陶瓷	加强陶瓷产品及原材料在灯饰中的应用,确定了专利保护、产城融合、搭建平台等五大措施
2	小榄镇	五金制品	庵埠镇	食品及印刷包装	开展药包材、食品包装等特色产业在电商和拓展市场上的对接
3	南头镇	家电	铁铺镇	茶叶	发展南头外延农业,促进铁铺朝阳农业合作社产供销服务一体化发展
4	黄圃镇	食品加工业	钱东镇	盐焗食品	共建钱东食品质量检测中心,为盐焗鸡食品产业发展提供检测保障,获得"中国盐焗鸡之乡"称号
5	东凤镇	小家电	三饶镇	日用陶瓷	引导东凤企业到三饶投资和合作,推动陶瓷、玻璃等产业做大做强

(续表)

序号	中山市		潮州市		帮扶内容
	专业镇名称	特色产业	专业镇名称	特色产业	
6	东升镇	脆肉鲩	汫洲镇	海水养殖、水产加工	协助汫洲制定水产行业标准和建立电商平台，打造海西蚝乡区域品牌
7	大涌镇	红木家具	意溪镇	木雕	加强红木家具产业销售平台、文化宣传、木雕工艺大师等六方面合作
8	横栏镇	花木业种植	金石镇	花卉种植	打造粤东海西花卉产业园、鲜花和家居花卉产销基地、技术共享、品牌互补等举措，促进花木产业转型升级
9	阜沙镇	淋浴房	古巷镇	卫生陶瓷	推动行业协会、市场开拓、展会平台、技术创新等合作，促进卫浴产业升级
10	沙溪镇	休闲服装	城西街道	服装	沙溪通过商会组织考察、企业对接、专业市场联动，推动服装产业良性互动
11	南区	茶叶市场	凤凰镇	茶叶种植	加强两地茶产业对接合作

（三）创新机制

1. 顶层设计

中山与潮州市政府联合出台了《关于进一步加强中山市和潮州市专业镇对口帮扶工作的意见》（中山发〔2014〕1号），为专业镇对口合作提供政策保障。同时成立潮州市专业镇对口帮扶工作协调小组，组长由中山对口帮扶潮州指挥部总指挥担任，副组长由中山对口帮扶潮州指挥部副总指挥、市政府分管副市长担任，成员由市政府分管副秘书长、市科技局局长、对口帮扶指挥部办公室专业镇发展部部长、有关部门和县（区）分管领导组成。协调小组下设办公室，主要负责对口帮扶日常管理工作，办公室主任由科技局局长和对口帮扶指挥部办公室专业镇发展部部长兼任。潮州市各县（区）、镇也成立相关机构,加强对口帮扶工作组织领导。并制订一对一帮扶计划,跟踪落实。

2. 市场驱动

为了充分发挥市场在资源配置中的决定性作用,通过市场化运作,根据两市专业镇产业特点,双向自愿选择,因势利导推动对接合作,愿意和谁对接就和谁主动对接,同时发挥政府的引导作用,有效促进企业合作,增强对接合作的针对性和实效性。推动专业镇对口帮扶由政府对接为主向企业对接为主转变。截至2015年,两地22个结对专业镇共建设10个平台和5个专业市场,投资总额8.5亿元。

3. 投入机制

两市财政按照1∶1比例共拿出3000万元作为专业镇发展资金,并采取竞争性机制,用于扶持专业镇创新平台建设和企业发展,哪一对合作发展好就奖励给哪一对。潮州市专业镇所在县(区)也要配套相应的专业镇发展资金,共同推动专业镇创新发展。被帮扶地市主要职责是解决园区用地、社会事务管理和提供公共服务等,帮扶地市负责派出管理团队组织开展园区的招商引资、开发建设和运营管理。截至2015年底,专业镇发展专项资金共支持了3个平台项目、5个企业科技成果转化和应用项目以及3个产业合作示范基地建设。

第四章　广东专业镇产业协同创新体系和运行机制的构建

在专业镇产业协同创新体系构建过程中，首先要明确体系中发挥作用的各创新主体以及各主体之间如何构建协同关系，形成协同创新体系运行的基本架构，在基本架构的统筹下，不断完善运行机制和构建协同创新平台。在协同创新体系中，基本架构统筹协同创新体系的建设，运行机制发挥保障作用，平台是实现协同创新的载体。

第一节　创新模式的演变过程

为构建专业镇产业协同创新体系，首先对创新模式演变过程进行简单梳理，主要依据时间和创新主体的个数为评价标准，如图4-1所示。

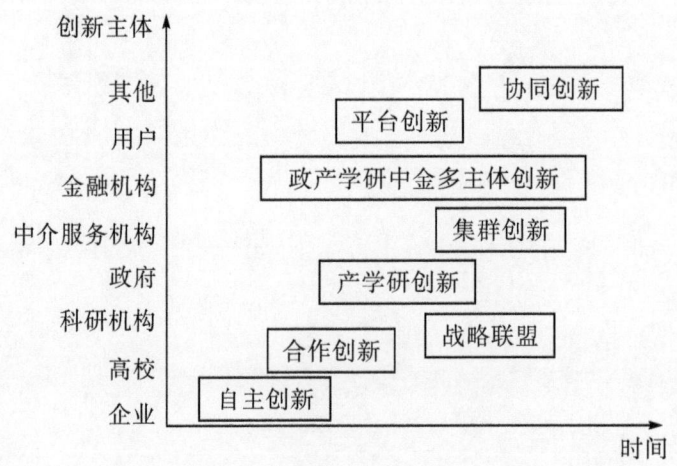

图4-1　创新模式的演变图

最早期的创新活动主要是以单个企业为创新主体,随着经济社会的进步,单个企业无法实现所有的创新活动,因此出现了企业和企业、企业和高校、企业和科研机构之间开展的合作创新,随着发展形成了当前比较流行的产学研合作模式,大大地推动了企业自主创新、高校教学质量以及科研机构科研能力的提升。

正是产学研凸显出来的强大创新能力,政府才通过自身的优势构建产学研合作创新平台,并从政策上对各创新主体开展创新活动提供便利和支持,并不断地为优化产学研合作创新环境努力。随着项目的复杂度、领域不断深化,对于复合型人才和专业知识有更高的要求,可能仅仅通过大学和科研机构还不能很好提供,各种科技中介服务机构因为拥有大量的专业知识逐渐参与其中,可以为创新组织提供更加专业和高质量的创新资源。任何创新都有风险和不确定性,随着创新主体的增加,创新的难度、规模、风险等因素都在不断增加,由此产生的资金风险也对金融机构参与产生迫切要求。随着知识经济时代的发展,尤其是互联网的发展,对创新提出了更高的要求,创新模式正向以用户为中心的创新模式转变,创新模式发展为"政产学研中金用"七位一体的创新模式。

产业技术创新联盟、孵化器等极具创新能力的创新载体都应为我所用。这正是协同创新模式精髓所在:通过整合资源联合攻关、全面开放和深度合作,促进多主体的有机融合,实现价值创造和引领创新。在专业镇产业中引用协同创新模式正是利用这一高效整合资源的能力,促进专业镇特色产业关键核心技术的突破和共性技术的开发,实现重点领域跨越式发展,同时在全社会营造一种更加开放文明的创新文化。

第二节　专业镇产业协同创新体系的架构

由于各创新主体来自不同的社会组织机构,因此在协同创新活动中扮演着不同的角色,有不同的功能定位。专业镇产业协同创新体系中创新主体主要包括企业、高校、科研机构、政府、中介服务机构、金融机构、用户和其他等。在协同创新体系中,更强调政府介入、金融参与、中介完善,为协同创新活动开展提供良好的环境。首先,企业是创新的主体,是参与并实现创新增值的最直接创造者,是协同创新体系中最重要的创新主体,在协同创新体系中发挥着主导作用。以核心企业为中心,开展企业之间垂直或水平协同合作,其中垂直协同表现为上下游合作,即与上游供应商和下游客户合作;水平协同表现为与竞争企业、互补性企业合作；其次是由政府、高校科研机构、中介服务机构、金融机构、用户以及其他机构所构成的多主体协同创新模式。协同创新模式呈现出非线性、多主体、网络化、开放性等特征，以多主体协同互动为基础，打破领域、区域和主体地位高低的弊端，形成庞大的创新网络，最大限度地促进网络间信息的流通和交流，实现创新资源最大限度的整合。

  高校和科研机构是知识和技术的提供者，直接参与知识的生产、传播和应用，是知识创造以及科技劳动力生产的源泉，在创造新知识、新思想和新技术的同时，还可通过教育培训来提供高素质人才。尽管各级政府不直接参与创新过程，却在营造区域创新环境、建设协同创新体系、规范市场行为等方面发挥着重要推动作用，在协同创新体系中扮演着推动者角色，通过营造创新氛围，推动思想、知识、技术、信息的快速有效流动与扩散。中介服务机构是创新供需双方的桥梁和纽带，虽然自身不直接参与创新活动，但是在知识创新、成果转化方面发挥着重要的协调和促进作用，从概念设计、产品研发、成果转化和市场运作等企业成长和发展全过程提供服务。金融机构从创新主体性质上看，本质上可归入中介服务机构一类，但是在协同创新体系的运行实践中发现，金融机构更表现为空间的集聚，各种基金公司、担保机构、风投机构、商业银行和证券市场等提供的金融资本直接影响到创新增值，尤其对初创企业通过提供充足的风险资金和完善的金融服务，衍生了大量的科技企业，尤其是在共享经济时代。专业镇产业协同创新体系正是这些创新主体之间相互作用、协同创新而形成的。基于以上分析构建出如图4-2所示的专业镇产业协同创新体系架构。

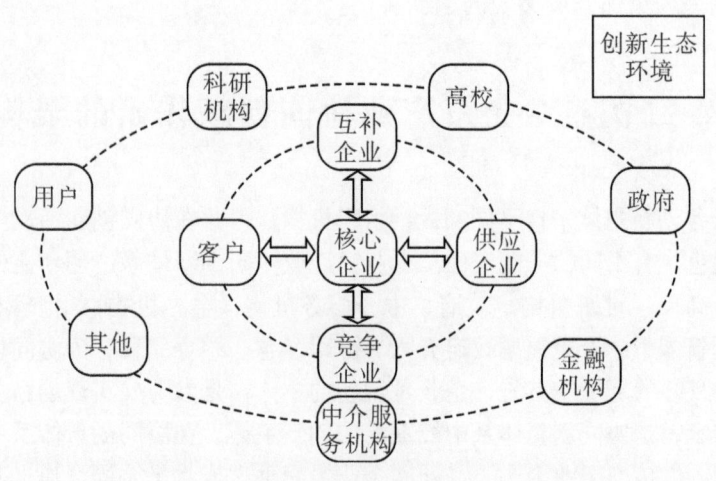

图4-2　专业镇产业协同创新体系架构

第四章 广东专业镇产业协同创新体系和运行机制的构建

为使专业镇产业协同创新体系模式发挥协同效应，除了最核心的组织协同外，还应包括创新生态环境如文化、制度、战略等因素的协同。只有这些因素融合发展，协同创新才能发挥最大的效应，进而提升集群竞争力。组织协同是协同创新体系架构的核心，是协同创新重要的载体，通过构建多主体的协同创新体系来保障创新活动的开展；文化方面不仅要建立相互信任、尊重、宽容的协同创新文化，更要有高度的社会责任感和奉献精神，而且创新必须是以可持续发展观为指引；制度方面要通过设定一系列的规章制度保障体系的合理运行；战略对于协同创新具有导向性作用，发展特色产业要服务于国家、区域和产业创新战略。

一、组织协同

组织协同是协同创新体系架构中最核心的模块，是整个创新活动的基础。组织协同从协同创新主体的构成以及主体间关系的角度展开研究，重点研究协同创新体系中各个主体在协同创新中扮演的角色和发挥的作用。

1. 企业

企业是创新主体，在专业镇产业协同创新体系中发挥着主导作用。同时企业作为专业镇产业协同创新体系的服务对象，是技术成果的转化者，技术成果通过企业进行市场转化，产生经济效益，促进生产力，给协同创新体系各方以回报。根据全省专业镇统计数据，2015年全省专业镇内企业有近68万家，其中规上企业3万家，高新技术企业2654家；特色经济企业13.84万家，其中规上企业1.03万家，高新技术企业1055家；特色产业总产值26025.5亿元，其中规上企业20584.7万元，高企总产值6333.5亿元。科技人员140万人，其中中高级职称人员6.94万人；专利申请量14万多件，占全省总数的39.4%，专利授权量近9.5万件，占全省总数的39.1%；拥有省级及以上工程中心600个，设有研发机构的规模企业3247家，拥有省级及以上名牌产品1612个，省级及以上著名商标1602个，中国驰名商标408个。

2. 高校科研机构

高校科研机构是创新资源提供者，是专业镇产业协同创新体系中的重要核心主体，他们在科研基础条件、科研人员、学科领域、基础研究和前沿技术成果等方面具有显著的资源优势。这里所提到的高等院校主要包括教育部直属高校、国家重点建设高校、地方院校和职业技术学院等，如清华大学、上海交通大学、电子科技大学、华中科技大学、中山大学、华南理工大学、华南农业大学、华南师范大学、广东工业大学、五邑大学、佛山科学技术学院、东莞理工学院、惠州学院等；科研机构主要包括全省四大主体科研机构，即工业、农业、社会发展、科技服务业科研机构（即广东省工业技术研究院、广东省农业科学院、广东省社会科学院、广东省科技服务业研究院所属的各研究所）以及国家部委、各地市、县（区）等部门所属的科研机构。因为专业镇地处基层，区域内的高校科研机构几乎没有，所以只能从外部引入高校科研机构，因此，省科技厅利用"三部两院一省"的产学研合作机制，组织高校科研机构与专业镇对接，构建专业镇"点、线、面"结合产学研合作体系，不断创新合作方式。"点"是从高校科研机构中选派科技特派员进驻企业，解决单个企业存在的技术、管理等问题；"线"是组建专业镇产业技术创新联盟，以解决区域产业发展中关键共性核心问题；"面"是实施"一校（院、所）一镇"，综合解决区域产业发展问题。2015年全省专业镇开展1911项产学研合作项目，合同经费达17.8亿元，参与产学研合作企业1929家。

3. 政府

在专业镇产业协同创新体系中，政府的作用必不可少，还应摆在首要的位置。与专业镇关系密切的是各镇级政府，同时也包括省、各地市、县（区）政府部门。政府是一个对经济社会发展具有宏观管理责任的行政机构。它虽然不能干预企业的具体经营活动，但可以充分发挥政府在社会管理各方面的作用，尤其是镇政府，通过制定政策和公共财政投入为协同创新体系构建创造发展条件；可以制定产业发展规划，根据区域经济发展需求引导新兴产业发展和传统产业转型升级；可以吸纳各种创新主体，快速组建协同创新团队；可以协调各创新主体利益关系，并对协同创新体系建设过程进行监督管理。因此，政府在专业镇产业协同创新体系建设发挥着指导者、协调者和出资者的作用。2015年，全省专业镇全社会科技投入近400亿元，其中政府科技投入44.5亿元，占比21.9%，其中镇政府投入24.3亿元，镇政府投入占各级政府投入的54.6%，镇政府发挥主要的核心作用。

4. 中介服务机构

中介服务机构是区域内提供专业化、社会化服务的机构，它可为政府或半官方性质的机构、特定领域的专业服务机构等提供服务。专业镇内的中介服务机构主要是以各类公共创新服务平台为主，包括各种促进知识创新、成果转移转化机构以及在创新活动过程中具有桥梁纽带作用的组织或机构，如各级生产力促进中心、技术创新中心、创业服务中心、产业技术创新联盟、科技企业孵化器等，它还包括为创新活动提供咨询、指导和服务的机构或组织，如各类行业协（商、学）会、会计师事务所、律师事务所、专利事务所、企业咨询公司、人才服务中心等。中介服务机构在专业镇产业协同创新体系中发挥着桥梁和纽带作用，尤其在扶持中小企业方面发挥着重要的作用。由于集聚了大量信息、技术、管理等多方面的专家，它可为企业提供技术评估、成果转化、技术转移、创新资源配置、管理咨询等专业服务。如何有效地收集企业技术需求、精准对接高校科研机构、搭建成果转移转化渠道、整合各方资源以保障其利益是中介服务机构的重点工作。2015年全省专业镇共有行业协（商）会会员共71 337个，特色产业相关的检验检测机构332个，会展机构394个。

5. 金融机构

金融机构包括专业镇内外国有银行、地方商业银行、基金公司、风投机构、担保机构以及证券市场等金融机构。由于专业镇地处基层，各类金融机构严重匮乏，更需要引进外部资源。金融机构在专业镇产业协同创新体系构建过程中是主要支持者。通过对企业直接的资金支持，为高校科研机构和中介服务机构提供资金来参与专业镇协同创新活动。

6. 用户

本书所指的用户主要指那些自愿投入金钱、人力、时间参与科研活动的个人。尤其随着"互联网+"、大数据技术的发展，众包模式的出现，大众参与科研活动的热情空前高涨。在协同创新过程中需要用户的全程参与，不仅在于前期产品的研发过程中，通过不断地与用户互动，不断地完善产品设计，力求设计出来的产品想用户之所想，满足用户的需求，而且在后期产品研制出来之后、上市之前充分的用户体验过程显得极其重要，只有不断地与客户沟通，才能保证所创新出来的产品被市场所接受，只有被市场认可的产品才可能实现盈利的目标。

7. 其他

在全省专业镇内还活跃着新型研发机构180家、产业技术创新联盟204个、科技企业孵化器145家、众创空间228家、省级科研众包平台14家等各种创新载体。调动这些创新载体积极加入专业镇产业协同创新体系，保证了优质创新资源的输出。协同创新的理念正是整合一切可以整合的创新资源，共同创新。在204个产业技术创新联盟中，有13家专业镇及其创新平台牵头参与专业镇产业技术创新联盟建设。例如：东莞市横沥模具产业协同创新中心牵头组建了广东省模具与汽车零部件产业技术创新联盟；古镇生产力促进中心牵头组建了现代照明（中山古镇）产业技术创新联盟；南海南方技术创新中心有限公司牵头组建了广东纺织（南海西樵）产业技术创新联盟。

二、文化协同

1. 使命感、社会责任感和奉献精神

使命感、社会责任感和奉献精神都是从意识形态层面对协同创新过程中各个创新主体提出了更高的要求。当今，传统产业转型升级和发展新兴产业是历史选择、社会选择，不以人的意志为转移，人类为了更好地生存和发展就必须向环境友好型的产业转型；如果不能很好地转型，必然会被高速发展的知识经济社会所淘汰。因此，各创新主体需树立一种强有力的使命感和社会责任感参与创新过程，激发更大的创造力，实现自身的价值，在推动经济社会全面发展的过程中贡献自身力量。

2. 共同的愿景和目标

斯坦福大学的一项研究表明，有愿景的团队比没有愿景的团队绩效高25%。由于创新主体数量的不断增加，主体间类型、复杂程度不断提高，致使各个创新主体参与创新活动的目的不尽相同，因此建立相同的愿景和目标，将有助于各个创新主体创新能力的汇聚，更大地发挥各自的创造力，从而大大提高整个创新体系的创新效率。

3. 信任、尊重和宽容

信任、尊重和宽容是协同文化必备的几个特性，即在协同创新的过程中，创新主体之间须建立充分的信任机制。可以参与到各类创新活动中，说明了各个创新主体的创新能力是过关的，在此基础之上，各个主体必须各尽其责，做好各自角色。参与创新过程的主体是平等的，不能以创新能力强弱区别对待，而应该消除协作过程可能出现的不利于创新的因素。一旦创新过程出现主观或者客观的过失，需要用包容文化来宽容在创新过程中出现的过失，要发扬大胆创新精神，更要勇于承担创新失败所带来的一系列后果。软文化塑造，必将在一定程度上调动其积极性和激发其创新活力。

4. 可持续发展

可持续发展是一切发展务必遵守的规则。创新前期的理念必须是以低碳环保为基本前提，对于那些尽管具有很大创新但是对环境破坏危害较大的产品必须坚决禁止。进行创新活动的目的就是推动经济社会发展进步，最终创新成果是为了更好地为人类生存发展服务，因此，在推动特色产业发展的过程中对于存在的不可持续发展的创新活动和创新产品必须坚决禁止。

三、制度协同

制度即协同创新体系内各创新主体共同遵守的办事规则和行动准则。制度协同即通过制定相关制度来规范协同创新合理运行，主要包括：国家区域产业创新体系的构建和创新机制、人才制度、产权制度、激励制度和利益分配制度等内容。

1. 区域产业创新体系

在《广东省国民经济和社会发展第十三个五年规划纲要》和《"十三五"广东省科技创新规划（2016—2020）》中，已经对广东和相关产业创新发展和主要目标进行部署，这是我们的行动指南。

2. 创新机制

不同创新主体参与协同创新模式的动机不同，企业是以盈利为目的，追求自身经济利益最大化是企业目标；高校培养优秀的人才；科研机构提升科研水平；政府为了更好地推动创新活动的开展；中介机构提供专业的有偿服务；金融机构响应政府号召为创新提供资金保证并获得相应收益。因此，我们需要根据不同的需求来建立不同的创新机制。

3. 人才制度

专业镇科技人才尤其是高端人才严重缺乏，因此适度地引进国内外专业领域的高端人才非常必要。但是，单靠引进专业人才并非长久之计，建立合理的人才发展制度，培养一批专业领域的人才显得尤为重要。在专业镇产业协同创新过程中高校科研机构的参与，在一定程度上可以为专业镇特色产业发展培养一大批专业人才。

4. 产权制度

在协同创新过程中会产生大批的成果和知识产权，如果不能很好地保护研究者的劳动成果，那么必将影响创新的积极性。在协同创新过程中建立归属清晰、权责明确、保护严格、流转顺畅的现代产权制度显得尤为重要。技术入股、产权转让及出售等都不失为公允的产权处理办法，获得直接的经济回报，能够在一定程度上激发研究者的创新积极性。

5. 激励制度

激励是对贡献的奖励，更有利于调动组织成员的积极性。通过多种形式的激励，如精神激励、薪酬激励、荣誉激励等对参与协同创新各创新主体进行激励。依据各创新主体的性质，合理地运用激励机制。例如，企业可以更多地依靠物质奖励、减免税和支持基金等途径进行奖励；高校对于荣誉激励更为看重，适度的荣誉称号和津贴补助可以更好地调动师生的创新动力；对做出特别贡献的个人，通过模范个人荣誉和津贴奖金等形式做出激励都会进一步激发再创新的动力。

6. 利益分配制度

合理的利益分配对协同合作尤为重要，它的公平、公正与否直接影响整个协同创新的效率。我国当前实行以按劳分配为主、多种分配方式并存的分配制度颇为公平，能够体现出在协同创新过程中各个创新主体依据不同的生产要素（如劳动、管理、资本、技术、知识、固定资产等）参与协同创新，合理地对各种生产要素进行估价是分配的前提，在此过程中须做到公平公正，在一定程度上政府要发挥其协调的作用，尽可能地满足各创新主体不同的创新需求，以调动各创新主体的创新积极性。

四、战略协同

在专业镇特色产业发展和培育过程中，要考虑四个层面战略协同：国家、区域、特色产业创新战略以及集群的竞争优势。

1. 国家创新战略

《"十三五"国家科技创新规划》从六大方面对创新战略进行了部署：一是构筑国家先发优势。面向 2030 年，启动实施 15 个体现国家战略意图的"科技创新 2030—重大科技项目"；围绕新一代信息技术、先进制造技术、清洁高效能源技术、先进高效生物技术、现代交通技术与装备、新材料技术、现代农业技术、现代食品制造技术、现代服务技术、颠覆性技术等十大领域建设现代产业技术体系；面向生态环保技术、人口健康技术、公共安全与社会治理技术、资源高效循环利用技术、新型城镇化技术等五大领域健全支撑民生改善和可持续发展的技术体系；围绕空天、深海、深地极地空间构建保障国家安全和战略利益的技术体系，通过重点领域部署为发挥先发优势的引领型发展提供坚实支撑。二是增强原始创新能力。组织开展国际大科学计划和大科学工程；建设国家实验室；培养集聚创新型人才队伍。三是打造区域创新高地。建设北京、上海科创中心；推动国家自创新区和高新区创新发展；主动融入全球创新网络。四是推动大众创业、万众创新。建立统一开放的技术交易市场体系；完善创业孵化体系；健全支持科技创新创业的金融体系。五是全面深化科技体制改革。健全科技创新治理机制，强化企业创新主体地位和主导作用，建立高效研发组织体系，实施促进科技成果转移转化行动等。六是加强创新文化建设。营造鼓励创新氛围，培育企业家精神和创新文化。

2. 区域创新战略

省委省政府对"十三五"时期创新驱动做出了系列部署，陆续出台了《广东省国民经济和社会发展第十三个五年规划纲要》《"十三五"广东省科技创新规划（2016—2020）》。《广东省国民经济和社会发展第十三个五年规划纲要》，确定了"十三五"时期全省经济社会发展战略、思路和目标任务，要求率先全面建成小康社会、基本建立开放型区域创新体系和具有全球竞争力的产业新体系。省委省政府把建设国家科技产业创新中心作为核心定位，提出了建设国家自主创新示范区、实施重大科技专项、培育高新技术企业、建设高水平大学和高水平理工科大学、建设重大创新平台等系列重点任务，实施创新驱动发展战略。《"十三五"广东省科技创新规划（2016—2020）》提出建设国家科技产业创新中心，建设国家自主创新示范区，大力发展高水平创新主体，深入实施十大重大科技专项，从八大领域构建现代产业体系，围绕三大领域健全民生改善社会和谐发展技术体系，构建科技创新重大平台体系，完善多主体协同创新体系，推动大众创业、万众创新。

3. 特色产业创新战略

《广东省国民经济和社会发展第十三个五年规划纲要》明确相关产业的发展方向：坚持增量提升与存量优化并举，工业化与信息化融合，调结构和促发展并重，更加注重供给侧结构性改革，推动产业高端化、智能化、绿色化、集约化发展。组织实施智能制造、现代服务业、战略性新兴产业、海洋产业等重大工程，增强制造业核心竞争力，提升现代服务业发展水平和培育壮大战略新兴产品，积极培育电子信息、装备制造、汽车制造、石化工业、家电工业、文化旅游产业、电子商务、金融产业、软件产业、健康服务业等产值（或增加值）超万亿元十大产业。到2020年，基本建立具有国际竞争力的产业新体系。

4. 竞争优势

竞争优势指一个国家、区域、某一企业在技术、管理、品牌、创新、劳动力成本等方面更能带来利润或者效益的优势。竞争优势理论主要来自三个方面：一是竞争位势理论，认为制定组织战略和本身所处内外部环境高度协调。专业镇特色产业，谁能够最先突破核心关键技术谁就能获得占据未来竞争优势的主动点，因此现阶段如何提升创新能力尤为关键。二是资源基础理论，认为组织赢利的原因是组织拥有特有的稀缺性资源，可以生产出有竞争力的产品或者服务；同时这些稀缺性资源根植于组织内部，其他组织难以模仿或者学习。专业镇特色产业就是专业镇独特资源，需发展壮大特色产业。三是动力能力理论，认为任何组织资源都是有限的，强调组织为了适应不断改变的外部环境，必须根据环境改变而组织自身的资源，不断创造出属于自己的竞争优势，且这一竞争是根据外部条件动态变化的。随着时代的发展和科技进步，专业镇可以根据当地特色发展相关战略性新兴产业，发挥先发优势。

五、创新主体选择原则

创新主体选择是协同创新体系运行的基础，是构建协同创新体系的必要条件。创新主体选择好将产生积极的协同效应，推动协同创新体系目标实现。选择创新主体应遵循以下原则：

1. 互补

专业镇协同创新体系中创新主体的选择主要基于知识和能力互补。若是各创新主体都不具备一定优势，那协同创新体系构建将很难成功。互补性原则要求各创新主体处于同一链条的不同位置，从知识链来看，高校科研机构处于上游，企业、地方政府、中介服务机构等处于下游；从产业链来看，各创新主体须具有互补性。建议创新主体选择至少3类以上参与，在创新资源和创新能力上实现协同优势。

2. 协同

协同性是协同创新体系成功运行的基础，主要体现在主导单位与参与单位之间在目标、文化、制度、战略等方面协同。目标是前提，主导单位在选择参与单位时，首先要考虑目标是否一致，如果目标不一致，那就无法合作了。协同不是说不存在矛盾和摩擦，而是各创新主体应在相互信任和尊重的基础上进行合作。

3. 共赢

专业镇产业协同创新体系中各创新主体都是为了实现共同利益。企业通过提升自主创新能力，实现自身经济利益最大化；高校科研机构作为知识生产输出机构，提高自身的学科水平、科研能力和人才培养；政府则是为了推动区域产业发展。各创新主体只有设定共同利益目标，协同创新体系才能稳定运行。

4. 信任

协同创新是一种知识共享，知识活动较难契约化，建立以信任为基础的合作关系是协同创新体系成功运行的重要保障。创新主体之间须建立充分的信任机制，诚实可靠，才能保障协同创新体系在运行过程中实现风险共担和利益共享。

5. 风险最小

创新活动由于不确定性，具有高风险性，主要表现在投资大、收益大、风险高。因此，牵头单位在选择参与单位过程中，应考虑参与单位对风险的态度和抵抗能力，需积极面对风险，同时能够最大限度地降低整体运行风险。

此外，在选择创新主体过程中还需考虑创新主体机构属性、地理空间和沟通成本等要素；同时，还应考虑到由于目标变化或调整，对创新主体的选择需不断进行调整，这是一个动态流动过程。通过优胜劣汰，使部分不适应环境改变或者竞争需求的创新主体被淘汰或者促使其功能改变，推动协同创新体系功能不断完善，使整个协同创新体系稳定运行，产生更大创新绩效。

第三节　专业镇产业协同创新体系建设模式

专业镇产业协同创新体系建设是以服务专业镇内特色产业和企业以及各创新主体需求为主要任务的，因此，在构建专业镇产业协同创新体系过程中应充分考虑当地特色产业发展状况和产业集群结构，整合各类创新资源和设计各类协同创新平台服务功能，促进专业镇协同创新发展和转型升级。虽然参与产业协同创新体系的创新主体包括政府、企业、高校科研机构、中介服务机构、金融机构等，但由于各自需求、基础条件和竞争优势不同，选择产业协同创新体系建设模式也会相应不同，适当的模式对于各创新主体发挥各自优势具有重要影响。根据专业镇产业协同创新体系建设主体不同，其建设模式可分为政府主导、企业主导、高校科研机构主导和中介服务机构主导等类型，各专业镇选择以何种组织模式构建产业协同创新体系是各创新主体根据具体的合作目标和需求，综合考虑利益分配、风险和责任担当、政策导向和创新环境等多个因素采取的市场选择行为的结果。在协同创新体系中，协同是措施，创新是目标，推动协同创新，必须积极地创新模式。

一、政府主导模式

政府主导模式是由政府基于专业镇特色产业发展对技术创新的需求，主要针对战略性新兴产业、公益型产业（如农业）的共性技术及基础研究，通过顶层设计规划，并推出适当的科技计划项目的方式，引导企业、高校科研机构、中介服务机构和金融机构等创新主体协同合作形成创新合力。政府为高校科研机构、企业、中介服务机构等提供资金、项目、政策引导，高校科生科研成果提供给企业，企业转化科技成果并产业化反馈给政府。

二、企业主导模式

企业主导模式是当企业处于技术创新瓶颈时，由于企业自身科技创新能力较弱，企业为了获得更高的经济利益和发展，主动寻求与外部的高校科研机构、政府和中介服务机构协同合作，形成企业牵头的协同创新模式。主要表现形式有企业内部协同、产学研式、联盟式等模式。

（一）企业内部协同

根据专业镇内产业集群结构特点可分为龙头企业主导、中小企业联盟等模式。

1. 龙头企业主导模式

在专业镇已形成鲜明特色的产业优势，龙头企业突出，在行业领域拥有相当的资源优势和话语权，而其他企业则为龙头企业协作配套。因此，在此类专业镇内，创新活动主要在龙头企业内完成。龙头企业具有行业技术优势和研发实力，具有自己的科研团队和科研基础条件，能支持自身所需要的创新活动开展，同时能向上下游配套企业提供技术支持。对于大多数配套科技型中小企业，以最低成本获得新知识和新技术，同时与龙头企业合作降低了科技型中小企业创新风险。

2. 中小企业联盟模式

在专业镇内，以大量科技型中小微企业为主，企业间通过专业化分工协作而生产经营。中小微企业通过建立创新联盟实现创新资源整合和共享。该模式下需要联盟企业在创新资源方面具有互补性，因此具有水平创新联盟和垂直创新联盟两种表现形式：水平创新联盟是由产品具有可替代性企业（企业与竞争对手）组成创新联盟，由竞争变成竞合；垂直创新联盟由产业链上下游企业因产业链供求关系形成创新联盟。

（二）产学研式

产学研模式是指产学研各方通过资金投入、技术入股等方式，成立具有独立法人资格的经济实体——协同创新中心。各方遵循市场规律，以资本、产权为纽带，协同开发高新技术产品的紧密型协同创新模式。这种模式是专业镇产业协同创新体系建设重点发展的方向。协同创新中心主要特点：一是其载体是依法成立的企业法人，高校科研机构主要从事技术创新，企业进行生产经营和管理模式创新，自负盈亏、共担技术和经营风险。二是协同创新中心以企业技术需求和经济利益为出发点，通过共同投入（包括技术入股）、共同经营、共享利润构建紧密合作的利益共同体，实现利益共享与风险分担的长期、稳定、制度化的协同创新模式。三是协同创新中心内研究、开发、生产、市场、销售等环节紧密相连，可以迅速把科技成果向企业转移转化，快速形成市场竞争力。四是公司法人的组织机构一般建立理事会，由政府、高校科研机构、企业各方负责人分别派代表担任，理事长由镇政府派员担任。建立独立的财务核算制度。五是对协同各方投资的有形资产或无形资产进行评估和定价，降低实体经营风险。

（三）联盟式

联盟模式是以联盟企业为主导，联合相关学科领域高校科研机构，通过知识、技术、人才、资金、信息等创新要素的优化整合，面向产业共性关键核心技术，不断提升产业竞争力而建立的一种长期、稳定的利益共同体，是产学研合作的更高层次。其特征主要有：一是具有长期性和紧密性。它不是临时组建的短期而松散的联合体，而是为了共同目标而结成的以联盟契约为纽带长期紧密的利益共同体。二是企业在联盟中处于主体地位。联盟的建立是在企业技术创新和竞争力提升需求的基础上，虽然参与方包括政产学研各方，但其核心主体是企业。三是政府在联盟发展中起着重要的作用。由于联盟面向区域、产业层面的共性关键核心技术，具有创新周期长、资金需求多、风险高等特点，政府在政策、财政资金和组织协调给予支持。四是利益共享和合作共赢。联盟通过签订联盟协议以获得经济利益将各方紧密地联系在一起。联盟协议对联盟目标、责任、权利和利益分配等问题事先达成协议。联盟的类型可以分为三类：行业产业技术创新联盟、区域性产业技术创新联盟和跨行业跨产业技术创新联盟等。

三、高校科研机构主导模式

当高校科研机构要把其科研成果产业化时，考虑到自身产业化基础条件的制约，将主动与企业、政府、中介服务机构等创新主体联合构建由高校科研机构牵头的产学研协同创新模式。企业和高校科研机构通过项目式、共建式和衍生企业等形式协同合作。而政府和中介服务机构起到协调作用。

（一）项目式

该模式是指产学研三方或多方以项目作为载体，整合各方优势资源建立紧密合作关系，攻克技术难题、推动成果转移和转化的模式。其主要形式表现为技术转让、委托研发、协同攻关等类型。

（二）共建式

该模式是指企业、高校科研机构以学科研究开发为出发点，以促进科技成果转移转化为目标，发挥各自在知识、资金、信息、人才、科研条件等方面的优势，共同投入技术、设备、资金等资源参与经营管理的协同创新模式。其具体形式主要有：共建研发基地、共建协同创新中心、共建科技园区。

1. 共建研发基地

共建研发基地是指产学研三方或多方按照一定比例分别投入资金、人力、技术、场地、仪器设备等，共同建立研发基地（机构），包括共建实验室、研究院（中心、所）中试基地、工程研发中心等。

2. 共建协同创新中心

共建协同创新中心是指由政府牵头，高水平大学为建设主体，企业参与建设运行的模式，一般包括学术研究型和产学研结合型两大类。产学研结合协同创新中心可分为三种类型：面向行业产业、面向区域发展和面向文化传承创新。协同创新中心有利于突破高校内外部体制的制约。

3. 共建科技园区

共建科技园区是指政府部门利用政策或税收优惠，吸引产学研各方以园区作为平台，协同开展技术研发、科技企业孵化、技术转移等合作，培育高新技术企业，促进科技成果转化。主要类型包括大学科技园区、创业园区、企业孵化器等。

（三）衍生企业模式

该模式是指高校科研机构把科技成果转化后形成从事产业生产或服务的企业。衍生企业将高校科研机构作为母体，以知识创新和技术发展为基础。衍生企业母体包括有高校科研机构、企业、政府和其他机构。其鲜明的特征主要有：一是企业的创建者来自高校科研机构，由高校科研机构学者创办或发起创建的。二是高校科研机构科技成果的转移转化是企业赖以生存的基础，企业是知识溢出的直接受益方。

四、中介服务机构主导模式

在专业镇内,以大量的科技型中小微企业为主,通过政府引导和支持,由生产力促进中心、行业商(协、学)会、专业镇技术创新中心等中介服务机构组织高校科研机构、企业等创新资源为专业镇企业提供创新服务,以中山小榄生产力促进中心为典型代表。生产力促进中心、行业商(协、学)会、专业镇技术创新中心等中介服务机构作为企业、政府、高校科研机构之间的桥梁与纽带,积极收集企业创新需求,通过政府各类科技计划项目或者企业自设技术难题等形式与高校科研机构、企业、其他中介服务机构建立紧密合作,协同为专业镇内企业提供创新服务。其特点主要有:一是中介服务机构处于主导地位,直接服务于专业镇企业,尤其是会员企业;二是政府扶持,当地政府在人才、税收、用地等方面提供政策支持;三是企业参与,通常会依托龙头企业或有实力的企业参与,其他的企业以会员形式参与,并通过会员形式反馈提供有效需求,实现精准供需对接。

第四节 专业镇产业协同创新体系运行机制

机制作为一种基础性、根本性的存在,对于专业镇产业协同创新体系建设的成功起着保障作用。推动协同创新,须建立和完善协同创新机制。专业镇产业协同创新体系的运行机制是指从专业镇协同创新体系中各创新主体之间相互链接关系以及各创新主体在参与创新活动中产生创新要素和资源的流动。协同创新体系运行机制主要包括驱动机制、激励机制、风险分担机制、利益分配机制和保障机制等。

一、驱动机制

驱动机制作为促进和推动政产学研中金用各方实施协同创新动力来源,是协同创新的关键环节,是协同创新形成的首要条件,是处于整个协同创新最前端的影响要素,因此具有先导性和基础性作用,地位非常重要。驱动机制包括外在和内在机制。在政产学研中金各创新主体内经济利益、自我发展等影响因素为内在因素,而在各创新主体外如市场需求、科技发展、政府支持等因素为外在因素。

1. 市场需求

协同创新是一种创新活动,也是一种以技术转移、成果转化为目的的经济活动,必然依托一定的市场环境而发生,受所处的经济环境的驱动和引导。市场通过需求提供协同创新合作的起点,也是科技成果转化为商品的终点。因此,来自市场需求是推动协同创新的最直接的动力。市场需求表现为市场的供需状况。

2. 科技发展

科学与技术的融合是时代发展的必然,全球新一轮科技革命和产业变革蓄势待发。前沿科学和颠覆性新技术加速发展,信息网络、人工智能、生物技术、新材料、先进制造等技术广泛渗透,科技创新与商业模式创新融合发展,引领新兴产业快速发展和加速传统产业转型升级。创新模式产生重大变革,网络化、全球化的创新活动更为明显,势必影响到高校科研机构和产业关系,促进高校科研机构与企业建立长期稳定合作,为协同创新的形成提供强大动力。

3. 政府支持

政府的推动力主要体现在通过宏观政策和调控手段、行政和经济支持"双管"齐下,既有直接投资对产业协同创新进行资助,实施计划进行布局,也有间接通过出台知识产权保护、成果转让等法律法规,营造良好的产业协同创新制度环境,提供财政、税收、资金等优惠政策和便利条件等,大力支持协同创新和产业发展。

4. 利益驱动

利益驱动是促进专业镇产业协同创新体系形成的根本驱动力。各创新主体追求的目标各不相同,如高等院校以培养高素质人才和促进社会进步发展为首要目标,科研机构以提升产业竞争力、促进科技成果转移转化和获得科研经费为主要目标,企业则是以实现利润最大化为目标,各创新主体在各自利益驱动下进行合作,从而获得更大的利益。企业通过规模效益获得更大利润,分担创新风险,缩短产品从研发到投入市场的时间,对高校和科研机构的作用主要是获得企业对技术研发的资金支持、推动研究的实用性、探索新的研究领域以获得更大的学术成就等。

二、激励机制

建立协同创新激励机制,有效促使各创新主体在协同创新过程中最大限度地发挥主动性,提高专业镇产业核心竞争力,加快建设创新型产业集群。

主要从以下几个方面考虑：

1. 企业

企业参与协同创新体系是为了提高企业自主创新能力，实现利益最大化。因此，可适当通过减免税费、研发经费补贴、政府采购等手段促进企业在追求自身利益最大化的同时积极参与协同创新分工合作，不断提升企业研发能力，在追逐利益最大化过程中同步提升企业技术创新能力和产业整体竞争力。

2. 高校和科研机构

高校和科研机构参与协同创新体系，不仅是为了实现一定的经济利益，更多的是在于提升自身的科研水平和创新能力，通过将科技成果转化，为国家和社会科技进步做出更多的贡献。因此要积极推动技术入股制度的建立，将高校、科研机构及创新人才的科技成果入股企业，或与企业设立公司或以企业期权等形式拥有企业部分所有权，保护创新人员的权益，让各创新主体可分享科技成果转化带来的利益，提高协同创新参与各方的积极性。

3. 政府

政府在专业镇产业协同创新体系中扮演的是宏观调控和服务者的角色，对政府参与协同创新体系最大的激励是促进经济社会创新能力的提升，主要体现在以下几个方面：

一是支持科技创新基础条件的建设。政府根据各创新主体对科技基础条件建设的要求，在仪器设备购买、进口设备关税补贴、科研条件场地建设等给予支持，协同推动科技基础条件建设。二是在科技创新投入补贴、税收的减免、知识产权的归属、科技成果转化等方面出台激励政策和措施。三是对协同创新构建予以奖励和资助。政府可在风险分担、财政经费支持和科技奖励等方面予以支持，以提高各创新主体的积极性。四是积极引进和培育协同创新人才。依据各专业镇特色产业发展需求和区域特色，引进领军人才、创新团队、高层次专业人才和高技能人才等，完善人才政策，营造良好的创新生态环境吸引更多的人才落户专业镇。

4. 金融机构

研发经费的投入是直接影响研发成功的关键因素，因此对于金融机构的创新激励展开研究非常必要。目前，涌现了一批如淘宝众筹、京东众筹等互联网众筹平台，创新融资模式。金融机构参与创新活动在很大程度上取决于政府对金融机构的引导。这里说的金融机构是指广义的资金来源，不单纯指银行机构，也包括社会风险基金、投融资机构等。这些机构具有很强的信息处理和风险控制能力，能够在一定程度降低信息成本和风险成本。通过股权和借贷等形式向专业镇特色产业研发倾斜。

5. 其他创新主体

用户、中介服务机构、战略联盟等创新主体，由于不同的创新意图而参与到协同创新体系中，必须针对不同创新主体，设定不同的激励机制。例如，用户参与协同创新体系大多是为了追求物质回报，又或者是出于对新产品的好奇；中介服务机构为了追求利益或者是受政府号召支持协同创新体系战略联盟、参与协同创新体系更多地可能是为了自身利益。虽然各个创新主体参与协同创新体系的目的迥异，但是，只要通过设置一定的公平、合理的激励机制，就能有效地激发各个创新主体的创新积极性，进而提升整个协同创新体系的创新能力。

三、风险分担机制

任何创新活动都必定面临不确定性，经济学上用风险的大小来度量这种不确定性。通过建立风险分担机制，对协同创新体系风险进行有效控制，将对专业镇产业协同创新体系可持续发展产生重要意义。通过分析协同创新体系中风险的分类和风险分担处理方法来建立协同创新风险分担机制，完善协同创新运行机制。

（一）风险分类

我们将专业镇产业协同创新体系所面临的风险分为系统风险和非系统风险。

1. 系统风险

系统风险主要包含市场风险、政策风险、合作风险等。市场风险是指成果产业化的产品需求及产品未来市场发展前景难以预测、价格因素、市场推广等存在的风险。政策风险主要来自国家、地方、产业政策和经济大环境变化导致的风险。合作风险，因为协同创新体系涉及多个创新主体及其相互链接关系，虽然建立协同创新体系为了实现共同的目标和愿景，但是，在协同创新过程中不可避免存在着多方的博弈，合作能否取得成功不仅取决于技术实力的高低，还取决于各创新主体对未来的预期以及相互之间的信任。

2. 非系统风险

非系统风险主要包括资金、管理和技术风险等类型。资金风险是指在协同创新过程中资金能否及时到位关系到协同创新的成败，而且资金的不合理使用也会降低协同创新运行效率，影响协同创新绩效。管理风险是企业、高校科研机构在协同创新体系运行管理过程中存在的风险，包括决策的失误、组织不力、部门之间沟通困难、组织机构设置不合理以及缺乏必要的创新资源。技术风险是指研发过程存在失败的可能性，技术的成熟度、先进性、复杂性、未知性和技术更新以及企业吸收能力和生产制造能力等都可以导致协同创新存在风险。

（二）风险管理

目前，需要一个强有力的能调动各方资源和积极性的主导性组织来盘活协同创新体系，此时政府的作用无疑就凸显出来。政府通过制定政策、保障体系以及管理机制协调参与协同创新各创新主体，同时在风险管理过程中也面临着重大考验。首先，作为整个专业镇产业协同创新体系的主要协调组织，政府负责整个创新体系政策制度制定、监管以及协调工作。如何公平公正地设定与各个创新主体相适应的管理体系和制度保障机制，并在公开透明的监管机制下进行约束，这是政府机构首先面临的、最主要的风险。其次，作为协同创新体系风险分摊主体之一，由于自身的特殊性，在宏观环境、微观环境的营造上必须发挥重要作用。政府对协同创新的影响力为协同创新体系带来了经济、政治和社会等多方面的风险，并且在政府参与下往往风险存在着连锁反应，通常一些普通风险可能在政府的参与下呈现几何级数的扩大风险。

（三）风险分担

协同创新体系各创新主体需参与创新活动，因此各创新主体都是风险的分担主体。出现创新风险，最常用的处理方法即风险分散和转移。风险分散，即在协同创新过程中主要是通过不同风险项目同时实施的办法，将高风险项目可能带来的风险由风险相对较低的项目来进行分担。风险转移，即将风险的承担主体进行转移，本质不是风险的降低，而是通过每个创新主体共同分摊，使本来巨大的风险分散为数量较多的较小风险。这一方法在一定程度上也体现了构建协同创新体系的优势，即缓解单个或者极少数个体不能承担创新活动所带来的风险而影响创新活动的进行。风险的管理还可以通过设立风险管理基金，引进社会资金参与到协同创新活动中，以及通过专业的风险管理机构对创新活动全程进行风险管控。

四、利益分配机制

利益分配是协同创新体系中各创新主体最为关心的话题。明晰利益分配，引导各创新主体在协同创新体系中发挥最大作用，确保协同创新体系公平公正的原则。通过分析利益分配类型、原则、影响因素和方式选择等开展研究，有利于专业镇产业协同创新体系利益分配机制的建立。

（一）利益分配类型

协同创新体系实现的利益可分为有形利益与无形利益两方面。其中，有形利益一般可以通过有形资产来体现，如产品和服务的收益、技术转让收益和获得财政资金支持和补贴等；无形利益通过社会利益来体现，是各创新主体参与协同创新过程中无法被量化的收益，如商标、信誉和品牌、人才培养以及各创新主体在协同过程中因知识流动而相互学习产生的经验、能力和竞争力提升等。

（二）利益分配原则

采用科学的利益分配方式，确保在协同创新体系利益分配过程中尽可能做到公平合理，因此利益分配原则至关重要。利益分配的原则主要有：

1. 平等性原则

平等是指协同创新体系中各个创新主体地位平等，不单纯地依据创新主体的实力和发展规模来进行简单的利益分配。地位的平等对待是协同创新体系长期稳定发展的保障，长期的稳定发展才可实现协同创新体系整体利益的最大化。

2. 公平性原则

公平不是均等分配，而是以协同创新体系长期稳定发展作为出发点，根据各个创新主体在创新活动中的绩效、参与协同创新活动的积极性、对整个协同创新活动的贡献来确定利益分配。总之，兼顾效益的公平才是协同创新体系应该遵循的最佳原则。

3. 协商性原则

协同创新是由多主体参与的，不同创新主体参与协同创新体系的目的不同。企业参与协同创新第一要素是利益驱动；高校和科研机构科研能力的提升和人才的培养是根本出发点，当然适当的经费激励是有必要的；政府作为协同创新体系的组织者和协调者，参与的目的是提升区域和产业创新能力和竞争力；金融机构、中介服务机构和用户等创新主体参与的目的也各有不同。因此，利益的分配应该由参与创新活动的创新主体共同协商，通过各个主体之间的博弈实现各个创新主体相对满意的分配方案是我们追求的目标。

（三）利益分配影响因素

1. 贡献程度

将对整个专业镇产业协同创新体系的贡献程度作为利益分配的首要原则。参与专业镇产业协同创新体系的各个创新主体类型各异，各自所拥有的创新资源各不相同，所以对创新体系的贡献和价值也各不相同。因此，首先必须构建协同创新各个创新主体的评价体系，对各个创新主体对创新组织的贡献做出客观公正的评价。按照各个创新主体的不同设置有区别的贡献评级机制是首要解决的问题。

2. 创新资源投入

创新活动本身需要各种创新资源的投入，如企业资金、研发设备、高校科研机构的专利技术以及人力资源等可量化的投入以及各种不可量化的资源投入等。因此，需对各个创新主体资源的投入进行科学的量化处理，按照资源投入量作为利益分配的重要指标。

3. 承担风险大小

创新活动面对的风险是形式多样的，比如资金风险、技术风险、市场风险等。风险分担提出的是共担机制。但是，由于各创新主体实力和规模不同，对于风险的承担能力也有所不同，应根据各创新主体在协同创新中承担风险的大小来确定利益分配。因此，应首先对各个创新主体在创新过程中承担的风险进行科学的测定，承担风险大的创新主体的收益较高。

五、创新资源共享机制

专业镇产业协同创新资源共享机制是在以政产学研中金用等多主体之间进行的跨组织、学科领域的资源共享，包括信息资源、科学仪器设备资源、科技人员开放式协同合作等，其核心就是调动各创新主体的积极性和创造性，通过知识共享进行知识创造，实现深度合作和开放创新的过程。

（一）知识共享

知识协同是协同创新的核心。知识不同于信息和数据，它是由科研人员对公共信息进行处理、加工、推理和验证后得到的。知识可分为显性知识和隐性知识两种。知识在创新主体之间转移、消化、吸收、共享、整合、利用和再创造，其目标是知识共享以及知识创新。

1. 协同创新的知识协同

日本著名管理学教授野中郁次郎（Nonaka）提出的知识创造 SECI 模型认为，知识本质就是隐性知识和显性知识彼此转化，包括四个阶段：第一阶段是社会化（socialization），即通过观察模仿和实践使隐性知识向隐性知识传递，而不是运用语言。第二阶段是外部化（externalization），即用显性化概念和清晰语言将隐性知识转化为显性知识。第三阶段是联合化（combination），即将各种显性知识整合形成新的显性知识。第四阶段是内部化（internalization），即显性知识被吸收消化后升华为新的隐性知识。SECI 是一个持续动态且螺旋上升的过程，员工的隐性知识经过 SECI 过程，产生新的隐性知识，新隐性知识又开始 SECI 过程，并在其他员工、小组、组织以及跨组织中不断扩散。

由于各创新主体之间获取知识的差异，产学研合作中存在很强的互补性，高校以基础研究和发表论文为主，企业以开发新产品和专利为主，科研机构两者兼而有之。因此，通过协同合作共同利用相互资源，让知识在合作中进行交互和传播，使高校科研机构创造出更大价值、更贴近市场和更大经济效益的科技成果的同时企业提升科研能力。而政府则通过制定法律法规和政策营造获取隐性知识资源和政策环境。中介服务机构提供有利条件，促使信息、技术、知识和资本的快速流动，提供创新效率。协同创新体系中各创新主体通过合作推动隐性知识和显性知识彼此转化、整合和吸收，产生新的知识，推动协同创新体系内知识螺旋式发展。因此，协同创新的知识共享机制是充分开放的，具有多元化的创新主体、多样化的创新要素，并且存在复杂的相互作用和相互依赖。不仅仅进行开放合作的知识共享，还要进行协同整合后的知识创造。

2. 知识共享考虑因素

协同创新核心是知识增值，是企业、高校科研机构、政府和中介服务机构等各创新主体价值创造与提升的过程。往往在知识分享的过程中存在着这样的现象：人们不愿意将自己所拥有的核心知识与其他成员分享，只有当通过知识的共享获取的收益或者回报大于共享的成本时，知识分享者往往才愿意进行核心知识的分享。因此，在知识增值实现的过程，需考虑两个因素：一是知识产权的归属问题，在初期以协议和合同文本形式明确知识产权的归属问题；二是利益分配问题，考虑知识提供者对提供知识的诉求，以此促进高质量的知识不断被分享，不断流动产生更多的知识创造和增值。

（二）其他资源共享

协同创新共享机制除知识共享外，还包括如人力资源、信息资源、科研设施资源和资金资源等其他资源共享。

1. 人力资源

人力资源是指协同创新体系中所有人员，包含高校科研人员如教师、研究生等，企业科研人员则包括直接或间接从事研发、技术创新活动的人员，包括研发人员、产业技术工人和企业家等，科研机构的科研人员包括相关领域的学术带头人及研究生。在一个研发组织中，创新所需的人才是多样化的。一般需要以下三种创新人才。一是创新的领导者。在协同创新体系中，未来的发展是由政府引导、企业联合高校科研机构等各创新主体来实施的。二是创新支持者。最有影响力的创新支持者是政府，其作用是推动创新；其次是企业家和中介服务机构等，他们对新产品进行推广，传播新思想，其中大部分经验丰富、了解情况并可指导。三是创新的专业人才。协同创新的专业人才要求具有跨学科背景、具有创造性并善于产生新思想，包括技术和市场核心人物，可以是工程师、科技工作者，也可以是具有技术基础的市场营销人员。这里发生将知识进行共享、吸收和再创造过程。

2. 信息资源

信息资源一般包括人才、技术、市场、政策等各种信息。由于信息资源主要掌握在不同创新主体之间，例如，人力资源主要在高校科研机构，资金和技术资源主要在企业，知识和设备主要在高校，政府和中介服务机构占据了大部分信息和政策资源，因此，需要加强资源的整合与互动，形成知识的交流与共享，实现信息资源共享。

3. 科研设施资源

科研设施设备资源是指高校科研机构、企业、政府等提供的场地、仪器设备等。大型仪器设备一般由政府投资建设，并鼓励高校科研机构企业等机构开放实验室、仪器设备，实现开放共享。

六、保障机制

专业镇产业协同创新体系顺利运行，需要制定一系列保障措施，以保障其正常运行，营造良好的协同创新环境。

1. 完善政策法规环境

近年来，广东颁布了系列促进专业镇创新发展的政策措施，如省科技厅发布了《关于加强专业镇创新发展工作的指导意见》（粤科产学研字〔2016〕54号）、《关于推进协同创新加快专业镇发展的实施意见》（粤科产学研字〔2016〕138号），省发改委联合省科技厅、省住建厅发布了《关于加快特色小（城）镇建设的指导意见》（粤发改区域〔2017〕438号）。各地市也纷纷出台相应政策举措，如2014年东莞市人民政府出台了《东莞市科技创新平台建设资助办法》（东府办〔2014〕120号），在"十二五"期间，每年安排财政资金20亿元，5年共100亿元，用于支持专业镇创新发展，尤其是支持专业镇联合高校科研机构、行业龙头企业建设协同创新平台，市财政最高资助不超过5000万元。2015年中山市也出台了《关于推进新型专业镇发展的若干意见》，专门设立协同创新专项，组织开展市级协同创新中心认定，并制定了《中山市协同创新中心认定暂行管理办法》和《中山市协同创新专项资金管理办法》，从产业链协同、跨区域协作和跨行业融合等方面对协同创新活动提供支持。促进创新资源向专业镇集聚，专业镇协同创新政策体系明显得到优化。

2. 完善管理和运行机制

加强专业镇产业协同创新组织机构的建设，建立建设主体多元化、运行机制市场化、独立法人产业协同创新平台。完善专业镇产业协同创新平台功能设置，建立和完善相应的管理制度。建立协同创新运行机制，完善驱动机制、激励机制、风险分担机制、利益分配机制、创新资源共享机制和保障机制等。

3. 加强考核和评估

加强对协同创新体系监督管理，建立专业镇产业协同创新体系综合评价制度，引入第三方机构制定考核评价指标体系，作为对产业协同创新体系综合评价的依据。并对考核结果优良予以奖励、表彰、宣传、示范推广。

第五章 广东专业镇产业协同创新平台建设

1999年，美国竞争力委员会在研究报告《走向全球：美国创新新形势》中最先提出了创新平台（Platform for Innovation）的概念，认为创新平台是创新基础设施和创新活动中不可缺少的要素，包括创新人才和科研成果；保障产品和服务转化的法规、制度、资本、市场准入和知识产权保护等。21世纪初，荷兰和英国等欧洲国家也先后推出了"创新平台"计划，创新平台是将创新资源和要素汇集和整合，进行创新研究形成应用成果，通过汇聚整合知识、信息、技术、政策等创新资源和要素构建技术创新支撑体系。协同创新平台是推动协同创新理论走向实践的重要途径，是协同创新过程不可缺少的要素。

第一节 专业镇创新平台演变

专业镇创新平台是专业镇创新发展过程中重要的载体，在区域创新体系中发挥着重要的作用。广东专业镇经过10多年的发展，专业镇创新平台从开始的技术创新平台逐步向技术创新公共平台、中小微企业服务平台、协同创新平台发展，服务内容由开始的技术创新、信息服务发展成为质量检测、人才培训、创业孵化、电子商务、工业设计、知识产权、融资服务等创新服务，内涵从狭义到广义不断深化，服务功能不断完善，有效地提升专业镇产业竞争力。截至2015年底，全省399个省级专业镇共建有创新服务平台336个，创新平台对外服务企业平均5.48个，实现总收入41.22亿元，年培训21.88万人，主持和参与的研究项目747个，完成和参与的成果转化项目620个，成果转化项目产值30.07亿元。实践证明，专业镇创新平台对优化整合专业镇内外各类创新资源，为区域中小企业提供各类创新服务发挥了重要作用。

一、技术创新平台（2000—2004年）

2000年11月，原广东省科委出台了《广东省专业镇技术创新试点实施方案（2000—2005 年）》（粤科计字〔2000〕238 号），确立了"十五"期间开展专业镇技术创新试点的指导思想、目标、任务和措施，提出了要遴选 30～50 个专业镇开展示范试点，建设专业镇技术创新平台，加强专业镇技术创新服务：一是组织专家为企业提供技术、发展战略咨询；二是帮助企业制定和实施行业技术标准或国际（家）标准；三是为企业提供信息、相关政策咨询，保障政策执行；四是针对不同类型企业开展不同层次和内容的培训；五是要加强生产力促进中心的建设，推动技术创新中心、创新服务中心、咨询服务公司等各类科技中介机构的建立和完善。此后，全省技术创新专业镇呈现良好的发展势头，截至 2004 年专业镇达 103 个，技术创新平台 59 个。

二、技术创新公共平台（2005—2010 年）

2005 年 5 月，原广东省科委颁布了《关于省市联动推进专业镇（区）建设的指导意见》（粤科计字〔2005〕62 号），指出专业镇技术创新最主要的工作抓手就是建设技术创新公共平台，形成区域技术创新网络。平台的形式可以多种多样：创新服务中心、信息网络中心、生产力促进中心、产学研结合基地、工程技术研究开发中心、企业孵化器、咨询机构等。平台坚持政府引导与市场机制相结合，实行市场化运作模式，开展产品设计、产品检测认证、技术服务、成果转化、交流合作、信息网络、电子商务、人才引进和培训、知识产权运营和保护等业务。2006 年，广东省委省政府颁发了《关于加快发展专业镇的意见》（粤发〔2006〕23 号），提出了实施专业镇技术创新工程，鼓励建设面向中小企业服务的专业镇技术创新中心，完善专业镇技术创新体系和服务体系。该文件彰显了专业镇在全省经济发展中的重要地位，专业镇工作从科技部门的工作转变为全省的重点工作，具有里程碑意义。此时专业镇迅猛增长，截至 2006 年已突破 200 个。2008 年 3 月，省科技厅颁发了《广东省技术创新专业镇管理办法》（粤科计字〔2008〕29 号），对专业镇建设工作进行规范管理，明确了专业镇建设工作主要任务、管理部门和省级专业镇认定流程，专业镇建设重点由"量"向"质"转变。此后，专业镇进入了快速发展阶段。截至 2010 年底，全省专业镇达 309 个，技术创新平台 196 个，全省专业镇生产总值（GDP）突破 1.1 万亿元，占全省 GDP 的 28%，工业总产值超千亿元专业镇 2 个，超百亿元 76 个。

三、中小微企业服务平台（2011—2014 年）

2011 年 1 月，全省专业镇转型升级工作现场会的召开，提出专业镇要

"从量到质""从点到群""从生产型向创新型"三方面进行转型升级。2012年8月,省委省政府颁布了《关于依靠科技创新推进专业镇转型升级的决定》(粤发〔2012〕11号),指出通过建设专业镇生产力促进中心、公共技术创新服务平台、科技金融产业创新服务平台等平台,健全中小微企业公共服务体系。9月,省政府颁发了《关于加快专业镇中小微企业服务平台建设的意见》(粤府〔2012〕98号),省财政一次性新增5亿元资金设立专项资金,用于建设中小微企业服务平台,健全中小微企业发展全过程的公共服务体系。提出利用现有生产力促进中心、创新平台、共性技术中心等服务平台,多形式建设中小微企业服务平台,包括技术创新、工业设计、质量检测、知识产权、信息网络、电子商务、创业孵化、企业融资和人才培训等九大服务平台。中小微企业服务平台须是独立法人实体,遵循政府引导、市场化运作、公益服务和有偿服务相结合的原则,鼓励产学研合作、龙头企业牵头、科技人员带头创办、中小微企业联合投资等多元化平台建设模式。2012年底,省科技厅安排9000万元专项资金建设100余个专业镇中小微企业服务平台。2014年,专业镇中小微企业服务平台建设专项资金被废止,已建设专业镇中小微企业服务平台约300个。

四、协同创新平台(2015年—至今)

2016年4月,省科技厅颁布了《关于加强专业镇创新发展工作的指导意见》(粤科产学研字〔2016〕54号),提出建设专业镇产业协同创新中心,构建政产学研协同创新平台。6月,省政府在东莞组织召开全省专业镇协同创新工作现场会,要求推广东莞横沥、中山小榄等专业镇协同创新的经验和做法,以协同创新为抓手推动专业镇创新发展和产业转型升级。9月,省科技厅出台了《关于推进协同创新加快专业镇发展的实施意见》(粤科产学研字〔2016〕138号),提出要在创新主体、区域和创新要素等方面加强协同推动专业镇创新发展,一是加强协同创新平台和产业技术创新联盟建设,强化企业间协作和校(院/所)镇合作;二是推进产业专业合作区、跨区域协同和国际合作;三是强化科技人才、科技金融、创新创业和产城融合等要素协同。引导企业、高校科研机构、金融机构以及行商(协、学)会等各创新主体的创新资源往专业镇集聚,采用政府引导、企业主建、金融参与、科技支撑模式,建设新型研发机构、科技企业孵化器和众创空间等平台,强化对产业关键共性技术的攻关能力和对重大科技成果产业化的承接能力,鼓励龙头企业建设企业研发机构。而且省科技厅在项目组织模式和资金使用方式进行创新，采取省级科技专项资金纵向协同管理省市联动方式给予资助，增强地方科技管理部门综合服务能力。各地市科技主管部门是资金使用者和协同创新中心项目组织者，负责项目申报评审、立项建议、过程管理和结题验收等，省科技厅负责总体规划、方案审核和监督检查。

表5-1所示为广东专业镇创新平台演变。

表5-1 广东专业镇创新平台演变

序号	平台名称	建设内容	机制
1	技术创新平台	平台强调企业技术创新服务。一是提供技术咨询；二是组建行业协会，制定标准；三是提供信息和政策咨询；四是组织培训；五是要加强生产力促进中心的建设，建设和完善专业镇内中介服务机构，大力发展科技服务业	——
2	技术创新公共平台	平台强调产业公共服务。建设创新服务中心、生产力促进中心、产学研结合基地、工程技术研究开发中心、企业孵化器、咨询机构和信息网络中心等	政府扶持与市场机制相结合，实行市场化运作模式
3	中小微企业公共服务平台	平台强调中小微创新服务。鼓励产学研联合、龙头企业牵头、科技人员带头创办、中小微企业联合投资等多元化多形式的平台建设模式。建设技术创新、工业设计、质量检测、知识产权、信息网络、电子商务、创业孵化、企业融资、人才培训等九大服务平台，建立健全中小微企业公共服务体系	独立的法人实体，遵循政府引导、市场化运作、公益服务与有偿服务相结合原则
4	协同创新平台	平台强调协同创新。产学研合作建设新型研发机构、科技企业孵化器、公共检测平台、企业研究院。强化产业关键共性技术的攻关能力和对重大技术成果产业化的承接能力	坚持政府引导、企业主建、金融参与、科技支撑原则

第二节　专业镇产业协同创新平台结构

专业镇产业协同创新平台是以产业为切入点，充分利用和激活各种创新资源、集聚创新要素的重要载体。只有搭建好协同创新平台这个载体，专业镇协同创新体系才能真正发挥统筹作用，协同创新机制才能逐步完善，发挥协同效应。协同创新平台的结构包括建设主体、建设模式、平台功能和建设内容（见图5-1）。

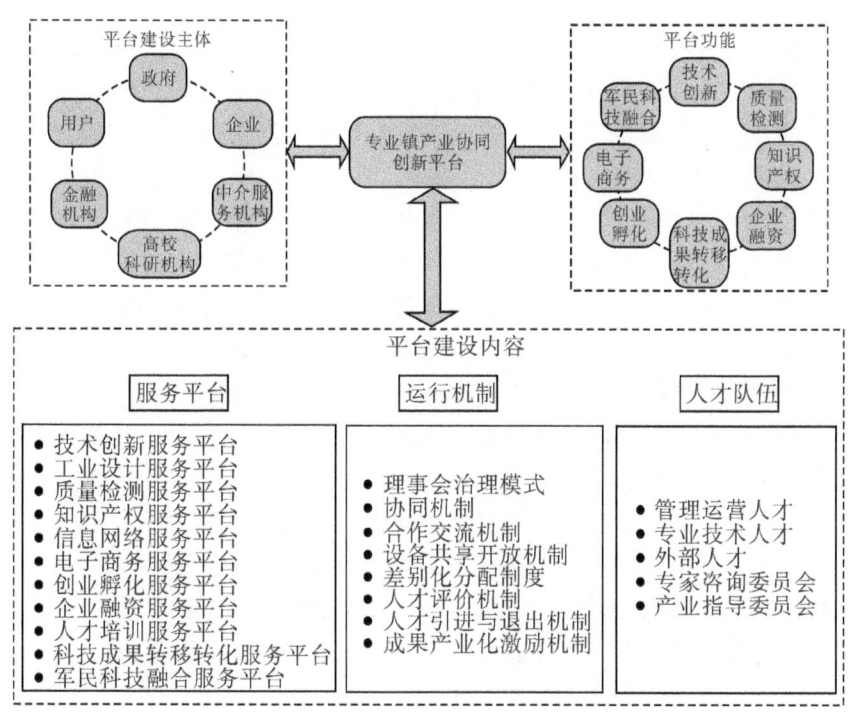

图5-1　专业镇产业协同创新平台的结构

一、建设主体

参与专业镇产业协同创新平台建设的主体包括政府、企业、高校科研机构、中介服务机构、金融机构和用户等。目前一般是采用政府引导、企业为主体、金融参与、产学研结合形式建设模式。

1. 政府

包括省市县区镇各级政府，主要是镇级政府和市级政府，协同创新平台建设采取省市联动方式，充分发挥地方政府的主观能动性，统筹规划本地平台建设，可以由专业镇单独建设，也可以由市、县（区）科技管理部门针对本地区专业镇分布情况和类型，统筹协调在本地市内建设协同创新平台。例如：云浮市专业镇协同创新中心由云浮市政府、云浮市新区共同建设；虎门市服装协同创新中心由虎门镇政府牵头建设。

2. 企业

包括各类科技企业，除了本专业镇内的企业外，还包括专业镇外的企业。协同创新平台一方面通过收集企业的需求，挖掘出专业镇产业发展的创新服务需求，形成需求端；另一方面整合专业镇内外政府、高校科研机构、中介机构、金融机构、用户及其他等创新主体的创新资源，形成创新服务的供给端，供给与需求的精准匹配，有效地解决专业镇内创新需求。

3. 高校科研机构

高校科研机构是生产和传播知识的机构。由于专业镇内高校、科研机构很少，因此需从外部引入高校科研机构为其所有。协同创新平台根据产业发展需求选择引入合适的高校科研机构，通过项目式、共建式和衍生企业等形式将高校科研机构的仪器设备、人才、成果资源引入专业镇。

4. 中介服务机构

中介服务机构在协同创新平台的构建过程中既可以作为建设主体也可以作为参与者。协同创新平台围绕产业链发展各环节，整合或引进各类中介服务机构，不断完善服务功能，通过为企业提供科技服务实现协同创新平台服务领域拓展和竞争力培育。金融机构本质上也是一种中介服务机构，金融机构在协同创新平台构建过程一般作为参与者的角色，作为建设主体的比较少。金融机构可为协同创新平台建设提供资金支持，共同作用于企业。

二、建设模式

（一）面向建设主体

协同创新平台建设模式根据各创新主体在协同创新平台的地位和作用可以分为政府主导型、企业主导型、高校科研机构主导型和行业协会主导型等类型。选择以哪种方式组建协同创新平台是根据各地专业镇产业发展需求、政策导向、各建设主体合作目标和需求、利益分配、风险和责任承担等多种因素综合的结果。

1. 政府主导型

目前大部分的平台以此类平台为主，以政府投入为主，引导企业、高校科研机构、中介服务机构、金融机构等多主体参与建设。如韶关翁源县江尾镇人民政府牵头建设江尾兰花产业协同创新中心，云浮市政府牵头建设云浮市专业镇协同创新中心。为了解决云浮市传统产业发展中存在的企业规模不大、创新意识不强等发展瓶颈以及发展新兴产业，针对云浮市石材、不锈钢、云计算信息产品、先进装备制造、健康医药、特色农业等产业，由市政府和云浮新区共同出资成立了云浮市协同创新科技有限公司，建设云浮市专业镇协同创新中心。首期资金1010万元，市政府占比51%，云浮新区占比49%，采用政府投入、企业投入、社会投入多方投入机制。分别联合广东工业大学、广东药科大学、广东省生物工程研究所、华南理工大学、中山大学建设工业设计中心、健康医药中心、农产品检验中心、装备制造创新中心和人才培训中心，可为企业提供工业设计、质量检测、技术创新、人才培训等公共服务。建有专家咨询委员会，聘请国内外高校科研机构与云浮市主要产业发展相关领域的专家、学者，负责云浮市产业发展规划设计、技术发展方向以及协同创新平台目标制定、制度设计提供咨询、意见和建议。

2. 企业主导型

该类型协同创新平台可分为两种：一种是政府投资，企业化运作。此类以中山小榄生产力促进中心为代表。初期由镇政府投资建设，已实现市场化运营，建有技术创新中心、质量检测中心、企业融资服务中心、信息网络中心、工业设计中心、科技孵化器等六大部门，均成立独立公司进行运作，项目合作的形式设立43个服务经济实体。中心建有一支600多人的专业化服务团队，其中中高级职称人员占三分之二，试验和办公场地3.1万 m^2。2015年底，中心各项目服务收入达1.2亿元，服务企业6 120家，签订各类服务合同近8 758份，组织开展各种讲座和培训663场，培训学员超2.79万人次。另一种是企业投资，企业化运作。这是协同创新平台未来建设方向和目标。企业牵头联合高校科研机构、中介服务机构和金融机构等各创新主体共建协同创新平台，企业建设主体，实行市场化运作，通过为企业提供有偿服务而实现可持续发展。如东莞虎门服装协同创新中心，由东莞市财政和虎门镇财政以及相关企业多方出资1.5亿元，以镇属集体企业——虎门服装创新服务中心有限公司作为运营主体，联合东华大学、上海海事大学等高校和东莞中纺协检验技术服务有限公司、东莞市衣电园实业投资有限公司、广东省以纯集团有限公司、东莞市虎门富民服装展示中心有限公司、东莞市虎门纺织创意服务有限公司等行业龙头企业，整合目前的面料展览馆、新丝路、富民商城等资源，共同建设品牌创意推广中心、服装设计研发中心、面料研发与检测中心、电子商务研发中心、服装供应链创新研发中心、服装企业及人才培育中心等六大中心。

3. 高校科研机构主导型

该类协同创新平台以高校或科研机构为建设主体，政府引导，通过整合企业、中介服务机构等创新主体资源共同建设协同创新平台。例如：佛山市顺德区中国科学院华南植物园经济植物育成中心牵头建设广东陈村花卉专业镇产业协同创新中心；河源出入境检验检疫综合技术服务中心牵头建设河源专业镇食品农产品检测协同创新中心等。河源出入境检验检疫综合技术服务中心是河源出入境检验检疫局直属事业三类单位，建有通过了实验室资质认定、食品检验机构资质认定和实验室认可"三合一"评审的检测实验室和经国家质检总局批准建设"食品农产品检测区域性中心实验室（河源）"，可为食品、农产品和化工产品提供检测，通过 CNAS 认可的检测项目达到 75 个。针对河源农业专业镇比较多和出口食品农产品产业发展迅速的特点，依托目前河源食品农产品公共技术服务平台基础上整合相关机构资源，在现阶段为专业镇提供食品农产品检测服务的基础上，新增检测技术研发、认证认可和许可政策指导、知识产权服务和人员培训等服务功能，协同为专业镇企业提供综合服务，保障河源农产品质量和食品安全。

4. 行业协会主导型

该类平台由专业镇内行业协（商、学）会牵头，政府引导，组织企业、高校科研机构等各创新主体共同建设产业协同创新平台。例如：肇庆市四会商会牵头建设肇庆市专业镇协同创新中心；清远市金属行业商会牵头建设清远清城区金属产业专业镇协同创新中心等。针对清远市石角镇、龙塘镇传统金属产业转型升级以及新材料产业发展的需求，由清远市金属行业商会牵头，在现有"广东省金属产业综合利用产学研创新联盟"基础上建设清远清城区金属产业专业镇协同创新中心，构建信息咨询、知识产权、教育培训、技术创新、检验检测五大平台。

（二）面向产业

专业镇其中一个特点就是特色产业集聚度高，本地具有某一特色产业，少部分专业镇内具有两个特色产业（特色产业产值占 30% 以上），因此协同创新平台可以面向某一专业镇内某一产业或者两个产业而建设，也可以根据本地区专业镇分布情况和类型，统筹协调在全市范围内建设产业协同创新中心，集中辐射多个专业镇。

1. 面向单个专业镇

目前大部分专业镇产业协同创新平台为此类平台。例如：广州同和专业镇特色产业是生物医药，依托广州市生物医药龙头企业广州白云山和记黄埔中药有限公司牵头组建了同和街生物医药专业镇产业协同创新中心；中山大涌专业镇拥有牛仔服装和红木家具两大特色产业，大涌镇和中国广州分析测试中心中山实验室合作成立中山市中广测协同创新中心，由该中心整合华农大、中广测以及大涌生产力促进中心等相关资源共同建设中山市红木家具产业协同创新中心和大涌牛仔服装产业协同创新中心，助力大涌红木家具和牛仔服装两大传统产业转型升级。

2. 面向多个专业镇

在各地市级、县（区）层面建设产业协同创新平台，集中辐射若干个专业镇，如汕尾市专业镇科技服务协同创新中心和惠东县鞋业科技创新中心等。汕尾市专业镇科技服务协同创新中心依托于汕尾市前瞻高等理工研究院建设，面向汕尾市提供产业规划、创业孵化、知识产权、人员培训等综合性科技服务，辐射梅陇镇、可塘镇等多个专业镇。

三、平台功能

实现有效协同创新关键是协同创新平台的构建。自广东开展专业镇工作以来，创新平台建设一直是专业镇创新发展重要抓手，因此专业镇产业协同创新平台建设，其核心就是为企业提供多种类型的公共创新服务。中小微企业是广东省经济发展的中坚力量，广泛分布于全省各专业镇内，专业镇内中小微企业数量占全省专业镇内企业总数的91%，同时根据浙江特色小镇和中山、东莞、佛山等地的专业镇实践经验，围绕专业镇特色产业全链条各环节如市场调研、创意产生、技术研发、生产制造、市场营销、售后服务等和本地中小微企业的需求，打造特色服务链条，为企业创新发展提供全面的服务。

另一方面，创新平台功能的形成在创新平台不断演化的过程中不断丰富。创新平台功能设置、具体实现、表现形式以及与各创新主体间的协同，都具有演化的特征。因此，专业镇创新平台的发展，是伴随产业公共创新需求的逐步明确的过程而形成的。而各级科技管理部门是专业镇创新平台建设的主要推动者，科技创新在专业镇创新平台建设目标定位中占据了十分重要的地位。新一轮科技革命和产业革命催生新经济、新产业、新业态、新模式发展，专业镇创新平台进入协同创新平台阶段，会产生许多新功能。例如，由于科技革命、产业革命和军事革命快速发展，军事和民用技术交叉融合愈来愈深、渗透兼容越来越强，在拥有军民科技融合基础较好的专业镇建设军民科技融合协同创新平台，推动军民技术和重大科技成果在广东转化和产业化。因此，协同创新平台功能主要包括技术创新、工业设计、质量检测、知识产权、信息网络、电子商务、创业孵化、企业融资、人才培训、科技成果转移转化和军民科技融合等。

四、平台建设内容

协同创新平台建设的主要内容包括：服务平台、运行机制和人才队伍。在协同创新体系中，各创新主体为平台建设提供信息、设施设备和人才等，平台内部通过资源整合交互作用，保证协同创新体系功能的实现，同时通过信息反馈促使各创新主体产生协同效应，逐渐形成稳定协同创新体系。

（一）服务平台

根据服务功能设置，服务平台包括技术创新服务平台、工业设计服务平台、质量检测服务平台、知识产权服务平台、信息网络服务平台、电子商务服务平台、创业孵化服务平台、企业融资服务平台、人才培训服务平台、科技成果转移转化服务平台、军民科技融合服务平台等内容。服务平台建设内容如表5-2所示。协同创新平台可以由一类或者几类子平台组合而成。

表5-2 服务平台建设内容

序号	平台名称	平台建设内容
1	技术创新服务平台	帮助企业研发新产品、新技术、新工艺，开展技术咨询和成果转化，推广先进制造技术、质量管理方法、节能降耗、清洁生产和环保技术应用等服务。推动产学研合作，解决产业共性核心关键技术难题
2	工业设计服务平台	提供产品设计、企业形象设计、环境设计、创意设计、广告设计、展示设计、包装设计、装帧设计、设计管理等服务
3	质量检测服务平台	提供产品检测、技术标准咨询、认证认可许可相关政策咨询和指导以及技术服务
4	知识产权服务平台	引入知识产权咨询、代理、评估、交易等中介服务机构，提供专利信息检索、分析、预警、政策法规信息库、知识产权维权援助、知识产权运营等服务

（续表）

序号	平台名称	平台建设内容
5	信息网络服务平台	提供科技、经济、市场、人才、物流、管理、政策法规等方面的信息服务。搭建中小微企业信息化应用服务平台，促进信息化与工业化融合
6	电子商务服务平台	提供网上产品展示、网上销售和交易、网上支付、广告宣传、咨询洽谈、电子账户、交易管理和大数据等服务
7	创业孵化服务平台	提供创业信息、创业培训、项目路演、商务策划、工商代理、财税申报和相关行政许可申报等服务。提供创业启动资金及办公、实验、生产、服务等场所
8	企业融资服务平台	开展投融资咨询、贷款指导、上市辅导、财务管理、投融资推介和对接、信用征集与评价、小额贷款、融资担保和配套中介等服务
9	人才培训服务平台	为企业开展各类培训包括科技创新管理、技术经纪人、企业内部管理等培训服务，提高企业人员的整体素质。同时开展职业中介、人才猎头、职业认证等人才服务
10	科技成果转移转化服务平台	为企业提供成果信息发布、成果评估、供需对接、技术招标、技术交易、技术转让与技术代理等技术转移服务
11	军民科技融合服务平台	为企业提供各类军民融合信息资源、技术交易、成果转化、设备共享、信息发布、装备需求信息分级分类发布、军民供需对接、工业行业标准的军民通用化等服务

（二）运行机制

协同创新平台可采用项目型、实体型和虚拟型等多种形式并存的组织运行模式。

1. 执行体系

协同创新平台为独立法人实体，引入市场机制，在面向企业提供技术服务的同时建立长效考核激励机制，注重科研成果应用推广和产业化，促进协同创新平台可持续发展。

（1）理事会。协同创新平台采用理事会治理模式。理事会是协同创新平台最高权力机构，全面负责协同创新平台重大决策，聘请各子平台主任、专家咨询委员会、产业指导委员会主任和各委员会成员等。理事会由参与建设各方派员参加，如镇政府、共建高校、参与企业，理事长建议由镇政府派代表担任。

（2）执委会。为协同创新平台的最高执行机构，在理事会领导下，具体落实理事会各项决策及负责协同创新中心日常运行管理，由协同创新平台各子平台派员组成，实行主任负责制。各子平台主任负责日常工作、年度工作计划制订、实验室工作人员聘任等，通过建立考核和激励制度，不断培养研发技术人员和服务团队，建立合理的结构，不断提高研究开发能力和服务水平。

（3）专家咨询委员会。在理事会的领导下，由国内外本领域知名专家担任，根据专业镇特色产业发展需求，对协同创新平台技术研发规划、技术开发项目立项评估和主要人员选聘等内容提供咨询建议。

（4）产业指导委员会。在理事会的领导下，根据专业镇特色产业发展需求，负责协同创新平台技术研发规划市场定位准确性和针对技术成果与市场对接技术开发项目立项评估提供咨询建议，由企业的行业专家担任。

2. 运行管理

协同创新平台不同于科研机构、重点实验室或企业研发机构，其目标是建立集产业共性技术研发和转移于一体的产业技术创新支撑机构。围绕开放共享、集聚发展、协同创新，逐步建立和完善适应科技成果产业化规律的运行机制来维持协同创新平台正常运行，使其建设成为多主体参与和多要素流动的协同创新体系。

1）协同机制

协同创新平台运行要摆脱传统的行政事业单位的模式，重点探索新的协同机制。联合行业龙头企业、高校科研机构、中介服务机构和金融机构等多创新主体共同参与建设，探索调动他们积极参与协同创新中心建设积极性的机制，充分发挥"科技成果转移示范机构"的作用。建立和完善成果转化过程中的利益保障和实现机制，构建高效知识产权价值评估和交易机制，探索科技成果转化机制，协调研发单位、产业化单位、研发团队和投资机构等之间的利益分配，充分发挥科技成果产业化各要素使用最优化，提高技术成果产业化效率。在国家政策允许的条件下，积极探索研发团队参与科技成果产业化的机制，包括股权激励机制和期权分配机制等。

2）合作交流机制

整合国内外创新资源，会聚世界或国内一流高校、专家学者共同建设协同创新平台，合作培养人才，促进专业镇和国内外高校、科研机构、行业龙头企业等建立持续稳定有效的产学研合作，促进交流合作模式创新。

3）设备共享开放机制

协同创新平台对用财政经费购买仪器设备设施实行统一管理，并建立相应的维护和保养体系，保障设备正常运行。协同创新平台还应建立共建共享与有偿使用相结合的开放共享制度，尤其是将仪器设备、数据资料等开放给中小微企业。

4）差别化分配制度

针对不同类别的人员实行差别化的分配制度，建立岗位和薪酬相匹配的人事制度，设立特聘、兼职岗位，对核心和主要科研人员实行"年薪＋个人提成＋团队提成＋分享产业化成果"的薪酬方式。

（三）人才队伍建设

探索以创新质量、贡献和绩效为导向的全新人才队伍评价机制，注重解决产业需求的实效，培养协同创新领军人才和团队；人员聘用以目标任务为导向，提高对优秀人才的吸引，制定人才引进和退出机制，鼓励竞争，倡导动态发展模式；鼓励团队人员以各种形式参与成果产业化，建立高校和企业人才双向流动机制，优化人才队伍结构。同时，加强平台文化建设，建设创新文化体系，培育创新精神，构建良好的协同创新文化环境，营造鼓励创新、宽容失败、自由开放创新的氛围和提倡拼搏进取、敬业奉献、求真务实、团结合作的精神。

1）人才评价机制

构建以创新质量、贡献和绩效为导向的评价机制。改变过去仅仅以论文、专利、项目和奖励为主的考评方式，侧重于解决产业需求实际效果，建立综合评价机制。

2）人才引进与退出机制

围绕协同创新平台的定位与目标，基于新评价机制，制定一套包括特聘岗位等主要人才的筛选准则及引进、退出机制。积极创新人员选聘方式，实行以任务为导向的选聘模式，吸引国内外优秀人才加盟，培养协同创新的领军人才与创新团队。另一方面，在责任机制上强化约束和监管职能，通过考核和过程监管，对未达标者或不能履行工作职责的人员实行退出制，鼓励竞争，倡导动态发展模式。

3）成果产业化激励机制

鼓励研发人员以各种形式参与成果产业化的技术、经营管理，明确科研人员转化收益分配比例，分享成果转化带来的收益。根据项目需要，研发团队的骨干人员可保留事业单位编制，以学校派遣或兼职等各种形式，参与企业的生产、经营、管理和技术服务等，构建高校和企业之间创新人才双向流动的机制，不断优化人才结构。

第三节　典型专业镇产业协同创新平台载体

专业镇产业协同创新平台可以通过依托各种形式的载体来建设，通过整合高校科研机构、政府、中介服务机构和金融机构的资源，发挥协同作用，推动专业镇创新发展。新形势下典型专业镇产业协同创新平台载体形式主要有：专业镇生产力促进中心、新型研发机构、产业技术创新联盟、科技企业孵化器、科研众包平台、众创空间、众筹平台等。根据《中华人民共和国中小企业促进法》，生产力促进中心宗旨是为中小企业服务，而专业镇内中小企业占企业总数的91%，专业镇生产力促进中心是构建专业镇产业协同创新平台的重要载体。详见第六章。

一、新型研发机构

2017年省科技厅制定的《新型研发机构管理暂行办法》（粤科产学研字〔2017〕69号）认为：新型研发机构是具有多元化的投资主体和国际化建设模式特点的产学研协同创新独立法人组织，以市场化运行并建立了现代化管理制度。新型研发机构对于构建广东区域创新体系和推动创新驱动发展具有重要意义。新型研发机构在建设主体、运营主体、投入主体和产权共享主体上与传统科研机构具有极大的差别。传统科研机构主要是国有事业单位，拥有固定人员编制和稳定的经费来源，体制机制上参照行政机关机构执行；然而新型研发机构则打破了传统科研机构计划性特点，符合科技发展规律，在产业发展需求上拥有显著的先进性、时代性、多样性和创新性。截至2016年底，经省政府批准认定的新型研发机构共有180家（见附录四），科研人员近4.7万人，单价10万元以上的科研仪器设备原值达83.4亿元，有效发明专利近7千项，近3年科技成果转化收入达1.5千亿元，累计创办587家企业和孵化3174家企业。新型研发机构在坚持市场规律、突破机制体制弊端、产学研合作和集聚创新人才方面起到了良好示范作用，充分释放创新活力，已成为我省实施创新驱动发展战略的主力军。

根据建设主体不同，广东新型研发机构主要分为政府主导、高校主导、科研机构主导、企业主导和社会组织、团体或个人主导等五大类。

（一）政府主导型

该类机构是由政府部门独自建设或由政府牵头联合多家单位共同建设，研究方向主要集中于技术集成、共性关键核心技术攻关和行业技术服务。可分为两类，一类是按照地方产业发展需求由地方政府建设新型研发机构。例如：广东省云浮石材研究院是为提升云浮石材产业公共技术研发能力，由云浮市云城区和云浮市科技局联合投入600万元组建的石材行业公共技术创新平台，另外，省科技厅支持300万元用于研发设备的购买。这类机构主要为地方产业服务。另一类是由政府主导整合高校科研机构和企业等多家单位联合创办。如广东省半导体照明产业联合创新中心是围绕半导体照明产业链各环节需求，由广东省科技厅牵头联合国家半导体照明工程研发和产业联盟、广东省工业技术研究院以及东莞勤上光电股份有限公司、木林森股份有限公司等半导体照明龙头企业共同出资建设广东LED产业共性创新平台。这类机构多定位于新兴技术或产业领域，为新兴产业的发展和产业转型升级提供技术支撑。

（二）高校主导型

该类机构是指由高校牵头联合地方政府或龙头企业共同建设，高校负责运营管理，其功能定位以高校科技成果转移转化为主，兼顾高等教育。这类研发机构作为高校的分支研究机构或业务拓展，机构性质仍以事业单位为主。该类机构数占全省总数的58%，是最主要的类型之一。如深圳清华大学研究院通过清华大学和深圳市政府双方各投一半建立以企业化方式运作的事业单位，研究领域集中在航空航天、无线宽带通信、电子信息、新材料与生物医药、光机电与先进制造、新能源与环保等六大领域，目标是建成集研发平台、投资孵化、科技金融、教育培训、创新基地和国际合作于一身的"科技孵化器"。在管理体制上，采用理事会领导下的院长负责制，实现"投管分离"。理事会由建设出资方组成，主要负责决策和监督，院长负责日常运行管理。

（三）科研机构主导型

该类机构是指由中央部属或省属科研机构和地方政府、高校联合创办，行政上隶属于原有科研机构，以促进原有科研机构科技成果转移转化为主的新型研发机构。自2003年起，中国科学院针对广东区域产业需求，为加速中科院科研成果在地方落地先后在广州、深圳、佛山、东莞、韶关、揭阳等地分别建设了10多家新型科研机构。如中国科学院佛山产业技术创新与育成中心，是中科院与佛山市政府共同建设的新型研发机构，面向佛山"3+9"特色产业基地技术需求，利用中科院技术、成果、项目和人才等资源开展技术集成创新和转移转化，服务于佛山经济发展。中心采用了"1+N"组织架构：即在中心组织协调下，根据"政府推动、企业参与、市场化运营"原则，以育成产业创新技术、新产品、高新技术企业和培育创新创业团队"四育成"为目标，建设N个产业技术研发平台，为佛山传统产业转型升级和战略性新兴产业发展提供科技支撑。

（四）企业主导型

该类机构是指企业单独或联合其他机构共同建设的新型研发机构，为企业提供技术研发、技术服务等服务，机构性质是企业或民办非企。可分为两种：一种是由国有企业转制或民营企业家投资，企业根据专业化分工将研发机构或研发型企业独立出来。如TCL集团工业研究院是TCL集团直属研发机构，与技术中心以及下属15个研发中心共同形成TCL集团技术创新体系。研究院面向3C融合数字家庭开展技术研发，建有3C融合技术、3G移动通信、平板技术开发、用户体验与研究四个实验室。这是大型企业研发部门的独立化、专业化的表现。另一种是企业按照自身发展要求与高校、科研机构、产业链上下游相关企业等联合共建的研发机构。如广东省温氏集团研究院是广东温氏食品集团有限公司与中国科学院广州分院、广东省科学院、中山大学、华南农业大学等高校科研机构共同建设的企业研发机构，是广东省内第二家企业研究院。研究院以温氏集团投入为主，立足于温氏集团支柱产业，以现代动物育种与繁殖技术、畜禽重要疫病防治、饲料营养、环保与资源利用为主要研究方向。

（五）社会组织、团体或个人主导型

该类机构是社会组织、科研团体或个人独立建立或联合其他机构共同建设的一种新型研发机构，为产业发展提供研究开发和技术服务。如东莞国际名家具设计研发院是在东莞市民政局登记的社团法人。为推动厚街家具专业镇转型升级，在东莞市政府和厚街镇政府倡导与支持下，由东莞名家具俱乐部发起，联合东莞、香港和台湾三地家具行业企业，清华美术学院、武汉理工大学艺术与设计学院、中国林科院木材工业研究所等高校科研机构、行业机构联合建设一个公共技术创新服务平台。投资单位是东莞名家具俱乐部，实行院长负责制，内设行政办公室、财务办公室、科学技术服务中心、设计服务中心4个部门，另设培训事业部、品牌推广事业部、知识产权事业部、信息产业事业部和精细化管理中心5个二级部门。

二、产业技术创新联盟

产业技术创新联盟通过行业龙头企业或新型研发机构发起，组织产业链上下游企业、相关高校科研机构等创新主体共同组建一个创新合作组织。自2007年启动产业技术创新联盟建设，截至2016年省科技厅共组建了产业技术创新联盟205家（见附录五），涉及先进制造、新材料、电子信息、现代农业、生物医药、现代服务业、节能环保、新能源等众多产业领域，其中先进制造、生物医药和现代服务业较多，总数接近一半。成员单位包含北京大学、清华大学、华南理工大学、广东工业大学等高校127所，中国科学院、广东省科学院等各类科研机构92家，涉及省内企业2千余家。从区域分布上看，广州位居第一，联盟数占全省联盟总数一半以上，其次是佛山、中山、深圳等地市。2016年，全省产业技术创新联盟共承担2千余项省部级以上科技项目，攻克4千余项产业关键共性技术；申请超过2万件专利，其中授权专利超过1万件；组建3百余个省部级以上各类平台，培养1万多名企业高层次技术和管理人才。

由于专业镇地处基层，产业组织形态以中小企业为主，创新资源匮乏，须通过产学研合作将创新资源引入产业集群，通过集群创新网络推动中小企业行业共性关键核心技术创新，因此专业镇联盟是一种极具产学研合作和集群创新网络特征的中小企业产业联盟。将产学研合作从项目合作提升至产业共性关键核心技术问题的战略层面。因此，2009—2010年间，省科技厅启动实施专业镇产业联盟计划和专业镇创新联盟计划。专业镇产业联盟包括专业镇公共技术联盟和产业协作联盟，专业镇公共技术联盟主要以专业镇公共技术创新平台为载体组织开展行业共性关键核心技术攻关和应用推广，为专业镇内中小企业提供技术研发、科技咨询等服务，着力提升专业镇特色产业技术研发和产业化能力。专业镇产业协作联盟由处于产业链上下游或紧密合作的不同专业镇组成，打破行政区域的界限，共同开展产业发展所需的技术创新、产业配套协作、采购协同议价等，推动整个产业链的创新能力、协同能力的提升。虽然通过专业镇产业联盟计划支持引导了电子信息、家具、家电、小五金、轻工机械、陶瓷、再生金属、纺织服装、罗非鱼等一批专业镇产业联盟的建立，但是截至2016年底，专业镇产业联盟总数不到30家，占全省专业镇总数不到 8%。目前该计划已取消，不再区分专业镇联盟，统一称为广东省产业技术创新联盟。

根据联盟秘书处单位性质，专业镇产业联盟主要分为企业主导型、高校科研机构主导型、专业镇创新服务平台主导型、行业协（商）业主导型等类型。

（一）企业主导型

企业主导型专业镇联盟由专业镇内龙头企业或者具有影响力的企业联合高校科研机构、上下游企业、中介服务机构等联合组建。该类型联盟企业起着主导作用，它从市场需求和解决产业共性技术问题出发，选择联盟合作伙伴。如广东省电声产业技术创新联盟由梅州汤坑电声专业镇内龙头企业丰顺县培英电声有限公司牵头组建，联合中山大学、华南理工大学、广州大学、广东工业大学、广东中南声像灯光设计研究院等 5 家高校科研机构、丰顺县相关电声企业 16 家，还有若干中介服务机构（如广东省声像灯光科技促进会、广东演艺设备行业商会、丰顺县电声行业商会和广州高炬知识产权代理有限公司等）参与，在电声企业内大力推动工业机器人、智能装备的应用示范。截至 2016 年底，丰顺县共有 13 家电声企业共应用了 53 台（套）工业机器人和相关智能装备，通过提升装备智能化水平和产品标准化程度，有效地降低劳动力成本和提高生产效率，推动汤坑电声专业镇产业竞争力提升。

（二）高校科研机构主导型

高校科研机构主导型专业镇联盟由高校科研机构牵头组建。如佛山南庄为陶瓷专业镇，由佛山市华夏建筑陶瓷研究开发中心联合华南理工大学、景德镇陶瓷学院、佛山市中国科学院上海硅酸盐研究所陶瓷研发中心、佛山市华南精密制造技术研究开发院等 4 家高校科研机构，以及欧神诺陶瓷股份有限公司、广东东鹏陶瓷股份有限公司等等 16 家陶瓷企业共同组建广东省清洁生产产学研技术创新联盟。在该联盟主导下编制了《广东省建筑陶瓷技术路线图》和《佛山市陶瓷技术路线图》，其中《广东省建筑陶瓷技术路线图》是我国建筑陶瓷行业内第一次制定的技术路线图，对建筑陶瓷产业技术发展进行了详细的描述与展望，为佛山乃至广东陶瓷产业转型升级和企业技术进步指明了方向。

（三）专业镇创新服务平台主导型

专业镇创新服务平台主导型联盟由专业镇创新服务平台如专业镇生产力

促进中心或技术创新中心等牵头组建。例如,2012年,古镇镇生产力促进中心牵头组建广东现代照明灯饰（中山古镇）产业技术创新联盟,成员单位包括中山大学、华南理工大学2家高校,中山市琪朗灯饰厂有限公司、中山市华艺灯饰照明股份有限公司、中山市澳克士照明电器有限公司等8家灯饰企业,中山市照明电器行业协会、中山市天圣长和管理技术咨询有限公司等中介服务机构。古镇通过组建产业技术创新联盟和中山大学（古镇）半导体照明技术研究中心建设院士工作站和特派员工作站等等9个公共创新服务平台,从传统灯饰产业技术改造和LED照明产业培育等方面协同开展技术研发、检验检测、人才引培和成果产业化等,推动了古镇特色产业从传统灯饰产业转型为现代照明产业。

（四）行业协（商）会主导型

行业协（商）会主导型专业镇联盟由行业协（商）会牵头组建。如广东省再生金属综合利用产学研技术创新联盟由清远市再生金属行业商会牵头,整合清远市进田企业有限公司等十余家再生金属企业,联合中南大学、北京矿冶研究总院等7家高校科研机构以及惠州市环境科学产业协会等中介服务机构参与组建。联盟通过发挥高校科研机构科研资源和人才优势,对行业共性关键核心技术如新型金属材料和再生金属拆解回收等技术进行协同攻关,提升清远再生金属产业竞争力。同时建立清远市再生金属科技创新服务中心,将清远市的再生金属资源（"三心一所",即清远市再生金属资讯中心、铜交易中心、再生金属分析测试中心和再生金属产业研究所）进行资源整合,通过采取公益与微利相结合原则,通过服务集群企业实现自身可持续发展。

三、科技企业孵化器

科技企业孵化器是指以推动科技成果转移转化、培育高新技术企业、培养创新型企业家为目标的一种创新型服务机构。其服务对象面向创业科技人员或处于初创期科技型中小企业。其主要功能是：开展创业培训、辅导、咨询等活动,为初创企业提供包括研发、生产、经营等场所,通信、网络、办公等共享设施设备,系统的政策、财务、法律、融资、行业准入和市场推广等服务,以降低创业风险和节约创业成本,提高成活率,培养成功的科技企业和企业家。其突出特点是推动科技型中小微企业成长,尤其是促进企业技术创新和推进区域创新体系建设,主要表现为集聚创业资源、减少创业成本、培育创业企业和创业团队、推动企业集群化发展等方面。目前由于国家没有统一分类标准，分类形式多样，依据技术领域划分，可分为综合型、专业型和混合型孵化器；依据投资主体划分，可分为国有、民营和混合孵化器；依据孵化对象划分，可分为大学生、国际企业和留创企业孵化器。1991年，广州市高新技术创业服务中心成立，标志着广东第一家科技企业孵化器正式诞生。截至2016年10月，全省拥有科技企业孵化器634家，总数位居全国第一，其中国家级和省级科技企业孵化145家（见附录六）。634家孵化器吸纳就业人数超过20万人，其中吸纳应届毕业生2.2万人；新增毕业企业达3877家，累计毕业企业超1.1万家；孵化器内申请知识产权企业超7成，拥有专利企业达35%；上市（新三板挂牌）企业超过140家；建立了超过5千人的创业导师队伍。当前，广东科技企业孵化器已基本形成了投资多元化、运营专业化、服务网络化、发展国际化的格局，一大批科技企业、投融资机构、高校科研机构等成为建设科技企业孵化器的新生力量。典型的科技企业孵化器建设模式主要有政府主导型、高校科研机构主导型和民营企业主导型。

（一）政府主导型

政府主导型孵化器是由政府单独或者联合其他机构投资建设。主要分为两类，一类是政府单独投资建设的孵化器，如广东拓思软件科学园、佛山火炬创新创业园等。广东拓思软件科学园是经省政府投资建设的软件企业孵化器，具体由广东拓思软件科学园有限公司负责孵化器建设、管理和运营。孵化器内建有省级重点实验室、评测中心、数据中心、广州IBM软件创新中心等公共技术资源服务平台，可为园区内的企业提供软件产品开发、系统集成、质量保障、产品和服务应用推广以及企业孵化等服务。目前，拓思软件园内聚集了200多家高新技术企业群，包括嵌入式软件开发、集成电路设计、移动商务应用和软件外包等企业，同时培育了如视源电子、高新兴等一批上市企业，创造了显著的社会效益和经济效益。另一类是政府联合企业、高校科研机构等共同建设的孵化器，如广东工业设计城、五行数字创意园等。广东工业设计城孵化器是顺德区政府投资，由广东同天投资管理有限公司负责具体运营和管理。该孵化器是当时国内唯一一家面向工业设计领域的国家级孵化器。孵化器采用"企业+产品"双孵化模式，引进国际优秀设计资源、设立孵化基金、组建创业导师团队和建设公共服务平台，为工业设计企业提供综合孵化服务。目前，广东工业设计城投入资金超5亿元，孵化面积1.9万 m^2，累计毕业企业19家，在孵企业70余家，每一年孵化设计成果近5千例，可产生专利400多项，为社会提供近1400个就业岗位。

（二）高校科研机构主导型

高校科研机构主导型孵化器是由高校、科研机构联合政府、中介服务机构等创新主体共同建设的科技企业孵化器，广东工业大学数控装备孵化器、松湖华科产业孵化园等。广东工业大学数控装备孵化器是由佛山市南海区广东工业大学数控装备协同创新研究院建设的孵化器。该研究院是省级新型研发机构，属于三类事业单位，实行企业化运作，具体由广东工业大学负责运营和管理。孵化器面向珠江西岸先进装备产业带需求，建设了包括工匠创客汇、机器人中心、精密装备中心和3D打印中心等四大创新创业平台，引进国内外高端人才160多名，培育创业团队60多个，培养创新人才400余人，孵化企业50余家，申请专利400多件，其中发明专利超300件，服务企业超千家，实现技术服务收入超亿元，新增产值50亿元，有力地推动了珠江西岸装备产业转型升级。

（三）民营企业主导型

民营企业主导型孵化器是由民营科技企业主导建设的孵化器。由于灵活的资本和市场机制，使民营主导型孵化器不断涌现，这是广东科技企业孵化器今后重点发展的方向。目前民营企业主导型孵化器主要分为两类，一类是综合型孵化器，为中小企业提供综合型科技企业孵化器，如天安数码城集团、广州联炬科技企业孵化器等。广州联炬科技企业孵化器坐落于国家级高新区广州民营科技园内，是广东省内第一家国家级民营科技企业孵化器。2008年5月，广东大华仁盛科技有限公司投资成立广州联炬科技企业孵化器有限公司，负责该园区的日常运营和管理。孵化器内建有国家"863"项目、军工产品、生物医药和新能源、港澳台高新技术等4个产业化园区和大学生科技创业见习基地，构建起"四园一基地"的孵化格局。目前孵化面积近18万m^2，建有大学生创业苗圃、企业孵化中心和加速梦工厂，入孵企业200多家，涉及领域主要包括汽车、生物医药、健康产业，还包括航空航天、新材料、电子信息等高新技术产品研发和产业化。另一类是专业型孵化器。由行业龙头企业针对产业链上下游相关环节而建立的专业孵化器，如达安基因孵化器、华南新材料创新园和冠昊生物孵化器等。冠昊生物孵化器坐落于冠昊生命健康科技园区内，成立于2013年。截至2017年底，共有孵化面积5.12万m^2。孵化器借助母公司冠昊生物的创业经验和技术资源，将封闭企业组织向开发式组织转变，为生物医药初创企业开放资源和渠道提供一条龙孵化服务，包括从萌芽阶段前景评估、创业培训，起步阶段专业场地、实验室、种子基金、技术攻关，再到发展阶段动物实验、临床试验、注册报批，最后成熟阶段的销售网络建设、品牌建设、售后管理和 A 轮融资、IPO 支持等。孵化器内建有园区公共服务平台，拥有符合 GMP 标准的洁净实验室、生产车间和标准化大动物实验中心，购置仪器设备 700 多台套，可进行实验、中试和规模生产。同时，可为入孵企业提供多形式融资服务，如股权直投、天使基金和创业基金等，设立了 300 万元"冠昊天使基金"，主要投向技术含量高且潜力大的早期研发项目；母公司冠昊生物设有"冠昊生物医疗创业基金"，主要投资处于小试、中试、近产业化的生物医药创业项目。

四、众创空间

众创空间是互联网时代下的一种新型创业服务平台，通过为创业者提供低成本工作、网络、社交共享空间以及专业化服务，不断促使创业者使用新技术、研发新产品、开辟新市场和培育新业态，实现与科技企业孵化器、加速器、科技园区构建完整的创业孵化链条。众创空间主要特征是：开放与低成本；协同与互助；三结合（线上和线下相结合、创新和创业相结合、孵化和投资相结合）；便利化；提供创业创新活动。众创空间表现形式多样，如创客总部、车库咖啡、创新工厂、创业公社等等。众创空间核心价值体现不在于提供物理空间，而在于其提供创新创业服务，比如工商注册、政策咨询和申请、培训辅导、项目路演、投融资对接、活动沙龙、实验验证、财务和法律顾问等。北京创客空间、深圳柴火创客空间、上海新车间、杭州洋葱胶囊等都是众创空间典型范例。

截至 2016 年 9 月，广东纳入统计众创空间 511 家，其中国家级 178 家（见附录七），总数位居全国第一，涌现了中大创新谷、广州 YOU+国际青年社区、广州酷窝等知名众创空间。主要有五大类型：一是资本驱动型，如中大创新谷，以资本为纽带，针对创业项目和初创企业急需资金和配套资源问题，聚集天使投资人和投资机构，吸引汇集优质的创业项目，提升创业成功率；二是创客孵化型，如深圳柴火空间，为个人或团队提供开放实验室、开源硬件平台、加工车间、产品设计辅导、供应链管理等服务，将创客的创意转化为产品，满足创业者的个性化需求；三是产业链孵化型，如腾讯众创空间，一般由行业龙头企业牵头，通过整合产业链上下游企业资源和提供专业技术服务，实现项目与资本、产业链资源对接；四是联合办公型，如广州酷窝，为互联网、文化创意等创业者提供共享办公空间和社交平台，从单一的共享空间向协同创造和学习的社区生态转变；五是综合生态型，如广州 YOU+国际青年社区，公寓为载体，构建集创业、社交、娱乐、生活、工作于一体的综合生态公寓，为创业者提供资源整合的交流平台。

按照建设主体不同，众创空间可分为政府主导型、企业主导型、新型研发机构主导型、社会组织主导型等类型。

（一）政府主导型

政府主导型众创空间，由政府出资创办并给予一定建设经费。若是政府进行运营管理，在实际实践过程中，效果较差；反观运营管理比较好的众创空间，大部分实行企业化运作。政府作用表现在营造良好的创业孵化环境，通过租金补贴、税收减免等方式减低众创空间运营成本，吸引更多社会资本参与众创空间建设。该类众创空间由于拥有大量的政府资源，享有各类优惠政策，公益性特征明显。如科创咖啡，2016年，由广州科技金融综合服务中心和黄花岗高新区管委会在广州创业大街联合打造，定位为科技金融服务型众创空间，实行市场化运营，建有孵化面积8000m^2，包括咖啡厅、科技金融服务平台、公共技术服务平台、广州新三板路演中心和广州创业路演中心，具有众筹平台、路演中心和科技信贷服务三大功能。其主要服务除了场地管理外还包括帮助企业对接外部资源、协作企业上市和科技金融政策决策咨询服务等。盈利方式主要来自持股孵化、投资盈利、知识产权运营、科技信贷和场地租金等。

（二）民营企业主导型

广东由于民营经济发达，因此民营企业主导建设的众创空间是一大亮点，占全省众创空间总数超70%。主要分为两类，一类是综合型众创空间，利用本身拥有的社会网络和资源，为创业者提供综合创业服务，如深圳柴火空间、物联天下等。柴火空间于2010年正式创立，是中国第二家创客空间。柴火空间以知识交换、跨界协作和创业服务为目标，为创客群体提供创客会员服务、创客文化传播、创客教育推广和社会化创客空间服务。2012年将全球性的创客嘉年华活动Maker Faire成功引入中国。柴火空间成功的关键在于拥有良好的创新创业生态、成熟的科技公司运营管理和丰富的创客服务资源。柴火空间不以营利为目的，通过每周末工作坊收入、寄卖创客作品收入、场地租赁费用、第三方赞助费用和会员会费等形式获得运营费用，另外由其运营商矽递科技每年补贴200万元作为补充。截至2015年底拥有注册会员约3500人，仅2015年有超200个创客项目在其分享会、工作坊等平台上与公众见面，从创业到产品、从创客到创客生态圈，柴火空间已成为深圳甚至全球智能硬件创客的圣地。另一类是专业型众创空间，往往是龙头企业围绕其产业链，吸引创业者根据产业链上下游延伸进行创业，龙头企业为众创空间导入各种优质资源帮助其迅速成长，众创空间为龙头企业带来优质的项目、技术和投资机会，促进龙头企业与众创空间融合发展。如腾讯众创空间，集聚了腾讯集团的应用平台、内容平台和能力平台，与全国各地政府、园区管委会和地产商合作建设25多个众创空间，在广东典型的代表为腾讯羊城同创汇，由羊城晚报联合腾讯、3W集团共同打造"互联网+媒体"众创空间。腾讯羊城同创汇可为创业者提供包括风险投资、私募股权投资、种子基金、天使投资、银行信贷等完善的金融投融资服务链条，羊城晚报和腾讯传媒资源，还建有约3000 m^2 的创业公寓、1万 m^2 的休闲街区、1400 m^2 的新概念餐饮服务区，借助手机APP为创新创业者提供智慧社区服务。其收入主要来自传统租金收益，还有部分来自如人力资源服务、财政税法等服务收入和政府补贴收入。

（三）新型研发机构主导型

近年来，广东涌现了一大批新型研发机构，广东大力鼓励新型研发机构围绕其专业领域建设众创空间，充分利用新型研发机构涵盖基础应用研究、试验发展、成果转化、技术服务、企业孵化、产业投资完整创新链以及在成果转化和产业对接的资源，在其内部构建"众创空间+孵化器+加速器"创业孵化链条。截至2016年，20多个新型研发机构建立众创空间，如工匠创客汇，依托佛山广东工业大学数控装备协同创新研究院在自动化、电子通信、机械工程、数字控制等领域的技术优势，为入驻创业团队提供市场推广、多功能空间共享，举办各种创客论坛、创业大赛、项目路演、导师培训等多形式创业活动。以无人机、3D打印机、机器人、"互联网+智能制造"为创新创业方向，建立"科学家团队+对接企业+创业基地+创新券"的众扶模式和"项目引领+持股孵化+对接金融机构+资本市场"众创模式，打造以面向大学生为主的青年创客群体。同时肩负科普教育使命，专门开设针对中小学生科普教育和创新教育的培训项目。其项目类型为工业机器人研发、智能控制平台、机器人虚拟教育、智能电子系统等。由于属于高校设立的新型研发机构，其运营资金来自佛山广东工业大学数控装备协同创新研究院和地方财政资金、创客教育和股权投资收入。

（四）社会组织主导型

社会组织主导型是由社会组织、团体或个人主导建设的众创空间，如照明公社。照明公社是由国家半导体照明产业联盟和广东小明技术发起建设，专注于智能照明创新孵化，是中国照明灯饰行业首家创客空间。照明公社采用"业务对接+组合投资"的孵化模式，从资金支持、智能设备提供、创意孵化、市场策划、销售渠道到投融资对接，可为创业者提供全流程服务。如今已成功孵化了数十个优质项目，如智能电视伴侣灯、智能儿童灯、店铺照明人流量统计系统等。

五、科研众包平台

众包模式是利用互联网或社会大众力量,把特定企业或机构承担的全部或者部分任务分配给自愿参与的企业或个人,高效且低成本地满足生产或生活需求,改革生产方式和开拓集智创新、便捷创业、灵活就业的新路径。众包的概念于2006年6月由杰夫·豪在美国《连线》杂志首次提出,来源于开源软件Linux操作系统的开发。实践证明,一群志趣相投的人合作可以开发出更好的产品。众包不同于外包。外包强调单一领域高度专业化,以法人机构为主,把非核心竞争力业务外包出去,是企业对企业一对一的关系,成本高;而众包则是跨行业、跨领域,以活跃个体为主,是企业对大众,灵活性高,成本低,可强化企业的核心竞争力。目前,国内众包平台利用网络平台聚集社会大众智慧,通过发掘创意或破解企业技术难题为企业提供多元专业化服务。主要有三类:开源社区、事务众包和科研众包。

科研众包是一种新型科研活动组织模式,利用互联网集聚全世界科技人员智慧,协作开展科学技术研究和解决科研难题。科研众包平台发挥着科技中介服务机构的作用。科研众包平台根据分包内容不同主要有科研服务众包平台(如Science Exchange和Kaggle)、科研技术众包平台(如InnoCentive.com和Yet2.com)、科研基础众包平台(如易科学)、科研空间众包平台(如创新工场和创客空间)等科研组织新形态。根据建设主体不同科研众包平台建设模式主要有以下几种。一是政府主导型,即由政府主导建设科研众包平台。如美国联邦政府主导建设的跨部门网站(Challenge.gov)、美国航空航天局主导建设联赛实验室(Tourmament Lab)等。跨部门网站(Challenge.gov)通过邀请各类专家学者为技术和工程项目提供解决方案,目前举办了近700多个行业比赛,悬赏超2亿美元的经费,参赛人员超过25万人。二是慈善基金会主导型,即由慈善基金会发起建设科研众包平台。如探索大挑战(GCE),是盖茨基金会发起建设的面向多种学科定期提出特定主题的平台,截至2013年底超过50个国家近900个项目获得资助。三是企业主导型,即由企业主导建设科研众包平台。如美国礼来推出的InnoCentive、星巴克发起的My Starbucks Idea、通用电气启动的GE Open Innovation等。GE开发创新平台(GE Open Innovation)发包内容包括新材料设计和能源效率优化等,如在全球工程师开发社区发起3D打印挑战项目,面向全球征集金属喷气发动机支架的设计方案。该方案可实现减少30%重量下保证产品各项性能指标达到要求。最后一位来自印尼的工程师获得奖金 7000 美元。四是中介服务机构主导型，即由市场化运作机构建立科研众包平台。如 Science Exchange、Yet2.com、Kaggle、易科学、猪八戒网等。Yet2.com 是世界范围内第一家利用网络进行虚拟技术交易的平台，可提供技术获取与授权、技术评估、技术组合开发等技术信息和知识交易服务。采用线上线下结合模式，线上服务以门户网站为主的，同时线下注重增值服务开拓，如帮助识别技术的价值、推送最受欢迎技术、技术合同谈判及签订、设立 Yet2.com Ventures 基金和顾问服务等。其盈利来源主要包括信息发布费用、技术交易费用和增值服务费用。

2016 年，广东省科技厅组织开展了省级科研众包平台试点工作，确定了"庖丁技术""粤科众包""化学+网""创客联盟"等等 14 家平台为第一批省级科研众包培育平台（见附录八），涉及生物医药、能源与新材料、IT 及互联网以及综合类等领域。省科技厅按照市场主导、政府扶持、协同推进和动态调整等原则来推进，不参与具体科研众包平台的日常运营和管理，仅仅面向某些特定领域提供所需的政策引导、业务指导以及资金支持。平台采取市场化方式运作，自担风险、自负盈亏。根据建设主体不同，主要分为以下几类：

1. 企业主导型

由企业主导建设的运营科研众包平台有 10 家，占 71%，如庖丁技术、经验海、化学+网等。庖丁技术基于中大创投、中大创新谷、广东医谷、材料谷等平台，可为初创企业提供技术研发、技术咨询和技术转移等服务，涵盖了智能硬件、高端智能装备、健康医疗、新材料、大数据、能源环保、互联网产品等领域。庖丁技术采用线上和线下结合模式，线上：PC 端、手机端、微信端每天推送最新科技产品、前沿科技应用和创业者故事，邀请技术精英、专家教授和投资人或创业者开展线上技术沙龙活动分享；线下：通过定期举办 SME-Talk 技术沙龙和技术直通车等活动，让技术专家和初创者面对面交流。庖丁技术有专业项目负责人全程跟进技术研发和技术孵化，通过 SME—Lab 开发创新中心与庖丁创客教育提供研发场地和研发设备，帮助他们整合上下游供应链更快产品化。同时庖丁技术作为中创技术产业投资基金投委会成员，对优质的技术项目进行投资，让技术人员和创客更专注技术研发。

2. 政府主导型

由政府或者事业单位牵头建设或运营的科研众包平台仅有 2 家，分别是东莞科技在线和集采园—生物健康产业科研众包服务平台。东莞科技在线是东莞市电子计算中心和东莞华南设计创新院共同组建，平台的建设与运营按照"政府指导支持、企业化运作"原则，充分利用科技企业统计、东莞市创新创业大赛、科技项目监理、科技金融综合服务中心等科技工作，已建成"三平台一网络"运营管理体系。一是建立创新需求征集平台，需求征集主要通过四种方式实现：线上大数据分析与发掘、线下活动组织发动、同步嵌入现有业务和创客教育；二是建立创新资源汇聚平台，主要汇聚以下四类资源：科技企业库、研发机构、社会公众和设计创新资源；三是建立供求信息对接平台，建立技术交流群、东莞创业群、行业专家群、服务机构群、对接服务群和企业需求群等六大微信群；四是建立协同服务网络，网络以平台资源为依托，以高校和科研机构为支撑，以镇街工作站和龙头企业为支点，链接行业上下游，形成覆盖行业全产业链的服务网络。截至2016年4月底，"东莞科技在线"登记用户达到620个，其中企业用户282家，个人82人，行业专家256人，解决企业实际需求44项。服务内容涉及科技服务、制造运维、金融服务、工业设计等各个方面，服务范围则囊括了电子信息、大数据、智能机器人、能源与环保、汽车制造等领域。

3. 高校科研机构主导型

由高校科研机构牵头建设和运营的科研众包平台仅1家，即LED行业科研众包平台。该平台是佛山市南海区联合广东新光源产业创新中心、广东省高智新兴产业发展研究院和佛山市腾泰翼科技有限公司共同建设和运营。截至2016年4月，平台现有注册用户36个，创新中心为项目发包方，将"标准光组件"项目拆分成不同层级61套子标准，通过网络平台广泛征集相关科研机构及龙头企业参与，发出的技术包最终形成科研项目61项，项目的组织实施效率极大提高。"标准光组件"标准体系已进入了IECQ国际标准组织的认定程序，有望成为LED领域的国际标准。同时，晶科、国星、长运通、雷士等LED企业已广泛应用该标准体系，生产的封装器件贴标销售已达1.85亿件，符合标准光组件要求的产品实现产值超10亿元。

4. 社团主导型

由社会团体等机构牵头建设和运营的科研众包平台仅1家，即面向低碳和新能源的科技与服务众包平台。该平台由广州市智慧城市发展促进会联合华南师范大学共同建设。平台主要面向低碳节能、新能源、新材料、储能、智慧制造等领域。平台包括官方网站和微信公众号，实现线上供（发包方）需（接包方）双方自行对接业务，平台智能推荐任务与解决方案，并且在有需要时，由平台工作人员辅助双方进行线下对接。截至2016年4月，平台已经完成了6项对接服务，交易金额达86万元。

六、众筹平台

众筹顾名思义是大众募资，即利用互联网向社会公众募集资本，高效灵活地解决产品研发、企业发展和个人创业的资金需求，为传统金融体系服务小微企业和创业者增加新功能，拓宽创新创业投融资渠道。按照筹集目标和回报形式不同，众筹主要分为商品众筹、股权众筹两类。众筹源自美国kickstarter网站（www.kickstarter.com），建设网络平台为有创造力的人向公众筹集资金，实现创新创业梦想。该模式颠覆了传统融资方式，让普通民众可以通过众筹方式得到资金。众筹资金不是来自传统的银行、风投等金融机构，而是普通民众。众筹平台并不直接参与融资活动，而是通过为众筹项目管理人与投资人之间提供一个信息相互匹配平台，从中收取一定的费用。众筹平台依托互联网金融突破了传统模式下对投融资空间或物理距离的局限，将传统意义上的"捐款"从亲朋好友的小范围中解放出来，从而吸引更多的投资者。目前，如众筹网、淘宝众筹、京东众筹等都是典型众筹平台模式。

2015年12月，广东启动开展互联网非公开股权融资试点工作[*]，并发布了《广东省开展互联网非公开股权融资试点工作方案》，提出了鼓励建设九大模式，支持各试点平台基于风险可控原则之下，根据自身特色探索新模式。各试点平台遵循行业自律原则，经广东互联网金融协会、广州互联网金融协会和广东省创业投资协会共同组建互联网非公开股权融资专委会评审，第一批确定11家试点机构（见附录九），包括粤科创投界、众投邦、海鳖众筹等。试点工作由省金融办给予支持和指导，三家协会联合提供业务指导和政策咨询。九种模式主要是：

1. 科技众筹

面向种子期、初创期科技型、创新型企业或项目，对接高新区、科技园区、工业园区、产业园区等，为企业或创业项目提供市场开拓、项目路演、创业辅导、投融资对接、众筹融资等专业化全方位服务，构建以股权众筹平台为核心的创新创业生态圈。

2. 纯互联网运营

打破传统"线上+线下"模式，仅仅依靠互联网技术实现投融信息交

---

[*] 中国证监会于2015年8月10日发布《关于发布<场外证券业务备案管理办法>的通知》（中证协发〔2015〕164号），将《场外证券业务备案管理办法》第二条第（十）项"私募股权众筹"修改为"互联网非公开股权融资"。

互，把项目判别、风险控制交给网络上的投资人，聚集众人智慧完成投资决策，实现股权众筹。

3. 一站式创业综合服务

股权众筹平台不仅可以利用互联网进行股权融资，还可以发挥专业优势为创业者或者投资人提供投资前、投资中、投资后全流程的综合服务，如针对创业者或团队可提供投资前融资辅导、创业规划指导等，投资中间项目对接、宣传，投资后项目营销、资源匹配；针对投资者可提供投资前项目推荐、第三方评价，投资中间项目对接、尽职调查，投资后项目管理、股权退出等。

4. 互联网众筹交易中心

作为第三方公共服务平台，不设物理网点和柜台，而是充分利用互联网和大数据技术，为创业者或团队以及投资者提供资金监管、平台准入、项目估值和尽职调查等服务，经确权登记实现非标权益流转、损益认定、收益兑付、税费缴纳等功能，从而集聚大批金融资源，为创业创新项目、创业者或团队和企业提供综合投融、资孵化服务。

5. 专注新三板股权投资

面向成长期的股权投资项目，与券商、私募、风投机构合作择优选择优质项目，帮助项目快速获得资金，登陆新三板。

6. 依托区域性股权交易市场的股权众筹综合服务

区域性股权交易市场作为一种中小微企业融资服务平台，通过区域性股权交易市场牵头建设股权众筹平台，发挥其在资金、人才、管理、信息等方面优势，为企业、创业项目、创业个人或团队提供投前、投中、投后相关信息管理、股权登记托管和交易转让、债券转让和引导基金配套等专业化综合服务。

7. 与公益众筹相结合

利用互联网公布筹款项目、资金规模，扩大影响，集聚人气，传播公益理念，探索公益众筹实践。构建一套量化指标体系，根据参与者程度给予相应的积分、兑换商家提供的产品或服务优惠等回报形式，把公益和众筹相结合，调动社会参与积极性，培植公众公益观念。

8. 综合金融服务

推动持牌金融机构、大型金融集团等机构向股权众筹领域延长产业链，打破传统单一业务发展模式，实现与其他金融业务板块联动发展，为股权众筹项目提供专业综合金融服务。

9. 其他

鼓励各试点平台基于风险可控原则，结合自身特色和实践，探索新型运营模式。

第六章 广东专业镇生产力促进中心建设

专业镇生产力促进中心是构建专业镇产业协同创新平台的重要载体。截至2015年，全省共建有126家生产力促进中心，其中22家省市综合中心、11家行业中心、93家县区镇中心，构建省、市、县（区）、镇四级生产力促进服务网络，有力地支撑了区域和产业创新体系的建设。自2003年，省科技厅提出了在专业镇建立为特色产业服务的生产力促进中心，由于其身处基层、便利的区位以及服务产业全生命周期等优势为建设专业镇产业协同创新平台、提高企业自主创新能力、促进产业转型升级和构建产业协同创新体系等方面发挥了重要支撑作用。

第一节 产业集群中介服务机构相关理论

根据前述产业集群理论，中介服务机构是产业集群中重要的创新主体之一。中介服务机构是创新供需双方的桥梁，虽然本身并不直接参与创新活动，但却在知识创新、成果转化等方面发挥着重要的协调和促进作用，从概念设计、产品研发、成果转化和市场运作等企业成长和发展全过程提供服务。波特和艾蒙斯认为，集群内的中介机构通过正式或非正式的活动推动集群成员的合作，实现产业集群各方利益。

中介服务机构发展程度是一个国家市场化程度的重要标志。但是，目前国内学者对于中介服务机构对产业集群的功能、作用和定位研究起步较晚，主要有：陈天荣提出传统产业集群中科技中介机构发展的动力主要来源于中介机构自身发展的内在驱动力、企业拉动力和政府推动力，并构建了政府、企业、中介机构的"三螺旋"模型；夏来保、孟祥芳认为中介机构要依据产业生命周期不同阶段的服务需求提供差异化创新服务，推动产业集群高端化发展；赵广华从产业集群品牌提升角度，认为中介组织须从加强自律性管理、提升服务层次和扩大服务领域、推动科技成果转化、加强产业链整合等方面促进产业集群发展；赵琨等人运用控制理论方法，对科技中介与科技产业集聚两个系统互动机理开展研究，提出了动态优化调节模型。而生产力促进中心就是科技中介服务机构典型代表之一。

目前，国内外学者对生产力促进中心的研究主要集中在国外生产力促进机构研究、我国生产力促进中心功能定位和政策环境、业务方向凝练、运行模式和机制、绩效评价的理论和实证研究等方面。薛强、赵静从培育产业集群竞争优势角度提出了生产力促进中心在产业集群中微创新系统润滑、全生命周期服务和隐形优势延展等方面的功能作用。对专业镇生产力促进中心的研究主要集中在中山小榄、古镇、西樵等典型生产力促进中心的实证研究。

第二节　生产力促进中心概况

一、生产力促进中心概念

生产力促进中心是衔接政府、企业、高校科研机构、个人和其他创新主体，共同为企业提供技术创新服务的非营利性组织。生产力促进中心是推动科技与经济结合的桥梁和纽带，是先进生产力的传播者。根据科学技术部颁布的《国家级示范生产力促进中心认定和管理办法（2011）》，生产力促进中心是深化科技体制改革、推动科技和经济结合、提高企业自主创新能力、促进产学研用密切合作和促进区域经济社会发展的科技创新服务机构，是国家创新体系的重要组成部分。1992年，山东生产力促进中心成立，标志着我国第一家生产力促进中心正式建立。经过20余年的发展，全国各级生产力促进中心在推动中小企业创新发展、企业技术进步和提升市场竞争力等方面发挥了重要的作用。截至2015年底，全国拥有生产力促进中心2 688家，其中国家级中心247家，全国各级中心服务企业数量达到44.2万家，年度服务总收入57.6亿元，为社会增加就业人数127.9万人。各级生产力促进中心分布在全国31个省市自治区，其中排前五的分别是天津（167）、江西（147）、四川（144）、广东（142）、山西（138）。

生产力促进中心重要特点体现在公益性和市场性。一方面，生产力促进中心在政府指导和支持下，推动企业技术创新水平提升和社会生产力提高，体现政府意志。生产力促进中心与企业最大区别在于其社会公益性，而不是追求利润最大化。另一方面,生产力促进中心同时也是市场经济的产物,根据市场来运作,通过收取必要的服务费用,形成可持续发展,这既是市场性也是它的生命力所在。

二、生产力促进中心功能

生产力促进中心是科技服务业的中坚力量,其主要功能体现在:在企业与企业之间,企业与政府、高校科研机构、金融机构等各类创新主体之间构架桥梁,通过整合社会创新资源,聚集和运用创新要素,开展研发设计、诊断咨询、知识产权、科技金融、技术交易、服务三农等专业化服务,推进科技成果转移转化,促使企业自主创新能力提升,推动传统产业升级转型和战略性新兴产业培育,促进科技支撑区域经济社会发展。

1. 政府重要的助手

在市场经济体制下,当企业需要某些公共服务时,假如政府不能及时提供或者不方便直接出面的情况下,生产力促进中心的公益性特点很好地填补社会公共服务功能的缺失和中介服务市场的不成熟。生产力促进中心通过建设共性技术服务平台和提供各种满足企业需求的先进技术,降低企业的经营成本和企业发展过程中的风险。

2. 中介服务的集散地

企业在不同发展阶段需要多种新技术、人才、管理、信息、资金、市场等创新资源,但是企业本身很难以低成本快速获取这些创新要素,并迅速地整合到企业。生产力促进中心发挥桥梁的作用,以低成本迅速地为企业提供这些创新要素,同时帮助企业进行资源整合,通过为企业提供高效专业全流程的创新服务,缩短企业自主创新的周期,实现快速发展。

3. 破解中小微企业发展难的利器

中小微企业在社会经济发展中具有十分重要的功能作用。它不但为社会提供了大批的就业岗位和科技成果,而且也是国家财政收入的重要来源之一。然而,与大企业相比,由于规模局限,中小微企业在发展过程中,尤其是在发展的初期,获得政府资助的机会很少。生产力促进中心整合各类社会资源,通过为中小微企业提供所需的技术、人才、管理、知识、信息和资金等方面服务,不断提高中小微企业的科技创新和管理水平,促进中小微企业快速健康发展。

三、产业集群生产力促进中心功能定位

1. 产业集群创新网络的协调功能

产业集群通过建立集群创新网络，有效地提升集群内各创新主体（如企业、高校研究机构、中介服务机构、政府部门等）以及集群的创新效率。产业集群创新网络在建立之初，通过政府引导，维持创新网络的正常运行，一旦创新网络进入发展或成熟阶段后，需要建立各创新主体自主运行的运行机制，以此保证创新网络的高效和持续。由于企业、高校科研机构的机构性质制约，很难成为产业集群创新网络运行的协调主体，而生产力促进中心作为科技中介机构，具有公益性和市场性双重特点，具备承担协调和衔接各创新主体的功能。一方面，生产力促进中心可以在政府主导阶段，加强创新网络各创新主体联系，通过市场机制把政策导向的作用充分发挥出来；另一方面，创新网络形成后，生产力促进中心的利益依赖于整个创新网络的运行，与集群内的各创新主体不存在竞争关系，而且没有独立于网络的利益，因此具有天然公信力，能够承载起维护系统良性运转的功能。

2. 产业全生命周期的服务功能

产业集群因其产业集聚、专业化分工、协同创新和制度安排等特征而形成独特的竞争优势。在优势形成过程中，需要从产业选择、路径依赖、衍生发展、转型升级等多个环节对产业全生命周期进行科学规划和实施。生产力促进中心因为具有独特功能定位，可为集群的发展提供全流程服务。一是产业路径规划，无论是在传统产业或新兴产业方向选择上，生产力促进中心可以站在第三方的角度，提供决策咨询服务，科学制定集群成长的动力机制；二是公共科技服务供给，依托生产力促进中心建设的公共服务平台，面向集群内各创新主体和创新网络运行的需求，提供共性服务，降低单个创新主体的科研和生产成本；三是自我调整的功能，由于高新技术产业的快速发展，成熟的产业集群必然要建立相对合理的进入退出机制和政策动态调整机制。生产力促进中心因其不是产业发展的主体，能够以集群以外的角度审视发展过程和制度安排的合理性，支撑集群的自我调整和完善。

3. 隐性优势的扩展功能

产业集群的优势，一方面来自显性优势，如因企业集聚而带来的生产和流通成本大幅降低，共用公共基础设施和服务而提高企业自主创新能力和集群竞争力；另一方面来自隐性优势（隐含经验类知识），但是隐性优势的传递和扩展相比显性优势更为困难。生产力促进中心由于侧重于提供软服务和

营造良好创新环境，因此更有利于集群隐性优势的传递和扩展。一是强化集群的公信力。生产力促进中心可以提供企业的第三方信用评价，增强企业互信和整个集群的公信力，促进集群创新网络协同机制的建立。二是强化集群的内生增长动力。生产力促进中心通过创业孵化、培训人才、技术研发等手段，加快知识创新与扩散，加速集群知识溢出，扩大集群竞争优势，推动集群的快速规模扩张和创新要素的合理配置。三是强化品牌优势。生产力促进中心在支撑集群发展的过程中，整合集群创新资源和降低企业间交易费用，形成了集群独特的文化特征，加强对外来企业和机构的吸引，并将这些优势转变为集群品牌的形成和影响力的提升。

四、生产力促进中心类型

（一）根据组织构成划分

按照营利模式不同，生产力促进中心可分为非营利性机构和营利性机构，其中，非营利性机构按照出资主体划分为政府主导（如事业法人）和非政府主导（如社团法人、民办非企）；营利性机构依据法人主体性质可以划分为独立法人（如企业法人）和非独立法人。

1. 政府主导的非营利性机构

根据 2015 年全国生产力促进中心统计年报，事业法人 963 家，占 48.56%，法人性质以事业法人构成为主。其目标定位是政府公共科技服务职能的延伸，依据类似行政部门构建管理和服务模式，由于服务于同级科技主管部门，在获取公共资源和信息方面更为顺畅、及时和准确，拥有其他性质生产力促进中心没法相比的公信力。虽然由于事业单位的性质，在人员职数上受到编制的限制，但是通过采取市场化模式，运用市场机制，灵活地解决了职数难题。江苏省生产力促进中心作为省科技厅直属公益性科技服务机构，承接了大量省科技厅科技管理和服务支撑业务，可提供科技项目受理、咨询和管理服务、高层次人才、科技培训、技术转移、农村科技、科技金融、科技科研条件、管理咨询、检测分析、产学研合作等 11 个特色服务，同时建立 11 个特色服务业务分中心（二级中心），形成集人才、项目、平台、管理、金融等各类科技创新要素为一体的创新服务业务群。

2. 非政府主导的非营利性机构

这类生产力促进中心主要是民办非企法人或者社团法人，是在各级民政部门注册登记的社团类生产力促进中心。这类生产力促进中心是最近发展起来的，规模还比较小，占总数的10.74%。其特点是针对某一行业领域，通过集聚资源，开展专业化服务。这类中心兼具有事业类和企业类的特点，既可以承担行业内公共科技服务职能，又可以探索市场化服务，提升专业化服务水平，对公益性服务给予补偿，实现可持续发展。

3. 独立营利性机构

近年来由于科技服务业快速发展，企业需求不断增加，企业法人生产力促进中心无论是数量还是质量都得到快速发展，占总数的26.17%。这类中心由于没有体制的束缚，跳出了单纯依靠政府的习惯性思维，机制上灵活多变，市场适应能力强。如湖南省金荣生产力促进中心有限公司，是金荣企业集团公司负责落实园区开发、园区运营和科技投资的主体。通过将园区投资开发与企业服务有机融合，打造"创业苗圃—孵化器—加速器—科技园区"全链条创业孵化服务体系，构建创新创业生态系统，逐渐建立"科技园区投资运营专家"和"科技企业集成服务商"知名品牌。企业法人生产力促进中心虽然运行管理机制灵活，但是由于起步较晚，获得认可还需一段时间。

4. 非独立营利性机构

虽然企业类生产力促进中心面临很好的发展机遇，但是与其他科技服务机构竞争仍存较大的压力。所以在现有生产力促进中心中还存在一定比例（14.52%）的企业化运行的内设科技服务机构。其特征是：依托在企业或者科研机构内，企业化运行，但是对外不是法人机构。其功能主要是：一方面对内服务，为所依托单位提供科技服务；另一方面是对外服务，结合上级法人开展延伸性科技服务。由于它是非独立法人，基本上不从外部获取收入。

（二）从开展业务划分

根据开展业务的不同，生产力促进中心可分为综合性、行业性以及专业性三大类。

1. 综合性

综合性生产力促进中心目标定位是提供全方位的科技中介服务，在组织架构设计上选择多部门协同合作模式，企业发展生命周期各阶段所遇到的创新问题在生产力促进中心各部门都可以协调解决。2015年底，综合性生产力促进中心共有1604家，占总数的80.88%。如宁波市生产力促进中心是宁波市三类事业单位，中心可提供科技项目申报受理、对外科技交流合作、网上技术交易、技术合同登记、天使投资、"科技管家"、企业信息化、科技培训、项目评估和咨询、大型仪器协作、快速成型和工业设计等10多项服务，同时成立了北仑区分中心、高新区分中心和杭州湾新区分中心等3个区域站点，推动生产力中心服务网络在宁波各区县的延伸。

2. 行业性

行业性生产力促进中心主要是依托高校科研院所，为某一行业企业提供特色服务。通常是依托改制的行业科研院所而建设。2015年底，行业性生产力促进中心共有296家，占总数的14.92%。如中国皮革和制鞋行业生产力促进中心依托中国皮革制鞋研究院建设，该研究院是我国独一的国家级皮革和制鞋行业综合性科研机构。通过主导并参与制鞋国际标准制定，提升中国在国际鞋类标准化领域的话语权；中心下设《中国皮革》《精彩鞋苑》《中国皮革制品》杂志，强化了科技信息服务；开展借助社会力量设立科技奖励活动，设立了段镇基皮革和制鞋科技奖，助推行业技术水平提升；在广东广州、江门，福建泉州、晋江，浙江温岭、温州、海宁、桐乡，山东威海，甘肃广河，河北辛集等地，建立10多个分支机构，充分利用中心的优势资源，从技术攻关、战略研究、技术培训、技术咨询、标准检测、信息研究等方面为区域经济和行业服务。

3. 专业性

专业性生产力促进中心定位是面向地方特色产业集群提供专门化特色创新服务。2015年底，专业性生产力促进中心共有83家，占总数的4.2%。如浙江永康五金生产力促进中心，是企业性质的生产力促进中心，建有浙江省五金科技创新服务平台、浙江省中小企业公共服务平台——永康五金产业集群分平台、浙江省网上技术市场——永康分市场和五金专业市场。实现从"事业"向"企业"的转变，从产品设计到成果交易，从信息咨询到企业诊断，从产权服务到人才培训，为永康五金产业转型升级提供一条龙服务。

（三）按地域分布划分

根据地域行政分布不同，生产力促进中心可分为国家、省、地市、区县、乡镇以及其他等几种类型。

1. 国家级

由于中国生产力促进中心名称被台湾首先使用，因此在国家层面机构称为中国生产力促进中心协会。协会业务指导单位为科技部，根据科技部工作部署，承接了全国生产力促进中心日常管理工作，包括统计、表彰、服务开展等。同时，协会还建立了生产力学院、生产力研究院和各专业委员会。

2. 省级

省级生产力促进中心分布在全国31个省、直辖市、自治区。这类生产力促进中心基本上是国家级示范中心，形成了独具特色的科技服务能力。如仅30人的甘肃生产力促进中心，规避了区域偏远、资源不足的缺陷，立足甘肃却将服务扩展到区域之外，以国际技术转移、科技翻译为延伸业务，增强中心的科技服务拓展能力。

3. 地市级

分布在各地市级的生产力促进中心可以分为两种。一种是省会城市的中心，由于其区域优势，在市级中心独占鳌头，普遍应对市场能力较强，科技服务方法较多且具有灵活的运行机制，科技服务能力强。如西安生产力促进中心，通过国际分包助力企业实现生产加工资源高效整合；科技创业大讲堂汇聚资源，深挖企业需求；科技大市场建设产学研用平台服务产业创新。另一种是非省会城市的各地市级中心，相对而言，在经济发达地区、沿海地区和经济增长较快地区的地市级生产力促进中心较为活跃。如苏州生产力促进中心，建有APEC技术转移中心和国家技术转移苏南中心，打造了"技遇网"，培养了近800多名的技术经纪人，在技术转移、技术市场、合作交流等方面成效显著。

4. 区县级

2015年底，区县生产力促进中心有1133家，占总数的57%。如北京石景山区生产力促进中心，隶属于石景山区科委，为三类事业单位。中心率先提出发展文化园区，培育文化创意产业；配合政府顶层设计，参与《石景山区文化创意产业发展规划》和支持文创产业发展的政策研究；构建了"国家网络游戏动漫产业发展基地公共技术服务平台"等一批平台；推行线上线下"科技管家"服务模式。区县级生产力促进中心虽然数量庞大，但是由于所掌握的资源较少，科技服务团队较少，整体的科技服务能力和水平还是比较弱。

5. 镇级

镇级生产力促进中心在广东表现尤为突出，其他省市很少。如中山小榄、佛山西樵等都是国家级示范中心。特别是小榄生产力促进中心，拥有六大服务平台和43个服务实体，其检测服务平台不仅服务于中山地区企业，还辐射到中山、江门、佛山等周边地区，所检测数据和报告得到欧美公认，经中心检测的企业产品被列为出口免检产品。

（四）根据服务对象划分

1. 为工业企业服务

中小企业服务是生产力促进中心的重要服务对象，是加快科技成果转移转化的有力保障。一些大型工业企业在成长中遇到挑战时，也需要生产力促进中心给予发展信息、发展规划咨询和相关技术支持，有效降低技术交易成本。如辽宁省生产力促进中心针对中小企业处在发展管理初级阶段，成立管理咨询服务中心，设计企业战略、生产管理、财务管理、营销管理、人力资源与企业文化等六大模块，组织六家国内一流专业管理咨询公司加盟，提供专业化的企业管理咨询服务。

2. 为现代农业服务

提供新型农业技术、农业供求信息和构建农村科技服务体系是生产力促进中心服务"三农"的重要内容。如重庆生产力促进中心开展科技特派员行动，通过市级部门联动和互派机制，建立了一支包括公益型、创业型、农村流通型和信息型四种类型特派员队伍，建设公益性推广服务和社会化创业服务以及多元化科技服务"三位一体"的新型农村科技服务体系，成就农民致富梦。

3. 改善现代服务业

现代信息技术、新型服务模式和产品有力地推动传统服务业结构和形态转变。生产力促进中心作为科技服务业重要抓手，在这方面进行了有益的探索，取得了较好的示范效应。如上海浦东生产力促进中心积极探索新的服务模式，依托国开行贷款成立浦东科技融资担保公司，开展知识产权质押担保、科技企业信用互助担保融资等业务。仅2014年，参与知识产权质押融资试点商业银行有35家，科技中小企业通过知识产权质押获得贷款超4亿元。同时把知识产权质押融资中信用表现好的企业纳入企业信用互助融资，把参加信用互助担保融资的企业信用情况作为知识产权质押融资的重要参考，实现企业信用互助担保融资和知识产权质押融资互补互益。

五、服务内容

目前，生产力促进中心开展的服务内容主要包括咨询服务、信息服务、技术服务、培训服务、人才和技术中介、培育科技型企业等六大类。2015年，技术服务收入占全部收入一半，已经成为全国生产力中心服务收入的重要来源，达到28.69亿元；其次是咨询服务，占比近30%；而在信息服务和培训服务上收入较少，仅占2.62%和4.19%。

第三节　广东生产力促进中心建设

一、广东生产力促进中心发展历程

（一）起步阶段（1994—2001年）

广东生产力促进中心建设起步于"八五"末期，从零开始，开始了"摸着石头过河"的探索之路。1994年，在广东省技术开发中心基础上成立了广东省生产力促进中心，标志着广东第一家生产力促进中心成立。1997年，原国家科委制定了《生产力促进中心管理办法》，提出了要建设国家级示范生产力促进中心，明确了国家级示范中心应具备的条件、认定程序和管理办法，规范国家级示范中心的管理。2001年，广东省科技厅开始实施生产力促进中心重点省行动计划，资助一批生产力促进中心建设。截至2001年，广东建立了26家生产力促进中心，其中国家级示范中心5家。

（二）加速阶段（2002—2012年）

2002年，全国人大常委会通过了《中华人民共和国中小企业促进法》（2003年1月1日开始实施），提出要建设生产力促进中心、科技企业孵化基地等技术服务机构，为中小企业提供技术信息、技术咨询、产品研发和技术转让等服务，促进科技成果转移转化，推动企业技术、产品升级。该法律明确规定了生产力促进中心的地位和职责，生产力促进中心第一次被写进了法律，该法律为生产力促进中心发展指明了方向，成为我国生产力促进事业发展的里程碑。3月，广东省科技厅投入400万元专项资金继续开展生产力促进中心建设重点省行动计划，制定了《广东省生产力促进机构管理暂行办法》，第一次提出了在专业镇建立为特色产业服务的专业性生产力促进中心或技术创新服务中心，张槎和小榄生产力促进中心建立，标志着广东在全国率先在专业镇建设生产力促进中心，构建专业镇技术创新服务体系。至2002年底，全省建立了3家专业镇生产力促进中心，通过组织社会力量和科技资源为专业镇提供技术创新服务，解决了阻碍专业镇集群经济发展的"瓶颈"问题。同年还颁布了《广东省生产力促进机构备案实施细则》，规范了生产力促进中心的管理，广东生产力促进中心建设工作进入大发展时期，全省生产力促进中心建设工作出现了"量"的迅速扩张，截至 2002 年底，全省生产力促进中心发展到 41 家。

2005 年，广东省科技厅颁布了《省市联动推进专业镇建设的指导意见》，通过省、市、县（区）各级政府联动方式来推进专业镇建设各种形式的专业镇技术创新平台，如县镇级创新中心、行业技术创新中心、生产力促进中心、产学研结合基地、工程技术研究开发中心、科技企业孵化器等。生产力促进中心建设重点由省市级转为面向产业集群或专业镇，为全省生产力促进中心体系建设注入新内容，此时，经省科技厅备案的各类生产力促进机构达 76 家。

2008 年，科技部开始实施"生产力促进中心体系建设重点省行动试点"专项工作，广东于 2009 年 6 月进入试点，于 2010 年通过了验收评估。通过实施重点省行动，有力地推动广东生产力促进中心体系完善。截至 2010 年底，全省共建有生产力促进中心 120 家，其中国家级示范中心 7 家。

（三）提升阶段（2011 年至今）

为了推动生产力促进中心提质增效，提高服务能力和服务水平，各级政府陆续出台了一系列促进生产力促进中心建设的政策举措。2011 年，科技部制定了《生产力促进中心"十二五"发展规划纲要》。2012 年 7 月，广东省科技厅发布了《广东省"十二五"生产力促进中心发展规划纲要》，明确了"十二五"期间广东生产力促进中心的重点任务和举措，对加快生产力促进中心建设作了全面部署，指明了方向，提供了遵循原则，注入动力。11 月，省政府出台了《关于促进科技服务业发展的若干意见》（粤府办〔2012〕120号），提出要构建生产力体系，推动国家级和省级示范生产力促进中心建设。

2012 年，广东省委省政府颁布了《关于依靠科技创新推进专业镇转型升级的决定》（粤发〔2012〕11 号），明确提出加快建设专业镇生产力促进中心，同年还颁布了《关于加快专业镇中小微企业服务平台建设的意见》（粤府〔2012〕98 号），要求利用已建生产力促进中心、创新平台、共性技术中心等服务平台的功能作用，多形式建设中小微企业服务平台。为配合科技部实施的生产力促进中心服务产业集群和服务基层科技专项行动，即"两服务行动"，结合专业镇发展与转型升级需求，针对专业镇中小微企业公共服务平台建设，构建社会化、市场化、专业化的中小微企业公共服务体系和长效机制，省科技厅启动实施"专业镇生产力促进中心建设"工程，通过新建一批专业镇生产力促进中心，提升专业镇生产力促进中心能力，规范机构管理，创新服务理念，不断提升服务能力和服务水平，为全省中小微企业提供多层次、多元化科技服务支撑,推动基层生产力机构服务区域经济社会发展,引导生产力促进中心专业化、规范化发展,完善全省生产力促进中心体系。以小榄生产力促进中心为核心的"专业镇中小微企业科技服务体系的创新与实践"项目获得2012年度广东省科学技术奖特等奖。2013年,科技部取消国家级示范生产力促进中心认定,2014年广东省也取消了省级示范生产力促进中心认定。

二、广东生产力促进中心建设成效

在历时二十多年的实践,广东构建了完善生产力促进中心体系和上下联动、协同合作的生产力促进服务网络,并成为全省科技服务业发展的重要载体。为提升广东中小企业自主创新能力和区域竞争力,推动产业转型升级和区域经济社会发展作出了重要贡献。根据2015年全省生产力促进中心统计数据,126家生产力促进中心共服务企业4.2万家,实现总收入15.7亿元,为企业增加销售额114亿元,增加利税16.3亿元,为社会增加就业人数5万人,经济和社会效益显著。

1. 服务网络日臻完善

目前,全省共建有生产力促进中心126家,其中省市综合中心22家、行业中心11家、县区和专业镇中心93家。其中国家级示范中心7家,省级示范中心16家,入选广东省科技服务业百强机构有4家,认定为广东省科技服务业发展示范基地有1家。形成了遍布全省主要地市区县及专业镇的生产力促进服务体系,对推动区域和产业发展发挥了重要的支撑作用。据2015年全省生产力促进中心统计,全省生产力促进中心资产总额超过29亿元,用于开展技术服务等活动的技术装备达13 500台套。全省生产力促进中心从业人员2758人,其中具有中高级职称1603人,占总数的58%,成为服务中小企业创新的骨干力量。

2. 服务范围逐步扩大

生产力促进中心过去主要围绕政府委托的各项事务性工作提供服务支撑,业务种类少,服务范围小。经过多年发展,各中心充分利用政府资源,搭建综合服务平台,壮大人才队伍,现在的生产力促进中心既是政府的参谋助手,也是企业的科技顾问和帮手。调研显示,全省有44%的生产力促进中心开展政务支撑服务,而围绕企业技术创新和产业转型升级需求开展服务的中心已经达到94%,服务内容涵盖技术创新、信息网络、工业设计、质量检测、人才培训、知识产权、创业孵化、投融资、电子商务、技术转移等科技服务。

3. 服务模式不断创新

各中心多措并举探索科技服务模式，创新工作机制，通过寻求外部合作、设立分支机构搭建协同互动的服务网络，改变了过去"单打独斗"和服务模式单一的被动局面，更好地推动我省企业创新发展。如广州生产力促进中心以"创新驿站"为纽带，通过与欧盟和国内创新驿站合作，建设国际和国内科技合作平台，为企业提供一站式服务，开拓科技成果转移转化新模式。佛山市生产力促进中心采取在各区镇设立"工作站"的服务模式，将服务窗口前移，直接下沉到基层，并利用工作站镇街工作人员贴近企业、熟悉企业情况的优势，形成有效的企业需求信息收集和服务网络。古镇生产力促进中心实行企业化运营模式，针对不同服务功能、不同合作对象，分别采取合资经营、合作经营和独立经营三种不同的管理模式和运行制度，协助企业开展产学研合作，促进企业创新发展。

4. 服务平台更加专业化

各中心依托自身优势，积极整合资源，着力打造高水平、专业化服务平台，带动其他科技服务机构依托平台开展特色化服务，形成资源共享、协同合作、优势互补的生产力服务体系。据统计，截至2015年底，全省有52家中心先后建立了80个公共服务平台，覆盖了技术创新、信息网络、知识产权、科技金融、质量检测、创业孵化、人才培训、工业设计、电子商务等九大类型。其中，省生产力促进中心通过建立省科技金融综合服务中心搭建全省科技金融公共服务平台，以综合服务中心为枢纽，在各地级市、高新区和专业镇设立分中心，通过"线下实体+线上网络"服务模式，为全省科技型中小微企业提供全链条和专业化的投融资服务。广州生产力促进中心主导建设广州科技资源公共服务平台，集聚了广州及国内外重要的科技信息资源，采用"共建共享服务站+服务联盟"模式，先后和萝岗区火炬高新技术创业服务中心、广州民营科技园创业服务中心等机构建立长期紧密稳定合作，使平台的资源及服务覆盖到所在园区的2000多家企业，帮助企业在产品开发和技术攻关方面提供全方位、多维度的整体解决方案。

5. 基层组织作用日益凸显

截至2015年底，全省区县镇等基层生产力促进中心共93家，占比74%。基层中心正逐渐成为基层科技服务体系的重要骨干，尤其是以专业镇、高新区和产业园区生产力促进中心为代表的基层机构由于身处基层，地理位置上更接近企业，更了解企业需求，在构建中小微企业公共服务平台和提升中小微企业自主创新能力等方面发挥了重要作用，并涌现出一批敢于创新、模式灵活、具有较大影响力的机构。如佛山西樵生产力促进中心与中国纺织工业协会、浙江大学、东华大学等十余所纺织专业高校科研院所开展产学研合作，建立了包括新产品新技术研发、质量检验和认证、投融资担保、人才培训、电子商务和知识产权服务等28个服务部门，为西樵和周边地市提供共性技术研发和技术服务，是目前中国第一家企业化运营的纺织行业综合科技服务平台。中心采用"政府引导、市场化运作"模式，遵循微利收费方式，服务范围从西樵延伸至顺德、广州、东莞、中山、江门等珠三角地市。截至2015年底，服务企业超1300家，累计提供各种技术服务10万次，近80多项新技术、新成果、新工艺被推广应用，被誉为产业"加速器"。

三、广东生产力促进中心类型

目前全省生产力促进中心主要有三种类型：综合性生产力促进中心、行业性和专业性生产力促进中心。

（一）综合性生产力促进中心

综合性生产力促进中心通过组建服务平台，为企业创新发展提供技术支援、孵化育成、投融资、科技成果等全方位的服务，如广东省生产力促进中心。省生产力促进中心作为省科技厅直属的一类事业单位，内设创业服务部、企业发展部、合作交流部、产业研究室、办公室等5个部门以及3个直属单位——广东拓思软件科学园、广东省科技人才服务中心、广东科技进修学院。中心现有员工140多人，其中硕士研究生和中级以上职称占中心总数超7成，建立起一支高学历高素质的人才队伍。中心以科技园区、专业镇、孵化器等企业为主要服务对象，形成了独具特色的软件公共技术支撑服务平台、科技成果转移转化服务平台、孵化育成服务平台、科技金融服务平台、军民科技协同创新平台、培训服务平台、创新方法推广应用与示范服务平台、科技人才服务平台以及专业的产业研究服务团队，拥有包括国家级企业孵化器在内的孵化场地16万平方米，连续多年被科技部评为优秀国家级示范生产力促进中心。2017年，中心组织开展各类咨询服务6 019项次，服务企业9 610家次，组织培训13 379人次。

（二）行业性生产力促进中心

行业性生产力促进中心主要是基于自身的科技资源和行业技术优势构建生产力促进中心，如工业与日用电器行业生产力促进中心。中心依托于中国电器科学研究院建设，是企业法人单位。中心作为3个全国性行业协会和9

个国家标准化技术委员会秘书处单位,是国际电工委员会(IEC)的16个技术委员会/分技术委员会文件国内技术归口管理单位。中心是国家级示范中心和省级示范中心,内设标准部、行业部、传媒部、培训部、技术服务部等部门,拥有雄厚的电器行业信息资源和人才资源,集聚了一批日用电器、分马力电机、电器附件及自动控制器3个行业的企业、科研机构和专业团体资源。中心充分发挥行业协会桥梁和纽带作用,联合政府、高校科研机构、企业和个人为企业提供信息、技术、培训、标准、管理顾问、国际合作等专业服务。

(三)专业性生产力促进中心

专业性生产力促进中心是以省级专业镇为载体,为特色产业提供专业服务的生产力促进中心或技术创新中心。专业镇生产力促进中心是经认定的省级专业镇内建立具有为构建各类专业镇创新平台提供支撑和管理服务功能的科技服务机构。在专业镇生产力促进中心内,建设专业镇创新平台,通过生产力促进中心组织各创新主体的科技资源为专业镇提供创新服务,以解决专业镇经济发展壮大的"瓶颈"问题。服务对象主要面向中小微企业或者农户,为中小微企业(农户)提供技术创新、工业设计、质量检测、知识产权、信息网络、电子商务、创业孵化、投融资和人才培训等九大服务。如小榄生产力促进中心、西樵生产力促进中心、古镇生产力促进中心等。根据2012年全省专业镇生产力促进体系调研报告,2011年底全省共建有15家专业镇生产力促进中心。自2012年省科技厅实施了"专业镇生产力促进中心建设"工程,开展新建专业镇生产力促进中心和专业镇生产力促进中心能力提升专项计划,支持各专业镇建设各类服务中小微企业的生产力促进机构。各专业镇新建了一批专业镇生产力促进中心,专业镇生产力促进中心得到快速的发展。2015年8—9月,受省科技厅委托,省生产力促进中心组织开展了全省专业镇生产力促进中心建设与发展情况调研。根据调研结果,截至2015年8月,广东省共建有45家专业镇生产力促进中心(见表6-1)。

表6-1 广东省专业镇生产力促进中心名单

序号	地市	中心名称	所在专业镇名称	特色产业
1	佛山	西樵纺织专业镇生产力促进中心	南海区西樵镇	纺织服装
2		乐平镇产业服务创新中心	三水区乐平镇	太阳能光伏
3		北滘镇生产力促进中心	北滘镇	家电
4		大良生产力促进中心	大良街道	机械及电器装备

（续表）

序号	地市	中心名称	所在专业镇名称	特色产业
5	佛山	龙江镇生产力促进中心	龙江镇	家具
6		伦教生产力促进服务中心	伦教街道	木工机械制造珠宝首饰
7		容桂街道办事处生产力促进中心	容桂街道	家用电器
8		勒流生产力促进中心	勒流镇	五金小家电
9	肇庆	肇庆市端州区睦岗生产力促进中心	端州区睦岗镇	电子元器件
10		封开县河儿口镇生产力促进中心	封开县河儿口镇	旅游
11	中山	小榄镇生产力促进中心	小榄镇	五金制品
12		古镇镇生产力促进中心	古镇镇	灯饰
13		阜沙镇生产力促进中心有限公司	阜沙镇	精细化工
14		大涌镇生产力促进中心	大涌镇	红木家具
15		黄圃镇生产力促进中心有限公司	黄圃镇	食品加工
16		华南现代中医药城生产力促进中心有限公司	南朗镇	旅游
17		火炬开发区生产力促进中心	火炬开发区	医药工业
18	江门	江海区生产力促进中心	江海区	电子材料
19	东莞	茶山生产力促进中心	茶山镇	食品
20		石龙生产力促进中心	石龙镇	电子信息
21		寮步生产力促进中心	寮步镇	光电数码
22	惠州	甜玉米生产力促进中心	惠城区汝湖镇	甜玉米
23	汕头	大华街道生产力促进中心	金平区大华街道办	塑胶制品
24	揭阳	广东省专业镇锡场生产力促进中心	揭东县锡场镇	食品及食品机械
25	潮州	潮州市潮安区庵埠—小榄生产力促进中心	潮安区庵埠镇	食品及印刷包装

(续表)

序号	地市	中心名称	所在专业镇名称	特色产业
26	潮州	枫溪陶瓷生产力促进中心	潮州市枫溪区	陶瓷
27	茂名	电白县博贺镇渔业产业技术生产力促进中心	电白县博贺镇	海洋渔业
28	云浮	云浮市郁南县建城镇生产力促进中心	郁南县建城镇	无核黄皮（砂糖橘）
29		云城区河口街道生产力促进中心	云城区河口街道办	石材
30		广东省专业镇簕竹生产力促进中心	新兴县簕竹镇	养殖、食品加工
31		广东省专业镇新城生产力促进中心	新兴县新城镇	不锈钢制品
32	梅州	广东省专业镇汤坑生产力促进中心	丰顺县汤坑镇	电声工业
33		龙岗镇生产力促进中心	丰顺县龙岗镇	茶叶种植加工
34		平远县上举专业镇生产力促进中心	平远县上举镇	南药
35		东石专业镇生产力促进中心	平远县东石镇	汽车部件
36		差干专业镇生产力促进中心	平远县差干镇	旅游
37		大柘专业镇生产力促进中心	平远县大柘镇	木制品业
38		仁居专业镇生产力促进中心	平远县仁居镇	脐橙
39		长田专业镇生产力促进中心	平远县长田镇	油茶及油茶深加工
40		中行专业镇生产力促进中心	平远县中行镇	优质稻
41		新铺镇新型环保建材生产力促进中心	蕉岭县新铺镇	建材工业
42		蕉岭县水泥专业镇生产力促进中心	蕉岭县文福镇	建材
43		蕉岭县三圳镇蔬菜生产力促进中心	蕉岭县三圳镇	蔬菜
44		兴宁市水口镇生产力促进中心	兴宁市水口镇	工艺品
45		兴宁市新圩镇生产力促进中心	兴宁市新圩镇	工艺生产

第四节　专业镇生产力促进中心建设发展 SWOT 分析

哈佛商学院的安德鲁斯教授是 SWOT 分析法（strength weakness opportunity threat）的创始人，在其 1971 年出版的《公司战略概念》中最早提出该方法。这是一种准确客观分析一个单位实际情况的战略分析方法，目前正逐步被应用于社会的各领域中。SWOT 分析法是将单位内外部情况所形成的优势、劣势、机遇、威胁四个方面进行综合分析和总结，寻找出合适单位实际经营战略与策略的一种分析方法。优势和劣势分析侧重于单位自身的能力和竞争对手对比；机遇与威胁分析侧重于外部环境的转变和可能产生的影响。

下面运用 SWOT 分析法，对广东专业镇生产力促进中心整体内外部情况所形成优势、劣势、机遇、威胁进行综合分析，为广东省专业镇生产力促进中心未来发展战略提供一个相对清晰和直接的思路。

一、优势分析（strengths）

（一）专业镇内企业科技服务需求大

专业镇生产力促进中心由于建立在专业镇内，企业集聚度高，经济活跃度高，市场活力较好，科技服务需求明显。截至 2015 年底，经认定的省级专业镇共有 399 个，主要涉及五金、皮具、服装、玩具、家电、石材、家具、陶瓷、农业生产加工等传统产业，以及 LED、高端电子信息、生物医药、现代物流、新能源、生态旅游等新兴产业。专业镇实现生产总值 2.77 万亿元，占全省 GDP 的 38%，拥有 9 个超千亿元大镇、141 个超百亿元大镇，规上企业数超 3 万家，高新技术企业 2 654 家。专业镇生产力促进中心因为地处基层，最接近企业，最了解企业的需求，从企业角度来看，企业选择服务供应商时，往往也会采用就近原则。而且企业需求不是单一环节的而是产业链的，具有综合性特点，专业镇生产力促进中心作为一种综合性公共创新服务平台，提供覆盖企业生产发展全过程的综合服务。专业镇庞大的产业规模和专业镇生产力促进中心地理条件为专业镇生产力促进中心发展得天独厚的优势。

(二)专业镇生产力促进中心发展规模迅速成长

当前,专业镇生产力促进中心发展势头良好,中心数量由2012年的25家增加到2015年的45家,其中国家级示范中心2家,分别是西樵纺织专业镇生产力促进中心和小榄生产力促进中心。45家中心分布在全省(除深圳外)12个地市(见图6-1),广州、珠海、清远、韶关、汕尾、阳江、河源和湛江地区没有建设专业镇生产力促进中心。从区域上看,珠三角地区共有22家,占总数的49%;粤北18家,占总数的41%;粤东4家,粤西1家。还出现了一些机制灵活、模式创新、行业影响力大的典型代表,如中山小榄生产力促进中心,美名更是远播省内外。梅州专业镇数量位居第一,其专业镇生产力促进中心数量也是最多的。其中梅州平远县成效显著,县科技局采用"一镇一策"战略,指导各专业镇根据当地产业特色走专业镇发展之路,先后培育出了大柘木业、长田油茶种植和深加工、仁居慈橙种植、上举南药种植、东石汽车部件铸造、差干旅游、中行优质稻种植加工等7个省级专业镇,同时引导建设了专业镇生产力促进中心,2015年这7个专业镇特色产业实现GDP 14.55亿元,占7个镇GDP的44.2%。

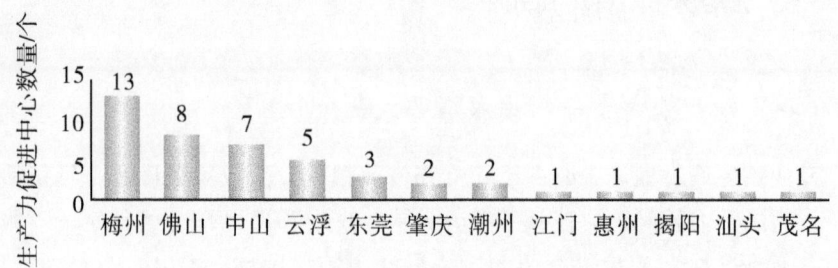

图6-1　广东专业镇生产力促进中心地区分布

(三)专业镇生产力促进中心建设模式呈现多元化

生产力促进中心作为一种综合性科技中介服务机构,具有公益性和市场性两重特征。一方面,生产力促进中心在政府指导和支持下,通过为企业和产业科技创新提供综合性专业化服务来推动企业技术创新能力和区域产业竞争力提升,不以营利为目的,体现其公益性。另一方面,生产力促进中心也是市场经济的产物,以市场需求为导向,通过建立市场化运行机制,为企业提供专业化服务收取一定的费用,实现自我发展。这种双重特性致使其建设模式呈现出多样化,建设模式主要有以下几种:

1. 政府投资，政府运行

由于专业镇生产力促进中心地处基层，科技资源缺乏，高端人才缺少，决定了目前专业镇生产力促进中心工作职能更多的是政府职能的延伸。全省专业镇生产力促进中心机构性质中非独立法人占比39%，大部分为科技局下属机构，工作人员大部分是公务员兼职。独立法人中事业法人占比25%，政府也仅仅给人头费，没有固定的工作经费，部分中心业务骨干被机关抽调去支援机关工作，属于无编制、无人员、无经费的"三无"单位。例如，揭阳锡场镇生产力促进中心是依托揭东区锡场镇人民政府而建设，中心仅仅2人，根本无法开展相关服务。又如顺德区，除勒流生产力促进中心是民办非企外，北滘、大良、龙江、伦教、容桂等专业镇生产力促进中心为非独立法人，中心依托街道经济和科技促进局而建设，中心工作人员是街道经济和科技促进局工作人员，将经济和科技促进局服务中小微企业创新的工作职能等同于专业镇生产力促进中心工作职能。

2. 政府投资，企业化运作

这类专业镇生产力促进中心由政府投资建设相关硬件设施，并委任人员管理，部分平台实现市场化运作，如中山古镇生产力促进中心。2010年，为了推动古镇灯饰产业转型升级，古镇镇政府专门成立了集体所有制的古镇镇生产力促进中心，负责运营和管理古镇灯饰产业转型升级公共服务平台。中心面向中小企业通过整合科技资源，为企业提供全方位、多元化、综合性专业化服务，推动古镇传统灯饰产业结构优化升级，提升产业竞争力。中心目前拥有教授、高级工程师13人，工程师、本科学历的专业人才共31人的高素质专业服务团队，建立了科技创新中心、知识产权服务中心、中小企业服务中心、创业孵化服务中心和品牌推广服务中心等五大服务中心，29个服务实体，可为中小企业提供技术攻关、产品检测和认证、仪器设备计量、技术标准咨询、知识产权申请维权和交易等服务。

另外一种，政府投资建设相关硬件设施后退出，实现完全市场化运作，如佛山西樵、东莞茶山、中山小榄等生产力促进中心。2013年3月，依托广东集采物联网科技有限公司运营的东莞茶山生产力促进中心正式投入运行。茶山镇政府投资5000多万，占地1200m²，建立了食品检测中心、食品研发和培训中心、众创空间、集中采购中心、名优产品展示厅、服装行业产品发布展厅等企业综合服务平台，可为企业提供食品研发和培训服务、食品检测服务、操作技能实训、拓展海内外营销市场、食品原辅料集中采购、产品发布、企业融资、法律咨询等全方位、多层次的服务。

3. 企业投资，企业运作

该类专业镇生产力促进中心由企业投资和运营，数量较少，如华南现代中医药城生产力促进中心。该中心是华南现代中医药城的创新服务机构，与华南现代中医药城发展有限公司是一个机构两个牌子，主要以广州中医药大学、广东药科大学、中科院广州健康研究院、华南理工大学等高校科研机构为技术支撑，面向园区内外企业需求，以高素质的服务人才队伍为基础，为企业提供园区能源集中供给、技术研发、资源共享、科技成果转化、企业管理和科技咨询、人才培训等服务。本中心实行市场化运营，现有服务团队23人，其中本科以上学历占64%，专业技术人员占53.8%。中心服务目前暂不收费，运作经费由中山市华南现代中医药城发展有限公司支出。

4. 依托社团或者民办非企组建

该类专业镇生产力促进中心主要依托于社团或民办非企建设，如梅州蕉岭三圳镇生产力促进中心。该中心机构性质为社团法人，由三圳镇政府投资建设平价商店配送仓库，然后交付第三方运营公司进行运作，可为镇内农户、专业合作社社员提供蔬菜和农产品以及农资销售、物流配送、电子商务等服务。目前，中心拥有会员近100人，主要为农户、专业合作社社员等，同时对会员收取一定的会费。而第三方运营公司也会返还一定费用给中心。

（四）专业镇生产力促进中心取得一定服务成效

当前，专业镇生产力促进中心服务方式主要有：协助制定产业规划；建设服务平台；推动产业学研合作。

1. 协助制定产业规划

专业镇生产力促进中心根据地区资源禀赋和地方政府经济社会发展的需要，针对产业选择和路径发展，协助专业镇制定产业发展规划。据统计，协助镇政府制定专业镇产业发展规划的中心共有15家，分别是佛山西樵、惠州汝湖、中山阜沙和火炬、茂名博贺、云浮河口和云城、顺德北滘和龙江、梅州汤坑、龙岗、差干、大柘、长田和三圳。如火炬开发区生产力促进中心协助制定了《中山留学人员创业园"十三五"发展规划》和《中山留学人员创业园科技企业孵化器"十三五"发展规划》。通过提供战略咨询、规划设计、制定相关政策和参与特色产业培育的前期工作，充分发挥规划和政策引导作用，指导和支持当地特色产业发展，提升生产力促进中心在产业集群发展过程中的影响力。

2. 建设服务平台

企业在集群中的重要优势就是通过共享公共服务，降低生产成本而获利。

专业镇生产力促进中心通过组建创新服务平台，使企业获得科技创新相关服务更加便利，不断提高产品质量和降低成本。专业镇生产力促进中心主要任务是构建各类中小微企业服务平台，其中技术创新服务平台和人才培训服务平台数量位居第一，其次是信息服务平台，末三位分别是工业设计服务平台、创业孵化服务平台和企业融资服务平台。如梅州大柘生产力促进中心，组织企业和相关高等科研院所对接开展合作，建立了木业产业升级和成果转化服务平台，通过高校科研院所成果在当地转化，加强对新产品、新工艺的研究和开发，每年数十万套家具送往世界各地。2015 年，45 家中心共服务企业或农户 1.5 万家，其中服务中小微企业数近 1 万家，占总数的三分之二；服务企业/农户超千家的专业镇生产力促进中心分别是中山小榄镇、梅州上举镇和中行镇、云浮建城镇、佛山西樵镇共 5 家。2015 年，45 家中心共提供技术服务 3411 项，检验检测服务 1.27 万次，培训服务 1459 次，咨询服务 5530 次，信息服务近 300 万条。其中，佛山西樵生产力促进中心尤为突出，每年信息服务超 200 万条，主要原因在于该中心是南方纺织网（www.gd-textile.com）运营维护单位，该网站依托于中国纺织工业协会、中国纺织信息中心和中国纺织经济信息网强大的信息资源，为 3 万会员用户提供纺织信息、商贸资讯、电子商务等专业化服务。南朗镇、小榄镇、火炬开发区、古镇 4 家中心建有孵化器，拥有孵化面积近 18 万 m^2，在孵企业 272 家和毕业企业近 300 家。开展投融资服务的中心仅有佛山西樵、中山南朗、潮州庵埠 3 家。例如，佛山西樵生产力促进中心专门设立了广东南纺融资担保公司，首期筹集 1.4 亿元资金，带动 10 多亿元社会资本投入纺织产业。

3. 推动产学研合作

推动产学研合作的有效方式就是组建产业技术创新联盟。通过创新联盟，可以高效整合创新资源和提升产业核心竞争力。专业镇生产力促进中心通过整合政府、高校科研机构、企业等机构科技资源开展产学研合作、研发新产品、建立创新平台、技术转移和转化、培育和壮大企业、不断提升专业镇竞争力。如佛山乐平生产力促进中心牵头组建了"三水区智能制造产业技术创新联盟"，大华街道生产力促进中心牵头建设了"大华塑胶制品产学研政服联盟"，庵埠小榄生产力促进中心主导组建了"庵埠食品品牌创新联盟"。三水区智能制造产业技术创新联盟于 2014 年 10 月成立，中心作为秘书长单位，负责该联盟日常运营与管理。联盟单位包括诺尔贝机器人、普拉迪数控、嘉荣自动化等一批智能装备生产企业，南昌航空大学机器人研究所、广东三水合肥工业大学研究院、广东西安交通大学研究院等院校作为技术支撑，以及业精机械、恒力泰机械等一批智能制造应用企业。联盟在铝型材、五金加工、机械装备等3个传统制造行业中推广应用工业机器人等智能装备，研发智能装备关键技术，促进智能装备应用。通过组建联盟吸引了一批高校科研机构资源和人才，转化了一批实用型科研成果，解决了一批产业发展共性和关键性技术，有力地提升专业镇自主创新能力和产业竞争力。

二、劣势分析（weaknesses）

1. 中心独立性差，体制机制僵化

45家中心中，非独立法人18家，占总数的40%，大部分背靠科技局，为科技局下设机构，主要职责就是协助局里开展日常工作，工作人员来自单位公务员兼职，没有独立办公和服务场所，有的甚至借用科技局场所进行办公。而在27家独立法人中，事业法人有11家，占总数的40%，政府也只是给人头费，没有工作经费，属于无编制、无人员、无经费的"三无"单位，资金使用受制于上级机关，中心自主性和独立性较弱，没法有效调动工作人员的积极性，严重限制了专业镇生产力促进中心的发展壮大。

2. 服务层次偏低，服务能力不强

目前，专业镇生产力促进中心在对接产业发展和企业服务需求方面能力较弱，主要通过政府下达任务来开展工作，依赖性强，市场竞争意识缺乏。根据为企业提供服务类型数量排位，前三位分别为技术创新服务、信息网络服务和人才培训服务。其中，在信息网络服务中，更多是提供较为简单的信息发布和信息咨询服务；在技术创新服务中，对于行业关键核心技术攻关、科技成果转移转化等服务较少开展；对于较高层次服务如创业孵化、企业融资、工业设计等服务更少，不能满足企业日益发展专业化和多元化服务需求。

3. 人员数量偏少，高素质专业人才稀缺

45家中心中，服务人员有1 374人，其中西樵和小榄中心共有851人。剔除这2家中心，其余43家中心平均每家中心服务人员数仅有12人，人员数量总体规模小，且服务人员中还有部分是公务员兼职，从而造成各中心专门从事科技服务工作的人员非常稀缺。服务人员中具有高级职称仅91人，占服务人员总数的6.6%，中级职称以上服务人员占比不到30%，由此可见专业镇生产力促进中心中高层次人才非常匮乏，服务人员的服务能力和服务水平偏低。另一方面，由于科技服务业是知识密集型产业，要求从业人员具备经营管理、知识产权、法律、财务、专业技术等多学科知识，属于复合型人才。但从目前看，各中心服务人员大部分专业能力不强，知识结构较单一，从事企业经营管理、金融、法律等方面经验缺乏，无法满足企业综合化、专业化、多元化发展需求。

4. 平台建设主体单一，资金投入不足

专业镇生产力促进中心建设资金投入主要来自政府投入，占比54%，结构单一，政府投入主要来自镇街财政，中心的运行资金主要来源于政府的项目资助、补贴、工作经费等。如东莞茶山生产力促进中心是由东莞市财政局茶山分局投入5000多万元。社会资金较少参与到中心的建设和运行管理，仅仅有少量几家企业参与投资建设。如梅州长田生产力促进中心分别由长田镇政府投入10万元，新大地生物科技股份有限公司投入45万元共同建设。如何对接市场需求，吸引更多社会资本参与中心建设与服务，加大资金投入力度，建立市场化运作机制，实现中心可持续发展，将是中心未来建设的重点方向。

5. 总量规模偏小，区域发展不平衡

虽然专业镇生产力促进中心发展迅速，但是规模还是较小，从专业镇生产力促进中心占专业镇数量的比例来看远远不足（见图6-2），专业镇生产力促进中心作用远远没有发挥出来。由于区域经济发展水平差别导致专业镇生产力促进中心发展水平差距较大，粤东西北地区中心因为资源匮乏，业务开拓能力弱，服务内容单一，严重制约了中心的发展。珠三角中心服务人员共1057人，占总数的77%；从建设资金来源来看，珠三角中心2012—2014年获得资金约1.5亿元，而粤东西北中心仅1000万元；从服务收入看，珠三角中心占全省的99%，区域发展严重不平衡。

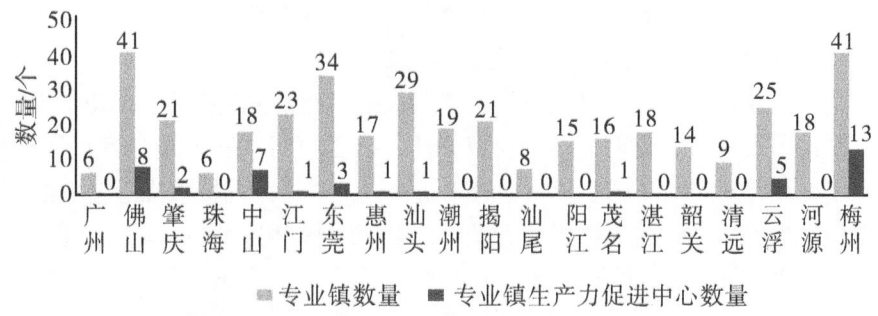

图6-2 专业镇与专业镇生产力促进中心数量对比

三、机遇分析（opportunities）

1. 建设协同创新中心助推创新驱动发展战略深入实施

近年来，广东大力实施创新驱动发展战略，通过协同创新推进专业镇转型升级，推动企业自主创新能力和产业竞争力提升，促进专业镇由要素驱动转变为创新驱动。2012年，省委省政府颁布了《关于依靠科技创新推进专业镇转型升级的决定》（粤发〔2012〕11号），提出要推动专业镇生产力促进中心建设；同年省政府又颁发了《关于加快专业镇中小微企业服务平台建设的意见》（粤府〔2012〕98号），要求充分发挥现有生产力促进中心、创新平台等服务平台的作用，多形式建设中小微企业服务平台。2016年，省科技厅出台了《关于推进协同创新加快专业镇发展的实施意见》（粤科产学研字〔2016〕138号），明确要求加快协同创新中心建设。系列政策文件的实施，为专业镇生产力促进中心的下一步发展指明了发展方向，提供了根本遵循原则，增加了前进动力，专业镇生产力促进中心正迎来了新的发展机遇。

2."互联网+"时代带来新业态和新模式

2014年，国务院颁布了《关于加快科技服务业发展的若干意见》（国发〔2014〕49号），要求加强生产力体系建设，支持生产力促进中心充分利用新一代信息技术，创新服务模式，积极开展网络化、集成化的科技咨询和知识服务。"互联网+"风起云涌，传统产业正站在"互联网+"的风口浪尖上，正以气势磅礴之势席卷而来。而传统产业更应乘势而上，乘气势磅礴的浪潮奋勇前行。互联网和传统产业深度融合，衍生出了形形色色的新业态和新模式。网络化服务将成为生产力促进中心发展的必然趋势，互联网为科技服务供需双方搭建了一个跨越时空、集聚各类创新资源和海量信息的平台，大大降低了交易成本，推动知识价值实现。"互联网+"还带来"众包、众筹、众创、众扶"等新业态，有力地推动科技服务业的快速发展。

3. 创新创业服务成为生产力发展新趋势

大众创业、万众创新作为实施创新驱动发展战略重要抓手。2015年以来，国家出台一系列政策文件推动孵化器、众创空间、创业基地等大众创业万众创新载体建设。中国生产力促进中心协会开展了系列措施推动创新创业，如组建中国创新创业服务联盟，启动中国创意品牌盛典系列活动，建设中国生产力众创空间和中国生产力创意品牌孵化中心。在广东，中国创新创业大赛（广东赛区）承办单位是广东省生产力促进中心，各分赛区中超过一半是通过各地市生产力促进中心承办，各级生产力促进中心参与大赛组织、大赛辅导培训、项目路演、投融资对接、产品展示等活动，省生产力促进中心还组织开展国家创新创业导师资格认证培训，目前获得创新创业导师岗位能力证书200多人。

四、威胁分析（threats）

1. 专业镇创新平台竞争激烈

自2000年启动实施专业镇技术创新示范工程以来，省科技厅一直把建设创新平台作为推动专业镇发展的主要抓手，推动平台建设从技术创新平台向公共技术创新平台、公共创新服务平台、协同创新平台转变，通过构建技术创新、创业孵化、检验检测、电子商务、人才培训等一系列创新服务平台，为企业提供全方位综合服务，不断完善专业镇中小微企业服务体系建设。2015年，专业镇拥有各种创新服务机构2900个，公共创新服务平台336个。近年来，因为全球分享经济快速兴起，互联网创新创业方兴未艾，涌现出新型科技服务业态，催生了一批"四众"（众筹、众包、众创、众扶）平台。另一方面，台湾中国生产力中心（CPC）、台湾中卫发展中心、香港生产力促进局（HKPC）等境外优秀科技中介服务机构不断涌入中国市场，由于专业化水平高，深受港台资企业欢迎。专业镇生产力促进中心所面临的对手越来越多，竞争加剧。

2. 专业镇生产力促进中心发展现状与科技服务需求不相适应

由于科技服务业处于现代服务业产业链条高端，科技服务业通过提供自主创新全流程服务，在促进创新要素配置方面发挥着加速和催化作用，对带动形成创新型产业体系至关重要。专业镇内企业集聚度高，经济活跃度高，市场活力较好，科技服务需求明显。近年来，广东大力实施创新驱动发展战略，着力提高企业自主创新能力，强化企业创新主体地位和主导作用，把大力发展科技服务业作为建设创新型广东重要抓手。广东区域创新创业氛围浓厚，在全国兴起"大众创业万众创新"的新形势下，企业的创新创业需求急剧增加。除技术创新外，对管理创新、商业模式创新、制度创新、组织模式创新、知识创新等不同类型创新需求日益增长，市场空间十分庞大。但是，由于专业镇生产力促进中心地处基层，拥有的科技资源稀少，专业服务人才缺乏，服务层次偏低，服务能力不强，不能满足广东科技服务业快速发展的需求。

3. 专业镇传统产业转型升级面临压力

目前，专业镇内特色产业大部分属于传统产业而且大多处于全球价值链低端，存在着产业结构不合理、自主创新能力不强、缺乏具有自主知识产权技术、关键核心技术受制于人、产品附加值不高等"短板"。同时受全球经济下行压力、能源原材料价格上升、劳动力成本高涨、出口退税和加工贸易政策变化、节能生态环保要求提高、人民币汇率上涨等诸多要素影响，使珠三角地区传统制造业企业出现"关停转"等现象，早年集聚的优势已明显弱化，专业镇转型升级任重道远。专业镇生产力促进中心务必依据集群内企业和产业发展阶段不同，及时调整自身服务功能以适应集群发展和企业成长的需要，将面临巨大的压力和严峻的挑战。

五、广东专业镇生产力促进中心发展战略选择

政府在培育专业镇、构建专业镇产业协同创新体系和促进专业镇转型升级过程中，是否建设生产力促进中心以及如何运营生产力促进中心应视本地具体情况而定。借助上述专业镇生产力促进中心建设发展 SWOT 分析，建立分析矩阵（见表6-2），制定了4种战略选择，即 SO（优势-机遇）战略、WO（劣势-机遇）战略、ST（优势-威胁）战略和 WT（劣势-威胁）战略。可以看到，专业镇生产力促进服务体系正面临良好的发展机遇，具有较好的发展优势，同时也存在一定问题，但优势大于劣势，机遇大于威胁，因此要"利用优势、抓住机遇、克服劣势、战胜威胁"。

表6-2 广东专业镇生产力促进中心发展战略 SWOT 分析矩阵

优势（strength）	劣势（weakness）
1. 专业镇内企业科技服务需求大	1. 中心独立性差，体制机制僵化
2. 专业镇生产力促进中心发展规模迅速成长	2. 服务层次偏低，服务能力不强
3. 专业镇生产力促进中心建设模式呈现多元化	3. 人员数量偏少，高素质专业人才稀缺
4. 专业镇生产力促进中心取得一定服务成效	4. 平台建设主体单一，资金投入不足
	5. 总量规模偏少，区域发展不平衡

（续表）

机遇（opportunity）	威胁（threats）
1. 建设协同创新中心助推创新驱动发展战略深入实施	1. 专业镇生产力促进中心发展现状与科技服务需求不适应
2. "互联网＋"时代带来新业态和新模式	2. 专业镇创新平台竞争激烈
3. 创新创业服务成为生产力发展新趋势	3. 专业镇传统产业转型升级面临压力

1. SO 战略

SO 战略，即"优势－机遇"战略，是增长型战略，其主要思路是乘势而上和做优做强。目前，专业镇生产力促进中心建设正处于重要发展机遇时期，新业态、新模式层出不穷，特别是专业镇和科技服务业正处于加速发展阶段。一是完善专业镇生产力促进中心体系建设。围绕优势传统产业，培育战略新兴产业，整合全省资源，按照"建设一个中心、服务一批企业、支撑一个产业"的思路，着眼于产业未来发展的需求，新建一批专业镇生产力促进中心。基于佛山西樵生产力促进中心、中山小榄生产力促进中心、古镇生产力促进中心等具备良好的基础，服务成效和影响力得到认可，进入打造品牌阶段，做强做优一批专业镇生产力促进中心。对于目前已建有一定基础的专业镇生产力促进中心，如庵埠小榄生产力促进中心、梅州汤坑电声生产力促进中心和三圳镇蔬菜生产力促进中心、华南现代中医药城生产力促进中心、大华街道生产力促进中心、东莞茶山生产力促进中心、惠州汝湖甜玉米生产力促进中心、云浮河口生产力促进中心，推进一批实力强的中心升级，壮大一批在全国有品牌影响力的中心，夯实全省生产力促进服务体系基层触角的实力。二是专业镇生产力促进中心充分利用"互联网＋"、云服务、大数据等先进信息技术以及科技服务业和制造业融合发展等机遇，构建科研众包平台、专业型科技成果转化基地、军民科技协同创新平台等载体，不断完善专业镇生产力促进中心服务内容和功能，支撑专业镇转型升级。鼓励专业镇生产力促进中心联合高校、科研机构、龙头骨干企业等各创新主体，实现强强联合，建立协同创新机制，围绕专业镇特色产业发展，构建专业型科技成果转化基地，推动科技成果与特色产业需求对接和转化，形成极具竞争力的特色产业集群。选择若干个军工产业发达、有军民需求、合作基础好的专业镇，以专业镇生产力促进中心牵头建设综合型军民科技协同创新平台，实现军民科技协同研发、军民科技信息资源共享、军民科技成果转移转化等功能。三是以生产力促进中心为载体构建专业型众创空间等服务产业的创新创业服务平台，强化其服务功能，孵化和培育中小企业，为大学生、创业团队、初创企业和个人提供创业场所、创业咨询、创业辅导、科技政策、市场开发等服务，并与本地专业孵化器、加速器和科技园区构建完整的创业孵化链条，形成创新创业生态体系。四是构建科技服务业协同创新体系。通过构建专业镇产业协同创新平台，将生产力促进中心的功能定位演进为科技服务机构提供科技服务，实现新的服务领域延伸和竞争力培育，逐渐形成规模，推动科技服务业集群形成，构建政府牵头、行业协会参与、产学研结合、企业为主体的科技服务业协同创新体系。

2. WO 战略

WO 战略即"劣势-机遇"战略，为扭转型战略，其主要思路是利用外部机遇，把劣势扭转为优势，将被动转化为主动。由于单个专业镇生产力促进中心自身科技资源匮乏，短时间内要大幅度提升难度较大，与日益增长的专业镇科技服务需求存在较大差距。因此，专业镇生产力促进中心要充分发挥省市县（区）镇四级全省生产力促进服务体系整体规模优势，通过省市县（区）镇上下联动方式和国家级或省级示范生产力促进中心横向协同，强化示范中心对专业镇生产力促进中心的指导和服务延伸。一是示范中心共建或帮扶建设专业镇生产力促进中心。由省生产力促进中心牵头组织示范中心在珠三角、粤东西北地区择优部分专业镇生产力促进中心，通过业务指导、项目合作、协同研发、平台共建、人才培养、品牌策划等形式给予重点帮扶。二是由省生产力促进中心主导建设全省生产力促进中心云服务创新平台，依托互联网实现跨区域的技术服务联动，由各地专业镇生产力促进中心收集当地企业服务需求，云平台通过整合资源远程提供解决方案，有效地降低异地服务成本，同时通过合理配置创新要素和资源，提升生产力促进中心服务体系协同创新效率。三是建立人员互派机制，由省生产力促进中心组织在全省生产力促进中心开展人员互派交流。专业镇生产力促进中心人员可以到示范中心实习、帮忙，示范中心可以到专业镇生产力促进中心挂职、进行业务指导等。四是开展全省生产力促进中心从业人员培训，由省生产力促进中心牵头，开展全省生产力促进中心从业人员培训工作，围绕全省科技工作重点和热点开展如科技金融、科技企业孵化器、创新创业导师、工业设计、知识产权贯标、电子商务、技术转移专员等专题培训，打造科技服务机构人员培训

"黄埔军校"。

3. ST 战略

ST 战略即"优势－威胁"战略，是加强回避型战略。专业镇生产力促进中心应积极发挥自身的优势和基础去解决外部环境的威胁和挑战。一要实施品牌战略，培育特色业务。一方面，根据本地特色产业发展，围绕产业链部署服务平台功能，通过为企业服务，推动企业自主创新能力提升和产业转型升级；另一方面，除了围绕本地产业共性需求培育特色业务，还应结合科技服务业发展新趋势，不断开拓服务领域，加强创新创业、科技成果转移转化、科技金融等业务培育。随着制造业和服务业融合发展，生产力促进中心为培育科技服务新业态的方向必定是融入制造业的全产业链来进行服务。围绕专业镇内企业的各种各样的创新需求，确定独具特色的服务内容，服务内容涵盖产品研发、市场营销、信息服务、知识产权保护等产业链的各环节，而不仅仅是某一具体环节的服务。不断完善服务功能，为企业技术创新提供专业化、一体化服务。二要加强横向协同。加强专业镇生产力促进中心与各级生产力促进中心、专业镇内各类创新服务平台、港澳台地区和国内外生产力促进机构的协同合作，共同建设创新平台、联合开展产业关键共性技术攻关、推进科技成果转化、人才培养与团队引进等，学习借鉴先进地区经验，提升中心服务能力。三要强化多主体协同。专业镇生产力促进中心牵头联合企业、高校、科研机构、金融机构和行业协（商、学）会等创新主体，通过"政产学研中金"模式共同建设专业镇生产力促进中心，形成多元化、多形式的平台建设模式。鼓励龙头企业参与建设专业镇生产力促进中心，特别是发挥龙头企业在技术研发、产品检验检测等方面具有的优势，鼓励其开放省市级重点实验室或工程中心，为中小微企业提供服务。鼓励行业协会商会参与专业镇生产力促进中心建设。行业协（商）会与企业活动紧密，政府采用购买服务、创新券等方式，委托行业协（商）会开展技术服务、合作交流、人才培训等活动。引导高校科研院所向专业镇企业开放如大型科学仪器中心、分析测试中心等大型科学仪器设施设备，提供检验检测、研发设计、人才培训等服务。

4. WT 战略

WT 战略即"劣势－威胁"战略，是防御型战略。专业镇生产力促进中心自身开展内部管理体制和运行机制创新，以应对激烈的市场竞争。同时政府要加强组织领导，营造良好的环境氛围。一要创新管理体制。中心要尽可能成为独立法人实体，才有自主决定权，可以充分调动人员的积极性。二要创新运行机制。专业镇生产力促进中心要实行市场化运作，以市场化需求为导向，坚持公益服务和有偿服务相结合原则，通过为企业提供专业化和优质服务，形成自我造血的可持续发展的运行机制。同时，要建立优胜劣汰的竞争性运行机制和与服务质量、服务效果、服务效益挂钩的利益分配机制。三要加强人才队伍建设。一方面，要建立吸引人才和留住人才的激励制度，建立人才培养、培训等用人制度；另一方面，要组建专家顾问团队，联合高校科研机构，吸引国内外优秀专家加盟生产力促进中心，培养一批复合型人才和专业人才，为生产力促进中心发展提供智力支撑。四要政府加强规划引导和监督，制定发展规划和考核评估激励机制，确保企业化生产力促进中心能够在市场运营过程中在满足企业利益最大化的同时，保障生产力促进中心发挥公共职能，实现服务地方中小企业创新需求。政府对于公益性生产力促进中心的考核侧重于公益性和服务成效，注重长期性和持续性，有利于初创期中小企业的成长。五是政府要加大资金投入。建立省、市、县（区）、镇协同投入机制，建议在省、市、县（区）、镇科技计划专项中设立生产力体系建设专项，重点支持各级生产力促进中心的建设，完善全省生产力促进服务体系建设。根据专业镇生产力促进中心为企业提供优质的服务所产生的价值、经济社会效益等考核指标完成的情况进行评估考核后，给予一定资金奖励性补助，有利于形成服务企业的长效机制。充分发挥政府财政资金引导作用，强化科技金融产业融合，引导社会资本投入专业镇生产力促进中心建设中小企业融资服务平台，拓宽融资渠道，形成社会化、多元化的资金投入体系。

第七章 加快广东专业镇产业协同创新体系建设政策建议

为贯彻落实党的十九大精神和习近平总书记对广东工作的重要批示精神,加快落实省第十二次党代会精神和我省创新驱动发展重大战略部署,推动广东创新型经济发展,需要加快完善区域创新体系。专业镇产业协同创新体系应是以政府引导、市场为导向,以产业升级为目标,以企业为创新主体,高校科研机构为创新源泉,以中介机构为纽带,以金融机构为支撑,以制度为保障,各类创新主体构成促进创新资源合理高效配置并可动态调节的自适应开放式系统。结合广东专业镇协同创新发展实际,我们从加强组织领导、完善多主体协同创新体系、促进区域协同发展、建设专业镇产业协同创新平台、推动产城融合发展等方面推进专业镇产业协同创新体系建设。

一、加强组织领导

专业镇产业协同创新体系建设是经济新常态下专业镇创新发展的重要抓手,各地市、县(区)、镇科技主管部门,要根据当地专业镇的产业发展情况,统筹规划,合理布局,加强组织、协调和指导,抓好有关专业镇政策落实,完善全省、市、县(区)、镇各级政府部门纵向上下联动机制和发改、经信、财政、科技、人社、教育、金融、税务等部门横向协同机制。

二、完善多主体协同创新体系

专业镇产业协同创新体系是由政—产—学—研—中—金—用—其他等多创新主体协同作用形成的创新网络,因此要加强各创新主体之间的合作,完善利益分配机制,形成紧密而稳定的合作关系。尤其是在互联网时代,建立创新资源共享机制,利用互联网在更大区域内整合各创新主体的创新资源为专业镇所用。

（一）发挥政府协调和引导作用

无论是浙江特色小镇还是横沥、小榄，政府对产业协同创新体系构建都非常重视。因此，在专业镇产业协同创新体系构建过程中，一是镇政府加强规划引导，明确产业定位，进行产业链招商，培育和引进龙头企业，按照"龙头企业—配套产业—衍生产业—产业集群"的发展路径，围绕特色产业发展，吸引产业带动明显、关联效益突出和技术创新扩散能力强的项目进入专业镇，强化企业的分工协作，形成完整产业价值链，构建产业生态圈。二是政府通过制度建设提供有利于协同创新的政策环境，尤其是解决好各主体在协同创新中的责权利问题，并依靠制度来保障长远合作利益的体现，形成优势互补、风险共担、利益共享的合作机制，特别是知识产权归属、利益分配、激励机制等。三是政府加强与产业配套的信息网络、教育、文化、科技、交通等基础设施的建设，营造优质创新生态环境。例如，建设"数字园区"，提供信息网络的综合服务能力；改善粤东西北交通运输体系，加快建设联接中心城市、空港、铁路或高速公路的集疏运通道；优惠营商环境，深化"放管服"改革，提高行政审批效率；完善中高等职业教育体系，大力发展职业教育，培养高技能现代产业工人。四是依托特色产业注册集体商标和地理标志保护产品，开展区域品牌宣传和运用。

（二）增强高校科研机构创新能力

高校科研机构是原始创新的源泉，专业镇内高校和科研机构严重缺乏，科研力量缺少，是制约专业镇创新能力的突出的短板。因此，一要围绕专业镇产业发展，加强高水平理工科大学及其学科建设，强化产业需求导向，研发一批创新成果，为专业镇产业发展提供高质量成果。二是创新高校科研机构与专业镇合作模式。通过技术改造、合作研发、成果转化、企业孵化、创业投资等方式，与专业镇、企业、行业协会等共建研究院、企业研发中心、新型研发机构、产学研基地、技术转移机构等平台，在专业镇开展应用示范，强化科技成果在专业镇转移转化，实现开发共享。三要加强高素质人才队伍培养与输出。通过科技特派员、院士工作站、博士后工作站、科技专家服务团、引进创新团队等方式输出一批适用人才及团队。

（三）强化企业创新主体地位

企业是产业协同创新体系中重要的创新主体，增强企业创新能力和企业与其他创新主体动态而密切的互动，有助于提升专业镇产业协同创新效率。

一是要加强企业研发机构建设。推动专业镇企业与高校、科研机构、新型研发机构全面对接，共同建设工程技术研究开发中心、企业技术中心、企业重点实验室、新型研发机构、院士工作站、科技特派员工作站、制造业创新中心和产业创新联盟等多形式的研发机构，推动企业培养和引进高水平创新人才和团队，研发新产品、开发新工艺、推广新技术、形成新成果，提升知识产权管理和运营水平。二是培育创新型企业。开展科技型中小微企业、高新技术企业、瞪羚企业和独角兽企业培育计划，构建"科技型中小微企业—高新技术企业—瞪羚企业—独角兽企业"创新型企业成长培育路径，形成创新型产业集群。三是全面提升企业创新管理水平。建立企业发展战略规划体系，树立创新发展战略，培养企业创新意识，培育企业创新文化，培养创新型企业家，建立企业新型人事管理制度和人才引培、协同创新、成果转化等激励机制，提升创新管理水平。四是加强协同。通过加强与企业上中下游的纵向合作，和高校、科研机构、中介机构等横向合作，加强知识技术扩散，促进产业整体技术创新升级和产业集群创新能力的提升，形成产业发展和区域发展协同推进的格局，积极融入全球创新网络，促进创新资源双向开放流动。

（四）健全科技公共服务体系

完善科技公共服务体系，为专业镇产业协同创新体系提供有力支撑。一要推进科技中介服务机构建设。推进科技服务机构的社会化、市场化、专业化改革，围绕专业镇需求，建设技术创新、工业设计、文化创意、质量检测、知识产权、信息网络、电子商务、创业孵化、投融资、创新培训、技术交易、安全生产技术服务等专业性科技服务机构，建立科技服务机构运营评价体系，基本建立覆盖科技创新全链条的科技公共服务体系。二要鼓励科技社会团体发展。各类为创新活动提供咨询、指导和服务的科技社团，如行业商（协、学）会、研究会等，承接政府委托的专业性和技术性强的任务，协助做好行业信息服务、标准制定、品牌培育、行业自律和应对贸易技术壁垒等工作。三要强化知识产权运营和保护。在专业镇建立知识产权快速维权中心，鼓励专业镇开展专利导航、分析和预警，推进专利信息在产业布局、研发创新、技术引进上的应用，建设产业知识产权联盟，促进知识产权与产业融合发展。

（五）营造协同创新融资环境

通过开拓新的融资渠道，营造良好的协同创新融资环境，激发各创新主体协同创新积极性，提升协同创新绩效。一是设立专业镇协同创新投资基金。组织高校、民间资本和产业资本等以资金为纽带联合成立金融实体，通过股权投资将高校科研机构的重大科技成果在专业镇产业化。二是各级政府加大对产业协同创新平台的投入力度，同时引入金融机构，鼓励金融机构运用融资租赁等方式加大对协同创新平台的投资，引导资本向协同创新平台集聚。三是引导金融机构协同。鼓励商业银行与创业基金、风险投资、产业投资等机构合作，引导金融机构在专业镇设立科技支行等科技信贷专营机构，推动商业银行开发面向专业镇协同创新金融服务和信贷产品，促进金融科技产业融合发展。

三、促进区域协同发展

（一）推动产业专业合作区建设

目前专业镇内类似产业或者相关关联的产业比较多，如全省电子信息及其相关联的专业镇就多达 25 个，其中东莞和惠州有 11 个，占四分之一。鼓励地理位置临近、产业关联度高的相关专业镇建设产业合作区，引导专业镇突破空间限制，发挥抱团发展效应，促进镇域间资源的整合，形成区域间协同创新。

（二）推进专业镇协同创新服务平台多镇共建共享

在产业类型相似、地域接近的几个专业镇共建协同创新平台、产业技术创新联盟、技术转移中心，联合设立成果转化基金，开展产业共性关键技术攻关，共享创新成果，推动协同创新平台由单一为镇区服务逐步向区域、行业服务发展。

（三）强化专业镇对口帮扶

目前专业镇对口帮扶成效显著的不多，主要是集中在中山与潮州、东莞与韶关专业镇帮扶合作。因此，要加大珠三角和粤东西北专业镇对口帮扶合作，探索联动发展机制，建立统一规划和管理、合作共建、利益共享的合作机制，实现产业互补、产业链延长和产业融合发展，推动粤东西北地区绿色发展，构建全省一体化发展新格局。

（四）深化粤港澳台合作

截至 2015 年底，珠三角 9 市专业镇数量 166 个，占全省总数的 42%。因此，鼓励专业镇对接港澳台创新资源，引进国外先进的技术、理念、高端人才及新兴业态，利用全球创新资源和要素，强化国际合作，推动粤港澳大湾区发展。

四、建设专业镇产业协同创新平台

协同创新平台是协同创新体系构建的必要条件和坚实后盾，集聚了高校科研机构、企业、中介机构、政府等多个创新主体。建设一批多形式的专业镇产业协同创新平台，健全产业协同创新平台体系。

（一）推进专业镇产业协同创新中心建设

专业镇产业协同创新中心是专业镇产业协同创新体系建设的重要抓手，因此在加快专业镇产业协同创新体系建设中，一是多主体建设专业镇产业协同创新中心。鼓励企业、高校、科研机构、金融机构、行业协（商）会等参与专业镇产业协同创新中心建设，发挥行业协（商）会作用，集聚企业、高校科研机构优势资源，依靠协同创新推动专业镇转型升级。二是创新体制机制。专业镇产业协同创新中心须是独立法人实体，推行理事会治理模式，实行市场化运作，建立与服务质量、服务效果、服务效益挂钩的利益分配机制，通过为企业提供优质专业化服务，实现可持续发展。三是加强创新队伍建设。一方面引进和培养一批优秀复合型运营团队，另一方面建立专家咨询委员会和产业指导委员会，建设一支专业化的运营队伍。

（二）强化专业镇产业技术创新联盟建设

专业镇产业技术创新联盟是专业镇产业组织的新模式，它将专业镇零零散散的中小企业根据产业链和共性技术研发需求进行整合，将产学研合作从解决企业技术攻关问题向产业共性技术创新、产业链协作创新、区域和集群品牌共享等转变。截至2016年底，全省专业镇产业技术创新联盟总数不到30家。因此，在加强专业产业协同创新体系建设中，一是推动多主体、多形式建设专业镇产业技术创新联盟。优化布局，加强政府引导，建设一批专业镇产业技术创新联盟，尤其是推动跨区域、跨产业、跨行业的联盟组建，提升联盟在标准制定方面的话语权。二是健全专业镇产业技术创新联盟机制建设，尤其是完善联盟准入和退出管理机制、协调机制、利益分配机制、资源共享机制和风险分担机制等，通过技术许可、构建专利池等方式推动科技成果转化，加强成果共享，有效促进联盟各方协同合作。三是组建专业镇产业技术创新联盟促进会，推进资源整合，加强培训，传播联盟建设经验、服务和运营经验，推动联盟间的交流与服务协同。

（三）完善专业镇生产力促进中心服务体系建设

实践证明，专业镇生产力促进中心是专业镇产业协同创新体系建设的中坚力量，但是目前专业镇生产力促进中心的数量与专业镇数量严重不匹配。因此，在推进专业镇产业协同创新体系建设中，一是加强专业镇生产力促进服务体系建设。通过新建、做强做优、壮大发展一批专业镇生产力促进中心，加快推进专业镇生产力促进中心服务体系建设，完善全省生产力促进服务体系建设。二是完善专业镇生产力促进中心服务功能。围绕专业镇产业发展，结合企业技术需求和科技服务业新业态的发展，加强众创空间、成果转移转化和军民科技融合等新业务的培育，完善专业镇生产力促进中心服务功能。三是建立联动机制。充分发挥省生产力促进中心等各示范中心带动作用，强化省生产力促进中心等各示范中心对专业镇生产力促进中心的指导和服务延伸，推动全省生产力促进机构协同发展。

（四）发展新型协同创新平台

目前，除了传统"政产学研中金"多主体协同创新模式外，还涌现了一批以"四众"为代表的新型协同创新模式。广东专业镇分布全省各地，地理上较为分散。从专业镇创新资源的供需特点来看，目前制约专业镇发展的最重要因素是创新供给与需求在空间上的分离和分散，而互联网正好解决这一难题。因此，在专业镇产业协同创新体系构建中，抓住机遇，通过促进线上线下融合，推动新型协同创新模式健康发展。一是建设科研众包平台。利用"互联网+"推进平台服务模式创新。企业通过众包平台发布技术需求，高校、科研机构、科研个人等提供技术解决方案，实现供需有效对接；同时，大中型企业采用生产协作、开放平台、共享资源等方式带动上下游小微企业和创业者协同发展。二是建设专业化众创平台。利用国内外创新资源，依托龙头企业、高校、科研机构和个人创客等发展专业化众创空间，打造集企业、高校、科研机构和个人创客协同互动的众创平台，加强资源开放与共享，鼓励各类科技园、孵化器、创业基地、创业园等与互联网融合创新，推动基于"互联网+"的创业创新活动，为"大众创业、万众创新"提供服务。构建众创空间—科技企业孵化器—加速器—科技园区完整创业孵化链条。

（五）推动科技成果转移转化协同创新平台建设

目前，专业镇协同创新平台中主要为技术创新、工业设计、质量检测、知识产权、信息网络、电子商务、创业孵化、投融资、人才培训等九大类型平台，而科技成果转移转化协同创新平台较少。需加快建设专业型科技成果转移转化协同创新平台。一要推动高校、科研机构与企业共同建设独立法人在细分领域的中试、熟化和产业化基地。高校、科研机构是科技成果主要产出地，通过联合研发、技术转让、技术许可、作价投资等多种形式，建立面向产业需求的研发机制，促进科技成果和产业、企业需求精准对接，开展技术研发与集成、中试熟化与产业化等服务，推动科技成果在行业企业的扩散、转化和应用。二要推动企业建设科技成果转移转化平台。面向创新型企业和高新技术企业，促进企业联合高校科研机构建设科技成果转移转化平台，开展协同研发、成果推广应用、标准制定等。三要加强第三方技术交易平台建设。推动线上线下相结合、专业化市场化技术交易服务平台建设，建立互联互通技术交易市场，集聚科技成果和技术需求，开展科技成果转化咨询、信息发布、技术对接、技术定价、技术交易、投融资等专业化服务。通过高校、科研机构、企业、中介服务机构深度合作，构建科技研发和成果转移转化协调发展机制，推动科技资源高效整合，提高科技成果转化效率。

（六）加强军民科技协同创新平台建设

一是选择若干个军工产业发达、有军民需求、合作基础好的专业镇构建综合性的军民科技协同创新平台，建立和完善军民科技协同研发、信息资源共享、科技成果转化、科技金融支撑、创新创业生态构建等服务功能，构建军民科技协同创新体系。二是鼓励建设军民融合新型科研机构。依托高校科研院和专业机构，建设一批新型科研机构，开展技术攻关、军民科技成果转化、产业孵化。建设军民融合众创空间、科技企业孵化器、高科技园区、技术创新联盟等平台，实现军民科技协同创新。三是探索建立科技军民融合金融服务平台。在专业镇建设科技军民融合金融分中心，建立科技军民和金融结合机制，推动各类金融机构开发面向科技军民融合的金融产品和服务，构建科技金融融合金融服务新模式。鼓励有条件的专业镇设立军民科技成果转化基金，引导金融机构、社会资本积极参与军民科技协同创新，创新科技军民融合融资模式。

五、推动产城融合发展

产业高端化发展需要与之依存的空间载体，即城镇转型升级相呼应。特色小镇以产业为基础，叠加城镇建设。因此，特色小镇建设将是专业镇转型升级的一个重要抓手，发展一批独具特色的休闲旅游、商贸物流、信息产业、先进制造、民俗文化传承、科技教育等特色小城镇，推动产城人文有机融合发展，促进新型城镇化发展。

（一）编制产城一体化规划

城镇规划侧重于解决社会问题，以人居环境为着眼点；而产业规划则专注于产业和经济发展。因此，专业镇在编制未来发展规划的过程中，要把产业规划融入城镇规划中，制定专业镇产城一体化规划，将产业选择、产业链发展模式、产业集聚模式、产业集群化发展与城镇土地规划、基础设施规划、公共服务规划、商业业态发展等整合互动起来，实现制度创新和管理创新。

（二）加快基础设施建设

根据专业镇发展需求，加强专业镇在公共供水、道路交通、地下管网、燃气供电、信息网络、生活污水处理、垃圾处理和地下空间等基础设施建设；加快教育、医疗、文化等公共服务设施建设；加强海绵型建筑和小区、海绵型道路和广场、海绵型公园和绿地、绿色蓄排和净化利用设施等建设，建设海绵型城镇、智慧城镇、绿色城镇、人文城镇等新型城镇。

（三）推进基本公共服务均等化

推进专业镇基本公共服务均等化，增强对产业的保障作用。加大专业镇中小学校、幼儿园建设；加强专业镇医疗卫生机构、文化设施、体育健身场所设施、公园绿地等公共服务设施建设；优化专业镇物流配送、便民超市、银行网点、零售药店、家庭服务中心等社区生活设施布局，构建便捷生活服务圈；建立以家庭为基础、社区为依托、机构为补充的专业镇多层次养老服务体系。

（四）建设美丽宜居城镇

坚持绿色发展理念，保护专业镇特色景观资源，改善生态环境质量，统筹规划生产、生活、生态空间，构建多层次生态系统，打造宜居宜业宜游的优美环境。优化产业用地、居住用地和公共用地的配比，把自然山体、河湖湿地、农林草地融入专业镇建设之中。建设国家公园、森林小镇、海岛特色小镇和渔港风情小镇，推动生态保护与旅游发展融合发展。加强对历史文化名城名镇名村、历史文化街区、民族风情小镇的保护，建设具有历史文化、地域风情、民族特色的美丽小（城）镇。支持特色小（城）镇将特色产业文化融入城镇空间景观和岭南建筑形态，建设独具岭南特色的建筑人文空间，实现"产、城、人、文、景"融合发展。

参 考 文 献

[1] 路平,林萍,关春华.专业镇在广东的崛起和创新[M].广州:广东科技出版社,2008.

[2] 陈劲.协同创新[M].杭州:浙江大学出版社,2012.

[3] 周宇英,陈金德,徐军.广东专业镇创新网络云模式构建研究[J].科技进步与对策,2015,32(7):54-57.

[4] 陈锡稳,黄辉宇.关于专业镇协同创新体系建设的思考[J].特区经济,2016(4):46-48.

[5] 陈锡稳,罗剑英,吴国洪."政校企协"四方联动:专业镇协同创新发展的新思路——以东莞市横沥模具产业协同创新中心为例[J].东莞理工学院学报,2016,23(4):13-16.

[6] 马歇尔.经济学原理[M].廉运杰,译.北京:华夏出版社,2007.

[7] 陈柳钦.产业集群与产业竞争力[J].经济学研究,2005(5):15-16.

[8] 盖文启.创新网络——区域经济发展新思维[M].北京:北京大学出版社,2002.

[9] 阿尔弗雷德·韦伯.工业区位论[M].李刚剑,陈志人,张英保,译.北京:商务印书馆,1997.

[10] Pioer M, Sabel C. The Second Industrial Divide: Possibilities for Prosperity [M]. New York: Basic Books, 1984.

[11] Camagni R. Innovation networks: spatial perspectives [M]. London: Beelhave-Pinter, 1991.

[12] Remigio Ratti, Alberto Bramanti, Richard Gordon. The dynamics of innovative regions: the GREMI approach [M]. London: Ashgate Publishing Ltd, 1997.

[13] 迈克尔·波特.国家竞争优势[M].北京:中信出版社,2012.

[14] 周海涛,郑海涛.走向高端——广东产业集群升级战略研究[M].北京:经济科学出版社,2006.

[15] 仇保兴.小企业集群研究[M].上海:复旦大学出版社,1999.

[16] 魏江.产业集群创新系统与技术学习[M].北京:科学出版社,2003.

[17] 魏江,叶波.企业集群的创新集成:集群学习与挤压效应[J].中国软科学,2002(12):38-42.

[18] 王缉慈.地方产业战略[J].中国工业经济,2002(3):50.

[19] 赫尔曼·哈肯.协同学——大自然构成的奥秘[M].凌复华,译.上海:上海译文出版社,2001.

[20] Chesbrough H, Vanhaverbeke W, West J. Open innovation: researching a new paradigm [M]. New York: Oxford University Press, 2006.

[21] 陈劲,阳银娟.协同创新的理论基础与内涵[J].科学学研究,2012(2):

161-164.

[22] 何郁冰. 产学研协同创新的理论模式 [J]. 科学学研究, 2012, 30 (2): 166-172.

[23] 陈劲, 阳银娟. 协同创新的驱动机理 [J]. 技术经济, 2012 (8): 6-11.

[24] 韩建飞. 探索协同创新的发展路径 [J]. 中国工业评论, 2015 (12): 66-72.

[25] 张波. 中小企业协同创新模式研究 [J]. 科技管理研究, 2010 (2): 5-7.

[26] 解学梅. 中小企业协同创新网络与创新绩效的实证研究 [J]. 管理科学学报, 2010, 13 (08): 51-64.

[27] 李春成, 杨晓敏. 产业集群协同创新模式比较研究——基于三个 LED 产业基地的案例 [J]. 科技进步与对策, 2015, 32(5): 59-63.

[28] 殷群, 贾玲艳. 中美日产业技术创新联盟三重驱动分析 [J]. 中国软科学, 2012, 9 (3): 11-15.

[29] 李大庆, 李庆满, 单丽娟. 产业集群中科技型小微企业协同创新模式选择研究 [J]. 科技进步与对策, 2013 (24): 117-122.

[30] 范太胜. 基于产业集群创新网络的协同创新机制研究 [J]. 中国科技论坛, 2008 (7): 26-3.

[31] 范如国. 基于复杂网络理论的中小企业集群协同创新研究 [J]. 商业经济与管理, 2014, (03): 61-69.

[32] 马丽, 李林, 黄冕. 发达国家产业协同创新对中部区域产业协同创新的启示 [J]. 科技进步与对策, 2014, 23 (31): 33-37.

[33] 广东统计信息网. 世界各国科技研发投入的分析与思考——科技研发投入分析之一 [EB/OL]. (2014-09-17). http://www.gdstats.gov.cn/tjzl/tjfx/201411/t20141110_184236.html

[34] 上海情报服务平台. 日本: 法律保障国家科技创新战略的推行. [EB/OL]. (2015-11-26) http://www.istis.sh.cn/list/list.aspx?id=9560

[35] 王京捷, 刘海峰. 基于政府主导下的产学研协同创新中心建设机制研究 [J]. 东华大学学报（社会科学版）, 2015, 15 (04): 198-204.

[36] 明炬. 协同创新中心培育组建过程常见的几个问题——以面向行业产业和区域发展类型为例 [J]. 中国高校科技, 2012, (2): 12-13.

[37] 李爱彬, 经曼. 协同创新中心组织管理模式与机制研究 [J]. 现代教育管理, 2016 (08): 50-55.

[38] 冯奎, 黄曦颖. 准确把握推进特色小镇发展的政策重点——浙江等地推进特色小镇发展的启示 [J]. 中国发展观察, 2016 (18): 15-18.

[39] 李孟. 如何打好特色小镇这张牌?——中国特色小镇建设调查 [J]. 中华建设, 2016 (12): 16-19.

[40] 中国乡村发现. 什么样的小城镇可以入选国家 1000 个特色小镇名单? [EB/OL]. (2016-12-21). http://www.zgxcfx.com/sannongzixun/94172.html

[41] 新浪. 浙江特色小镇"特"在哪里? [EB/OL]. (2017-01-06)

http://finance.sina.com.cn/roll/2017-01-06/doc-ifxzkfuk2525314.shtml

[42] 朱莹莹. 浙江省特色小镇建设的现状与对策研究——以嘉兴市为例[J]. 嘉兴学院学报, 2016, 28(2): 49-56.

[43] 新型城镇建设与产业发展促进中心. 深度解析浙江特色小镇建设经验[EB/OL]. (2016-09-30). https://www.read138.com/archives/031/evn5al9pmt17jgfo/

[44] 河北新闻网. 浙江特色小镇建设经验与启示. [EB/OL]. (2016-09-07). http://theory.hebnews.cn/2016-09/07/content_5826264_3.htm

[45] 佚名. 专业镇中小微企业科技服务体系的创新与实践[J]. 中国科技奖励, 2013(3): 42.

[46] 中山年鉴编纂委员会. 中山年鉴·2016[M]. 广州: 广东人民出版社, 2016.

[47] 蓝晓霞. 美国产学研协同创新机制研究[M]. 北京: 北京交通大学出版社, 2014.

[48] 张哲. 产业集群内企业的协同创新研究[M]. 北京: 人民交通大学出版社, 2011.

[49] 王珺. 论专业镇经济的发展[J]. 南方经济, 2000(10): 9-11.

[50] 王珺. 广东专业镇经济的类型与演进[J]. 广东商学院学报, 2001(04): 35-40.

[51] 刘朝刚, 林涛, 葛小南. 创新型专业镇——广东城镇创新驱动发展之路[M]. 北京: 经济科学出版社, 2013.

[52] 黄炳贺, 等. 突破发展瓶颈: 产业与企业的转型升级[M]. 北京: 清华大学出版社, 2014.

[53] 曾祥效, 方秀文, 杨勇. 广东专业镇发展理论创新与实践探索[M]. 广州: 华南理工大学出版社, 2014.

[54] 周宇英. 广东专业镇创新网络[M]. 广州: 华南理工大学出版社, 2017.

[55] 陈敏翼, 刘永子. 广东特色小镇发展现状及对策建议[J]. 广东科技. 2017(03): 77-81.

[56] 新浪. 广东VS浙江: 特色小镇哪家强? 国家发改委专家给了这个答案[EB/OL]. (2016-11-22). http://gd.sina.com.cn/city/csgz/2016-11-22/city-ifxxwrwh4947416.shtml

[57] 搜狐. 解密广东首批32个特色小镇, 各有何特色[EB/OL]. (2017-09-22). http://www.sohu.com/a/193849066_725908

[58] 邓能. 上海战略性新兴产业协同创新模式与机制研究[D]. 上海: 上海工程技术大学, 2014.

[59] 王章豹, 韩依洲, 洪天求. 产学研协同创新组织模式及其优劣势分析[J]. 科技进步与对策, 2015, 32(02): 24-29.

[60] 韩依洲. 产学研协同创新的组织模式和动力机制研究[D]. 合肥: 合肥工业大学, 2015.

[61] 孙孝文. 产学研协同创新运行机制研究 [D]. 武汉：武汉理工大学，2013.

[62] 苏炜，谷雨，陈丽静. 专业镇与协同创新平台 [M]. 北京：经济科学出版社，2016.

[63] Nonaka I, Toyama R. A. Firm as a dialectic being: toward the dynamic theory of the firm [J]. Industrial and Corporate Change, 2002 (11): 995 - 1109.

[64] 衡孝庆，魏星梅. 高校科技创新平台的政策效应研究 [J]. 科技和产业，2011 (8): 145 - 147.

[65] 危怀安，聂卓，疏腊林. 协同创新中心合作伙伴选择机理研究——基于2012年度"2011计划"名单的分析 [J]. 科技进步与对策，2014, 31 (09): 1 - 4.

[66] 杨勇. 广东省专业镇公共创新服务平台建设研究 [J]. 广东科技，2011. 16 (8): 1 - 3.

[67] 薛捷. 广东专业镇科技创新平台的建设与发展研究 [J]. 科学学与科学技术管理，2008 (9): 87 - 91.

[68] 邓衢文，李纪珍，诸文博. 荷兰和英国的创新平台及其对我国的启示 [J]. 技术经济，2009 (8): 11 - 16.

[69] 王珥. 广东专业镇技术创新服务平台运作机制与作用研究 [M]. 北京：经济科学出版社，2013.

[70] 张振刚，陈志明，余传鹏，等. 中小微企业技术创新公共服务平台的建设与发展 [J]. 技术经济，2014, 33 (01): 24 - 32.

[71] 周宇英，陈金德，罗祥. 广东省专业镇中小微企业服务平台评价指标体系研究 [J]. 科技管理研究，2014 (06): 66 - 69.

[72] 刘启强，宋子夷，张行. 致力"专精特新"的产业发展生力军——专业镇中小微企业服务平台走访速记 [J]. 广东科技，2013 (3): 36 - 41.

[73] 谈力，陈宇山. 广东新型研发机构的建设模式研究及建议 [J]. 科技管理研究，2015 (20): 45 - 49.

[74] 李岱素. 广东省部产学研战略联盟合作机制研究 [J]. 中国科技论坛，2010 (01): 38 - 41.

[75] 刘启强，何静，罗秀豪. 广东产学研技术创新联盟建设现状及存在问题研究 [J]. 科技管理研究，2014 (09): 31 - 34.

[76] 谷雨. 专业镇联盟的概念、定位及特征探讨 [J]. 广东科技. 2010, (08): 16 - 19.

[77] 马力. 孵化器广东扫描 [J]. 广东科技，2013 (11): 22 - 25.

[78] 张伟良，刘长虹，胡品平. 广东科技企业孵化器创新实践 [M]. 广州：广东经济出版社，2017.

[79] 张伟良，刘长虹，胡品平. 众创空间广东模式 [M]. 北京：光明日报出版社，2017.

[80] 张九庆. 科研众包对中国科研活动的影响 [J]. 中国科技论坛，2015 (03): 1.

[81]　周宇英. 广东专业镇生产力促进中心发展战略 SWOT 分析 [J]. 科技管理研究, 2017, 37 (18): 63-69.

[82]　Porter, Emmons. Institutions for collaboration, overview [J]. Harvard business school background note, 2003 (1): 703-436.

[83]　陈天荣. 传统产业集群中科技中介机构的发展动力研究 [A]. 经济、技术与环境: 全国经济管理院校工业技术学研究会第九届学术年会论文集 [C]. 嘉兴: 全国经济管理院校工业技术学研究会, 2008: 235-244.

[84]　夏来保, 孟祥芳. 基于产业集群生命周期视角的中介机构服务创新 [J]. 科技经济市场, 2011 (11): 102-105.

[85]　赵广华. 基于产业集群品牌提升的中介组织服务创新 [J]. 经济纵横, 2008 (12): 107-109.

[86]　赵琨, 隋映辉, 张立柱. 科技中介与科技产业集聚的互动关系研究 [J]. 科学学与科学技术管理, 2007 (1): 14-19.

[87]　赵静, 薛强. 生产力促进中心国内主要研究综述与展望 [J]. 科学与管理, 2014, 32. (2): 12-15.

[88]　薛强, 赵静. 基于培育产业集群竞争优势视角的生产力促进中心功能分析 [J]. 南昌大学学报 (人才社会科学版), 2013 (05): 75-79.

[89]　佚名. 专业镇中小微企业科技服务体系的创新与实践 [J]. 中国科技奖励, 2013 (3): 42.

[90]　科技部, 中国生产力促进中心协会,《中国新技术新产品》杂志社. 中国生产力科技服务业创新与发展报告 [M]. 北京: 科学技术文献出版社, 2015.

[91]　全国生产力促进中心工作网. 2015 年全国生产力促进中心统计报告 [EB/OL]. (2016-11-2). http://www.cppc.gov.cn/BS_Portal/List/Detail.aspx?PID = ec4aec4c-e54d-4c39-8c96-43754e80596e&catalogid = 92A824EE-7D17-4186-A432-7ADA4DCF42DC

[92]　广东省科技厅. 广东科技统计年鉴 2013 [M]. 广州: 广东人民出版社, 2014.

[93]　薛强, 赵静. 我国生产力促进中心技术服务模式及创新研究 [J]. 西南农业大学学报 (社会科学版), 2013 (10): 185-188.

[94]　商惠敏. 基于 SWOT 分析的广东专业镇发展策略研究 [J]. 广东科技, 2014 (08): 4-7.

[95]　蒋苏月, 胡绪华. 基于 SWOT 分析的江苏产业集群发展策略研究 [J]. 企业经济, 2007 (11):114-116.

[96]　谢光坤. 论区县级生产力促进中心在构建基层区域创新体系中的作用与发展措施 [J]. 企业经济, 2011 (03): 39-41.

[97]　赵静, 薛强. 生产力促进中心发展动力机制的比较研究 [J]. 东北林业大学学报, 2014, 24 (06): 118-121

[98]　赵静, 薛强. 生产力促进中心服务网络构建模式研究 [J]. 贵州师范大学学报 (社会科学版), 2014 (02): 87-91.

附录一 2011协同创新中心名单

序号	中心名称	核心协同单位	中心类别	认定批次
1	量子物质科学协同创新中心	北京大学、清华大学、中科院物理所等	科学前沿	第一批
2	司法文明协同创新中心	中国政法大学、吉林大学、武汉大学等	文化传承创新	第一批
3	先进航空发动机协同创新中心	北京航空航天大学、中航工业集团等	行业产业	第一批
4	轨道交通安全协同创新中心	北京交通大学、西南交通大学、中南大学等	行业产业	第一批
5	中国基础教育质量监测协同创新中心	北京师范大学、华东师范大学、东北师范大学、华中师范大学、陕西师范大学、西南大学、中国教育科学研究院、教育部考试中心、安徽科大讯飞信息科技股份有限公司等	文化传承创新	第二批
6	出土文献与中国古代文明研究协同创新中心	清华大学、复旦大学、安徽大学、北京大学、湖南大学、吉林大学、首都师范大学、中国人民大学、中国社会科学院历史研究所、中国文化遗产研究院、中山大学等	文化传承创新	第二批
7	先进核能技术协同创新中心	清华大学、中国核工业建设集团、中国华能集团、中国广东核电集团有限公司、上海电气（集团）总公司、国家核电技术公司、中国电力投资集团公司等	行业产业	第二批
8	钢铁共性技术协同创新中心	北京科技大学、东北大学等	行业产业	第二批
9	北京电动车辆协同创新中心	北京理工大学、北京汽车集团有限公司、清华大学、北京交通大学、国网北京市电力公司等	区域发展	第二批

（续表）

序号	中心名称	核心协同单位	中心类别	认定批次
10	中国南海研究协同创新中心	南京大学、中国南海研究院、海军指挥学院、中国人民大学、四川大学、中国社科院边疆史地中心、中科院地理资源所等	文化传承创新	第一批
11	苏州纳米科技协同创新中心	苏州大学、苏州工业园区等	区域发展	第一批
12	江苏先进生物与化学制造协同创新中心	南京工业大学、清华大学、浙江大学、南京邮电大学、中科院过程工程研究所等	区域发展	第一批
13	人工微结构科学与技术协同创新中心	南京大学、复旦大学、浙江大学、中国科学技术大学、上海交通大学、中国科学院合肥物质科学研究院等	科学前沿	第二批
14	无线通信技术协同创新中心	东南大学、清华大学、电子科技大学、北京邮电大学等	行业产业	第二批
15	IFSA协同创新中心	上海交通大学、中国工程物理研究院等	科学前沿	第二批
16	高新船舶与深海开发装备协同创新中心	上海交通大学、中国船舶工业集团公司、中国海洋石油总公司等	行业产业	第二批
17	智能型新能源汽车协同创新中心	同济大学、上海汽车集团股份有限公司、清华大学、湖南大学、天津大学、国家信息中心、潍柴动力股份有限公司、中国电力科技集团公司52所、中科院电动汽车研发中心等	行业产业	第二批
18	未来媒体网络协同创新中心	上海交通大学、北京大学等	行业产业	第二批
19	长三角绿色制药协同创新中心	浙江工业大学、浙江大学、上海医药工业研究院、浙江食品药品检验研究院、浙江医学科学院、药物制剂国家工程研究中心等	区域发展	第一批
20	感染性疾病诊治协同创新中心	浙江大学、清华大学、香港大学、中国疾病预防控制中心等	科学前沿	第二批

(续表)

序号	中心名称	核心协同单位	中心类别	认定批次
21	煤炭分级转化清洁发电协同创新中心	浙江大学、清华大学、华东理工大学、中国华能集团公司、中国国电集团公司、神华集团有限责任公司、中国东方电气集团有限公司等	行业产业	第二批
22	有色金属先进结构材料与制造协同创新中心	中南大学、北京航空航天大学、中国铝业公司、中国商飞公司等	行业产业	第一批
23	高性能计算协同创新中心	国防科学技术大学、中山大学、中国电子信息产业集团有限公司等	行业产业	第二批
24	南方粮油作物协同创新中心	湖南农业大学、湖南杂交水稻研究中心、江西农业大学等	区域发展	第二批
25	天津化学化工协同创新中心	天津大学、南开大学等	科学前沿	第一批
26	中国特色社会主义经济建设协同创新中心	南开大学、南京大学、中国人民大学、中国社会科学院经济学部、国家统计局统计科学研究所等	文化传承创新	第二批
27	国家领土主权与海洋权益协同创新中心	武汉大学、复旦大学、中国政法大学、外交学院、郑州大学、中国社科院中国边疆史地研究中心、水利部国际经济技术合作交流中心等	文化传承创新	第二批
28	地球空间信息技术协同创新中心	武汉大学、中国航天科技集团、清华大学、北京航空航天大学等	行业产业	第二批
29	信息感知技术协同创新中心	西安电子科技大学、中国电子科技集团公司等	行业产业	第二批
30	高端制造装备协同创新中心	西安交通大学、浙江大学、沈阳机床（集团）有限责任公司、陕西秦川机床工具集团有限公司等	行业产业	第二批
31	能源材料化学协同创新中心	厦门大学、复旦大学、中国科学技术大学、中国科学院大连化学物理研究所等	科学前沿	第二批
32	两岸关系和平发展协同创新中心	厦门大学、复旦大学、福建师范大学、中国社会科学院台湾研究所等	文化传承创新	第二批

(续表)

序号	中心名称	核心协同单位	中心类别	认定批次
33	重庆自主品牌汽车协同创新中心	重庆大学、重庆长安汽车股份有限公司、中国汽车工程研究院股份有限公司等	区域发展	第二批
34	量子信息与量子科技科学前沿协同创新中心	中国科技大学、南京大学、中科院上海技物所、中科院半导体所、国防科技大学等	科学前沿	第一批
35	河南粮食作物协同创新中心	河南农业大学、河南工业大学、河南省农科院等	区域发展	第一批
36	生物治疗协同创新中心	四川大学、清华大学、中国医学科学院、南开大学等	科学前沿	第一批
37	辽宁重大装备制造协同创新中心	大连理工大学、东北大学、沈阳工业大学、大连交通大学、沈阳鼓风机集团股份有限公司等	区域发展	第二批
38	宇航科学与技术协同创新中心	哈尔滨工业大学、中航科技集团等	行业产业	第一批

附录二 中国特色小镇名单
（第一批）

序号	省 份	特 色 小 镇
1	北京 (3)	房山区长沟镇
2		昌平区小汤山镇
3		密云区古北口镇
4	天津 (2)	武清区崔黄口镇
5		滨海新区中塘镇
6	河北 (4)	秦皇岛市卢龙县石门镇
7		邢台市隆尧县莲子镇
8		保定市高阳县庞口镇
9		衡水市武强县周窝镇
10	山西 (3)	晋城市阳城县润城镇
11		晋中市昔阳县大寨镇
12		吕梁市汾阳市杏花村
13	内蒙古自治区 (3)	赤峰市宁城县八里罕镇
14		通辽市科尔沁左翼中旗舍伯吐镇
15		呼伦贝尔市额尔古纳市莫尔道嘎镇
16	辽宁 (4)	大连市瓦房店市谢屯镇
17		丹东市东港市孤山镇
18		辽阳市弓长岭区汤河镇
19		盘锦市大洼区赵圈河镇
20	吉林 (3)	辽源市东辽县辽河源镇
21		通化市辉南县金川镇
22		延边朝鲜族自治州龙井市东盛涌镇
23	黑龙江 (3)	齐齐哈尔市甘南县兴十四镇
24		牡丹江市宁安市渤海镇

（续表）

序号	省　份	特　色　小　镇
25	黑龙江（3）	大兴安岭地区漠河县北极镇
26	上海 （3）	金山区枫泾镇
27		松江区车墩镇
28		青浦区朱家角镇
29	江苏 （7）	南京市高淳区桠溪镇
30		无锡市宜兴市丁蜀镇
31		徐州市邳州市碾庄镇
32		苏州市吴中区甪直镇
33		苏州市吴江区震泽镇
34		盐城市东台市安丰镇
35		泰州市姜堰区溱潼镇
36	浙江 （8）	杭州市桐庐县分水镇
37		温州市乐清市柳市镇
38		嘉兴市桐乡市濮院镇
39		湖州市德清县莫干山镇
40		绍兴市诸暨市大唐镇
41		金华市东阳市横店镇
42		丽水市莲都区大港头镇
43		丽水市龙泉市上垟镇
44	安徽 （5）	铜陵市郊区大通镇
45		安庆市岳西县温泉镇
46		黄山市黟县宏村镇
47		六安市裕安区独山镇
48		宣城市旌德县白地镇
49	福建 （5）	福州市永泰县嵩口镇
50		厦门市同安区汀溪镇
51		泉州市安溪县湖头镇
52		南平市邵武市和平镇
53		龙岩市上杭县古田镇

（续表）

序号	省 份	特 色 小 镇
54	江西 (4)	南昌市进贤县文港镇
55		鹰潭市龙虎山风景名胜区上清镇
56		宜春市明月山温泉风景名胜区温汤镇
57		上饶市婺源县江湾镇
58	山东 (7)	青岛市胶州市李哥庄镇
59		淄博市淄川区昆仑镇
60		烟台市蓬莱市刘家沟镇
61		潍坊市寿光市羊口镇
62		泰安市新泰市西张庄镇
63		威海市经济技术开发区崮山镇
64		临沂市费县探沂镇
65	河南 (4)	焦作市温县赵堡镇
66		许昌市禹州市神垕镇
67		南阳市西峡县太平镇
68		驻马店市确山县竹沟镇
69	湖北 (5)	宜昌市夷陵区龙泉镇
70		襄阳市枣阳市吴店镇
71		荆门市东宝区漳河镇
72		黄冈市红安县七里坪镇
73		随州市随县长岗镇
74	湖南 (5)	长沙市浏阳市大瑶镇
75		邵阳市邵东县廉桥镇
76		郴州市汝城县热水镇
77		娄底市双峰县荷叶镇
78		湘西土家族苗族自治州花垣县边城镇
79	广东 (6)	佛山市顺德区北滘镇
80		江门市开平市赤坎镇
81		肇庆市高要区回龙镇
82		梅州市梅县区雁洋镇

（续表）

序号	省　份	特色小镇
83	广东 （6）	河源市江东新区古竹镇
84		中山市古镇镇
85	广西壮族自治区 （4）	柳州市鹿寨县中渡镇
86		桂林市恭城瑶族自治县莲花镇
87		北海市铁山港区南康镇
88		贺州市八步区贺街镇
89	海南 （2）	海口市云龙镇
90		琼海市潭门镇
91	重庆 （4）	万州区武陵镇
92		涪陵区蔺市镇
93		黔江区濯水镇
94		潼南区双江镇
95	四川 （7）	成都市郫县德源镇
96		成都市大邑县安仁镇
97		攀枝花市盐边县红格镇
98		泸州市纳溪区大渡口镇
99		南充市西充县多扶镇
100		宜宾市翠屏区李庄镇
101		达州市宣汉县南坝镇
102	贵州 （5）	贵阳市花溪区青岩镇
103		六盘水市六枝特区郎岱镇
104		遵义市仁怀市茅台镇
105		安顺市西秀区旧州镇
106		黔东南州雷山县西江镇
107	云南 （3）	红河州建水县西庄镇
108		大理州大理市喜洲镇
109		德宏州瑞丽市畹町镇
110	西藏自治区 （2）	拉萨市尼木县吞巴乡
111		山南市扎囊县桑耶镇

(续表)

序号	省 份	特色小镇
112	陕西 (5)	西安市蓝田县汤峪镇
113		铜川市耀州区照金镇
114		宝鸡市眉县汤峪镇
115		汉中市宁强县青木川镇
116		杨陵区五泉镇
117	甘肃 (3)	兰州市榆中县青城镇
118		武威市凉州区清源镇
119		临夏州和政县松鸣镇
120	青海 (2)	海东市化隆回族自治县群科镇
121		海西蒙古族藏族自治州乌兰县茶卡镇
122	宁夏回族自治区 (2)	银川市西夏区镇北堡镇
123		固原市泾源县泾河源镇
124	新疆维吾尔自治区 (3)	喀什地区巴楚县色力布亚镇
125		塔城地区沙湾县乌兰乌苏镇
126		阿勒泰地区富蕴县可可托海镇
127	新疆生产建设兵团（1）	第八师石河子市北泉镇

附录三　广东省专业镇名单

（截至 2015 年底）

序号	地市	区县	专业镇	特色产业
1	潮州（19）	饶平县	海山镇	水产育苗
2			新圩镇	水果
3			汫洲镇	海水养殖、水产加工
4			高堂镇	高堂菜脯
5			浮滨镇	茶叶
6			新丰镇	日用陶瓷
7			三饶镇	日用陶瓷
8			黄冈镇	水族机电
9			钱东镇	食品工业（盐焗食品）
10		潮安县	庵埠镇	食品及印刷包装
11			金石镇	花卉种植
12			浮洋镇	珠品
13			凤凰镇	茶叶
14			古巷镇	卫生陶瓷
15			凤塘镇	陶瓷
16			彩塘镇	五金不锈钢制品
17		湘桥区	城西街道办事处	服装
18			凤新街道办事处	陶瓷
19		潮州市	枫溪区	陶瓷
20	汕头（29）	澄海区	隆都镇	水果
21			凤翔街道办	玩具
22			澄华街道办	工艺毛织服装
23			莲下街道	日用化工
24			东里镇	五金制品

（续表）

序号	地市	区县	专业镇	特色产业
25	汕头(29)	澄海区	盐鸿镇	包装材料
26			司马浦镇	口腔用品
27		金平区	岐山街道	纸塑制造
28			同益街道办	食品
29			鮀莲街道办	水产
30			永祥街道办	包装印刷
31			海安街道	医药化工
32			石炮台街道办	包装机械
33			乌桥街道	电源控制设备
34			大华街道办事处	塑胶制品
35		濠江区	达濠街道办	印刷包装
36			河浦街道	水产养殖
37			礐石街道办	建筑
38		龙湖区	外砂镇	潮式工艺毛织服装
39			珠池街道	电力电器制造
40			龙祥街道办事处	日用化学品
41			新津街道办	包装印刷
42		潮阳区	贵屿镇	废旧电子信息产品拆解处理
43			和平镇	音像制品
44			谷饶镇	针织服装
45		潮南区	两英镇	针织服装业
46			峡山镇	精细化工
47			陈店镇	电子产品
48		南澳县	深澳镇	海水养殖
49	揭阳(21)	揭东县	玉滘镇	陶瓷
50			埔田镇	麻竹笋
51			锡场镇	食品及食品机械
52			玉湖镇	经济作物生产及加工（淮山）
53			砲台镇	汽车轮胎模具

附录三 广东省专业镇名单

（续表）

序号	地市	区县	专业镇	特色产业
54	揭阳（21）	揭东县	地都镇	石材和石材机械
55		揭西县	京溪园镇	旅游
56			河婆镇	电子琴
57			棉湖镇	电线电缆电器
58		普宁市	流沙东街道办事处	内衣产业
59			军埠镇	服装
60			占陇镇	纺织服装
61			高埔镇	青梅
62			广太镇	绿化苗木
63		经济开发区	凤美街道	模具产业
64			仙桥街道办	鞋业
65			榕东街道办	微电机产业
66			梅云街道办	五金、不锈钢
67		惠来县	惠城镇	服装
68		揭阳市	东山区	金属制品业
69		蓝城区	磐东街道办事处	玉器
70	汕尾（8）	陆丰市	东海镇	海马养殖与加工
71			碣石镇	圣诞用品
72			甲子镇	家具配件
73		海丰县	可塘镇	珠宝首饰加工
74			公平镇	服装
75			梅陇镇	金银首饰
76		陆河县	东坑镇	青梅种植与加工
77		城区	红草镇	电子机械
78	梅州（41）	平远县	仁居镇	脐橙
79			上举镇	南药
80			大柘镇	木制品业
81			长田镇	油茶及油茶深加工
82			东石镇	汽车部件

（续表）

序号	地市	区县	专业镇	特色产业
83	梅州(41)	平远县	差干镇	旅游业
84			中行镇	优质稻
85		蕉岭县	文福镇	建材
86			三圳镇	蔬菜
87			新铺镇	建材工业
88		梅县	石扇镇	金柚
89			雁洋镇	金柚
90			梅南镇	蔬菜
91			西阳镇	电子
92			畲江镇	工艺编织
93			水车镇	水产
94			城东镇	机电
95		梅江区	城北镇	花卉
96		兴宁市	叶塘镇	禽畜养殖及加工
97			宁新街道办	纺织业
98			福兴街道	旅游
99			坜陂镇	工艺
100			新圩镇	工艺生产
101			水口镇	工艺品
102			罗浮镇	油茶
103		五华县	岐岭镇	酒业
104			长布镇	果合柿种植及加工
105			水寨镇	小五金
106			安流镇	工艺品
107			棉洋镇	水果
108			转水镇	旅游
109		丰顺县	汤西镇	养殖业
110			汤坑镇	电声工业
111			龙岗镇	茶叶种植加工

附录三 广东省专业镇名单

(续表)

序号	地市	区县	专业镇	特色产业
112	梅州(41)	丰顺县	留隍镇	青榄
113			潭江镇	陶瓷
114			小胜镇	种植业（饮料作物）
115		大埔县	高陂镇	陶瓷工业
116			枫朗镇	茶叶
117			桃源镇	陶瓷
118			大浦镇	陶瓷
119	河源(18)	连平县	上坪镇	上坪金柑（又名金橘）
120			陂头镇	优质米、米粉、薯丝粉、竹斩板加工
121			高莞镇	花生种植及加工
122			忠信镇	农副产品生产及深加工（大蒜）
123			绣缎镇	饮料（高山油茶）
124		东源县	船塘镇	东源板栗
125			上莞镇	茶叶
126			黄田镇	黄田高山油茶
127			新港镇人民政府	万绿蜂蜜
128			康禾镇	茶果
129			灯塔镇	制造业
130		紫金县	古竹镇	眼镜光学产业
131			蓝塘镇	紫金春甜桔
132		龙川县	上坪镇	蜜桃
133			麻布岗镇	美国纽荷尔脐橙
134		和平县	下车镇	猕猴桃
135			热水镇	旅游业
136			大坝镇	新型建材
137	广州(6)	花都区	花东镇	空港物流
138			狮岭镇	皮具
139		白云区	同德街	鞋服研发、仓储、销售
140			同和街道	生物医药

(续表)

序号	地市	区县	专业镇	特色产业
141	广州(6)	番禺区	沙湾镇	珠宝首饰
142		增城区	新塘镇	牛仔纺织服装
143	珠海(6)	斗门区	白蕉镇	优质水产养殖
144			井岸镇	电子信息
145			莲州镇	水产养殖
146		金湾区	三灶镇	生物医药
147			平沙镇	游艇
148		香洲区	南屏镇	打印耗材
149	佛山(41)	三水区	大塘镇	蔬菜
150			芦苞镇	旅游
151			乐平镇	太阳能光伏产业
152			西南街道办事处	电子电器
153			白坭镇	新型建材
154		南海区	里水镇	袜业
155			松岗镇	家用电器
156			官窑镇	玩具
157			丹灶镇	五金
158			狮山镇	汽车配套产业
159				医疗设备及器械制造
160			大沥镇	铝型业
161			盐步区	内衣制造
162			平洲区	鞋（鞋材）业
163			罗村街道办事处	照明灯饰
164			桂城街道办事处	机械装备制造业
165			西樵镇	纺织服装
166			九江镇	金属制品业
167			南庄镇	陶瓷
168		禅城区	石湾街道办	陶瓷业
169			张槎街道办	针织业

(续表)

序号	地市	区县	专业镇	特色产业
170	佛山(41)	禅城区	环市街道办	童装
171			澜石街道办	不锈钢
172		顺德区	乐从镇	物流
173			勒流镇	五金小家电
174			龙江镇	家具
175			均安镇	牛仔服装
176			大良街道办	机械及电气装备
177			伦教镇	木工机械制造
178			北滘镇	家电
179			陈村镇	花卉业
180				机械装备
181			杏坛镇	环保材料
182			容桂街道	家用电器
183			伦教街道	珠宝首饰
184			勒流街道办事处	机械工业
185		高明区	更合镇	不锈钢制造
186			明城镇	建材
187			人和镇	建材
188			荷城街道办事处	塑胶材料
189			更楼镇	养殖业
190	江门(23)	新会区	崖门镇	禽鸟养殖
191			沙堆镇	绿色水产养殖
192			会城街道办事处	食品加工
193			大鳌镇	集装箱及其配套企业
194			罗坑镇	纺织业
195		开平市	司前镇	不锈钢五金制品
196			塘口镇	碉楼与村落旅游
197			沙冈街道办	化纤纺织服装
198			月山镇	化工

(续表)

序号	地市	区县	专业镇	特色产业
199	江门（23）	开平市	水口镇	水暖卫浴
200			三埠街道办事处	健康食品
201		台山市	上下川旅游综合开发试验区	海洋渔业
202			斗山镇	鳗鱼养殖及深加工
203			台城街道办事处	汽车零配件
204		鹤山市	桃源镇	制伞业
205			沙坪镇	制鞋业
206			址山镇	五金卫浴及配件
207		蓬江区	人民政府	摩托车及零配件生产经营
208			荷塘镇	玻璃及灯饰
209			杜阮镇	五金卫浴
210		恩平市	恩城街道办	麦克风及配件
211		江海区	人民政府	电子材料
212			外海街道办事处	电子信息设备制造
213	中山（18）		港口镇	游戏游艺产业
214			南朗镇	旅游
215			黄圃镇	食品加工业
216			民众镇	农产品（香蕉等）
217			沙溪镇	休闲服装
218			三角镇	纺织、电子
219			板芙镇	美式传统家具
220			大涌镇	红木家具、牛仔纺织服装
221			东升镇	办公家具
222			东凤镇	小家电
223			南头镇	家电
224			阜沙镇	精细化工
225			古镇镇	灯饰
226			小榄镇	五金制品

(续表)

序号	地市	区县	专业镇	特色产业
227	中山 (18)		三乡镇	古典家具
228			火炬高技术产业开发区管理委员会	医药工业
229			南区办事处	电梯
230			横栏镇	新型照明灯饰
231	东莞 (34)		黄江镇	电子元器件
232			塘厦镇	电子电源
233			常平镇	半导体照明
234			清溪镇	光电通信
235			东坑镇	通信电子
236			道滘镇	食品
237			桥头镇	包装印刷
238			大朗镇	现代信息服务业
239			企石镇	光电产业
240			樟木头镇	商贸服务业
241			常平镇	物流
242			沙田镇	港口物流业
243			茶山镇	食品
244			中堂镇	造纸产业
245			大朗镇	毛织
246			虎门镇	服装
247				信息传输线缆
248			厚街镇	家具
249			寮步镇	光电数码
250			长安镇	电子五金
251			石龙镇	电子信息
252			石碣镇	电子工业
253			横沥镇	模具
254			大岭山镇	家具
255			望牛墩镇	印刷包装

(续表)

序号	地市	区县	专业镇	特色产业
256	东莞(34)		凤岗镇	电子电气
257			石排镇	通信部件
258			东城区办事处	电子信息
259			麻涌镇	粮油食品
260			高埗镇	休闲体育用品
261			谢岗镇	高端设备
262			莞城街道办事处	文化创意
263			清溪镇	现代物流
264			万江街道办事处	数控装备
265	惠州(17)	惠东县	梁化镇	无公害蔬菜种植、加工
266			铁涌镇	冬种马铃薯
267			吉隆镇	鞋业
268		博罗县	罗阳镇	电子信息产业
269			园洲镇	服装
270			沥林镇	运动器材
271			汝湖镇	甜玉米
272		惠城区	横沥镇	梅菜种植及加工
273			惠环街道办事处	电子
274			陈江街道办事处	灯饰业
275			小金口街道办事处	物流
276			水口街道办事处	电子设备
277		惠阳区	镇隆镇	荔枝种植
278			新圩镇	数字视听
279		龙门县	龙华镇	年橘种植
280			龙田镇	旅游
281			龙潭镇	竹木制品
282	湛江(18)	廉江市	长山镇	茶叶种植和加工
283			石颈镇	水果
284			罗州街道办	家用电器

附录三 广东省专业镇名单

(续表)

序号	地市	区县	专业镇	特色产业
285	湛江(18)	廉江市	横山镇	外运菜
286			良垌镇	水果产业（荔枝、香蕉）
287		遂溪县	岭北镇	糖蔗
288		湘坡头区	官渡镇	电饭煲
289		坡头区	龙头镇	电饭煲
290		麻章区	麻章镇	饲料
291		雷州市	松竹镇	绿色稻米，无公害果蔬
292			调风镇	菠萝、甘蔗
293			东里镇	对虾
294			英利镇	经济作物种植及加工（菠萝、剑麻、芦荟）
295			覃斗镇	流沙南珠养殖、覃斗芒果种植与加工业
296		徐闻县	曲界镇	菠萝种植及加工
297		吴川市	塘尾街道办	羽绒行业
298			博铺街道办	塑料鞋
299			海滨街道办事处	食品工业
300	茂名(16)	信宜市	怀乡镇	竹编工艺品
301			东镇街道办事处	温控产品
302		化州市	那务镇	种植业
303		高州市	谢鸡镇	香蕉
304			泗水镇	蔬菜种植（北运菜）
305			石鼓镇	渔网
306			根子镇	荔枝
307		茂南区	山阁镇	高岭土
308			公馆镇	罗非鱼产业
309			新坡镇	石油化工产品
310		茂港区	羊角镇	石化产品后续加工
311			南海街道	鞋业加工
312		电白县	林头镇	经济作物种植（花生、水果）
313			麻岗镇	香精香料，化肥，石油后加工

(续表)

序号	地市	区县	专业镇	特色产业
314	茂名(16)	电白县	电城镇	养殖业
315			博贺镇	海洋渔业
316	阳江(15)	阳春市	松柏镇	经济林
317			春湾镇	蔬菜、优质大米
318			圭岗镇	橘柑
319			合水镇	蚕桑
320			岗美镇	生猪
321			双滘镇	砂姜
322			潭水镇	建材制造业
323		阳江高新区	平冈镇	金属冶炼及压延加工
324		阳东县	东城镇	五金刀具制品
325			东平镇	海洋捕捞业
326			合山镇	针织机械
327			大沟镇	对虾
328		阳西县	程村镇	海洋养殖与捕捞
329		江城区	平冈镇	海水养殖
330			闸坡镇	旅游
331	云浮(25)	郁南县	平台镇	砂糖橘种植
332			都城镇	电池机械制造
333			建城镇	无核黄皮（砂糖橘）
334			东坝镇	蚕桑业
335			大方镇	南药
336		罗定市	㙟滨镇	经济作物种植与加工（肉桂、八角）
337			泗纶镇	竹制品生产
338			附城镇	电子产业
339			罗城镇	纺织制衣
340			罗镜镇	农产品种植与加工（梅菜）
341			太平镇	桑蚕
342			船步镇	化工

附录三　广东省专业镇名单

（续表）

序号	地市	区县	专业镇	特 色 产 业
343	云浮(25)	罗定市	金鸡镇	非金属矿物制品（碳酸钙）
344		云安县	六都镇	水泥
345			南盛镇	橘柑种植业
346		云城区	云城街道办	石材机械
347			河口街道办	石材
348			腰古镇	砂岩文化石
349		新兴县	天堂镇	蔬菜种植
350			簕竹镇	养殖、食品加工
351			新城镇	不锈钢制品
352			稔村镇	陶瓷制品
353			水台镇	花卉种植
354			太平镇	青梅、凉果加工
355			六祖镇	旅游
356	肇庆(21)	怀集县	中洲镇	铁矿
357			冷坑镇	南药
358			闸岗镇	畜禽养殖
359			桥头镇	旅游
360		封开县	河儿口镇	旅游
361			杏花镇	杏花鸡
362		德庆县	马圩镇	贡柑
363			官圩镇	生态农业旅游
364		高要市	禄步镇	肉桂种植及加工
365			金渡镇	铝合金压铸
366			金利镇	小五金
367			蚬岗镇	蔬菜
368		端州区	黄岗镇	端砚
369			睦岗镇	电子元器件业
370			城东街道	现代服务
371		鼎湖区	凤凰镇	生态农业旅游

177

（续表）

序号	地市	区县	专业镇	特色产业
372	肇庆(21)	鼎湖区	坑口街道办事处	饮用水
373		四会市	东城街道办	玉器
374			龙甫镇	金属资源再生
375		广宁县	南街镇	砂糖橘
376			古水镇	竹子加工
377	韶关(14)	乐昌市	九峰镇	水果（奈李、油桃）
378		曲江县	犁市镇	马坝油粘米
379			大塘镇	蔬菜
380			枫湾镇	畜牧
381			马坝镇	马坝油粘米
382			罗坑镇	饮料（罗坑茶）
383		南雄市	古市镇	黄烟
384			坪田镇	银杏
385			全安镇	精细化工
386		始兴县	城南镇	蔬菜
387			罗坝镇	蚕桑
388		翁源县	江尾镇	兰花
389		仁化县	丹霞街道	旅游
390		武江区	西联镇	工程机械与装备制造
391	清远(9)	连州市	西江镇	碳酸钙粉体材料
392		英德市	西牛镇	麻竹笋种植及加工
393		清新区	龙颈镇	电瓷制造
394			飞来峡镇	砂糖橘
395			山塘镇	研磨抛光材料
396		清城区	龙塘镇	五金电子
397			源潭镇	陶瓷
398			石角镇	再生铜
399		佛冈镇	石角镇	电子产业

附录四 广东省新型研发机构名单

（截至 2016 年底）

序号	地市	机构名称	建设单位
1	广州(44)	中国科学院广州生物医药与健康研究院	中国科学院广州生物医药与健康研究院
2		广州中国科学院工业技术研究院	广州中国科学院工业技术研究院
3		广州中国科学院沈阳自动化研究所分所	广州中国科学院沈阳自动化研究所分所
4		广州中国科学院软件应用技术研究所	广州中国科学院软件应用技术研究所
5		广州中国科学院先进技术研究所	广州中国科学院先进技术研究所
6		广州医药研究总院	广州医药研究总院有限公司
7		广州市香港科大霍英东研究院	广州市香港科大霍英东研究院
8		广州金域检验转化医学研究院	广州金域医学检验中心有限公司
9		中山大学南沙研究院	广州中大南沙科技创新产业园有限公司
10		广东华南新药创制中心	广东华南新药创制中心
11		广州超级计算中心	广州超级计算中心
12		军事医学科学院华南干细胞与再生医学研究中心	军事医学科学院华南干细胞与再生医学研究中心
13		广州市民科半导体照明标杆体系研究中心	广州市民科半导体照明标杆体系研究中心
14		广东海大畜牧兽医研究院	广东海大畜牧兽医研究院有限公司
15		广州赛西标准检测研究院	广州赛西标准检测研究院有限公司
16		广州智慧城市发展研究院	广州智慧城市发展研究院
17		广州市数字视频编解码技术国家工程实验室研究开发与产业化中心	广州市数字视频编解码技术国家工程实验室研究开发与产业化中心
18		广州南沙3D打印创新研究院	广州南沙3D打印创新研究院
19		广州珠江钢琴集团股份有限公司乐器工程研究院	广州珠江钢琴集团股份有限公司
20		广州广电运通货币处理研究院	广州广电运通金融电子股份有限公司
21		广东恒健质子治疗技术装置创新研究中心	广东恒聚医疗科技有限公司

(续表)

序号	地市	机构名称	建设单位
22	广州(44)	广州市建筑科学研究院	广州市建筑科学研究院有限公司
23		中科院广州新型特种精细化学品研究院	中科院广州化学有限公司
24		广州合成材料研究院	广州合成材料研究院有限公司
25		广州市建筑材料工业研究所	广州市建筑材料工业研究所有限公司
26		广东省电子技术研究所	广东省电子技术研究所
27		广州市二轻工业科学技术研究所	广州市二轻工业科学技术研究所
28		广州市日用化学工业研究所	广州市日用化学工业研究所有限公司
29		广州海格通信研究院	广州海格通信集团股份有限公司
30		蓝盾信息安全企业研究院	蓝盾信息安全技术股份有限公司
31		金发科技新材料研究院	金发科技股份有限公司
32		香雪生命科学研究院	广州市香雪制药股份有限公司
33		广东省赛莱拉干细胞研究院	广东省赛莱拉干细胞研究院
34		广州杰赛通信与信息技术研究院	广州杰赛科技股份有限公司
35		广东省网络空间安全创新技术研究院	广东省信息安全测评中心
36		中山大学花都产业科技研究院	中山大学花都产业科技研究院
37		广州市光机电技术研究院	广州市光机电技术研究院
38		清华珠三角研究院	清华珠三角研究院
39		广东合一新材料研究院	广东合一新材料研究院有限公司
40		广州智能装备研究院	广州智能装备研究院有限公司
41		广东聚华印刷显示技术研究院	广东聚华印刷显示技术有限公司
42		百奥泰生物科技研究院	百奥泰生物科技（广州）有限公司
43		广东星创众谱仪器研究院	广东星创众谱仪器有限公司
44		广州中国科学院计算机网络信息中心	广州中国科学院计算机网络信息中心
45	深圳(30)	中国科学院深圳先进技术研究院	中国科学院深圳先进技术研究院
46		深圳清华大学研究院	深圳清华大学研究院
47		深圳华大基因研究院	深圳华大基因研究院
48		清华大学深圳研究生院	清华大学深圳研究生院
49		深港产学研基地	深港产学研基地

(续表)

序号	地市	机构名称	建设单位
50	深圳(30)	香港城市大学深圳研究院	香港城市大学深圳研究院
51		中山大学深圳研究院	中山大学深圳研究院
52		北京大学深圳研究院	北京大学深圳研究院
53		香港理工大学深圳研究院	香港理工大学深圳研究院
54		香港科技大学深圳研究院	香港科技大学深圳研究院
55		深圳光启高等理工研究院	深圳光启高等理工研究院
56		武汉大学深圳研究院	武汉大学深圳研究院
57		深圳市国华光电研究院	深圳市国华光电研究院
58		深圳市圆梦精密技术研究院	深圳市圆梦精密技术研究院
59		深圳市创新设计研究院	深圳创新设计研究院有限公司
60		深圳市坤健创新药物研究院	深圳市坤健创新药物研究院
61		深圳市万泽中南研究院	深圳市万泽中南研究院有限公司
62		深圳市燃气集团燃气技术研究院	深圳市燃气集团股份有限公司
63		深圳市城市交通规划设计研究中心	深圳市城市交通规划设计研究中心
64		深圳市勘察研究院	深圳市勘察研究院有限公司
65		国家超级计算深圳中心（深圳云计算中心）	国家超级计算深圳中心（深圳云计算中心）
66		深圳超多维光电子研究院	深圳超多维光电子有限公司
67		深圳市国创新能源研究院	深圳市国创新能源研究院
68		北京大学深圳研究生院	北京大学深圳研究生院
69		华星光电AMOLED技术研究院	深圳市华星光电技术有限公司
70		安科智慧城市技术（中国）有限公司中央研究院	安科智慧城市技术（中国）有限公司
71		深圳市微纳集成电路与系统应用研究院	深圳市微纳集成电路与系统应用研究院
72		深圳市先进石墨烯应用技术研究院	深圳市先进石墨烯应用技术研究院
73		深圳市太空科技南方研究院	深圳市太空科技南方研究院
74		深圳市未来媒体技术研究院	深圳市未来媒体技术研究院
75	珠海(18)	珠海格力节能环保制冷技术研究中心	珠海格力节能环保制冷技术研究中心有限公司

(续表)

序号	地市	机构名称	建设单位
76	珠海 (18)	珠海市吉林大学无机合成与制备化学重点实验室	珠海市吉林大学无机合成与制备化学重点实验室
77		珠海南方集成电路设计服务中心	珠海南方集成电路设计服务中心
78		珠海南方软件网络评测中心	珠海南方软件网络评测中心
79		珠海南医大生物医药公共服务平台	珠海南医大生物医药公共服务平台有限公司
80		珠海诺贝尔国际生物医药研究院	珠海诺贝尔国际生物医药研究院有限公司
81		丽珠集团生物医药研究院	丽珠医药集团股份有限公司
82		珠海许继配网自动化研究院	珠海许继电器有限公司
83		珠海天威打印耗材及增材制造技术研究院	珠海天威飞马打印耗材有限公司
84		中航通飞研究院	中航通飞研究院有限公司
85		和佳医疗器械创新研究院	珠海和佳医疗设备股份有限公司
86		华南理工大学珠海现代产业创新研究院	华南理工大学珠海现代产业创新研究院
87	汕头 (6)	汕头轻工装备研究院	汕头轻工装备研究院
88		广东中盛药物研究院	广东中盛药物研究院有限公司
89		汕头市超声仪器研究所	汕头市超声仪器研究所有限公司
90		广东雅绿特种经济植物研究院	广东雅绿特种经济植物研究院有限公司
91		广东思玛特工业设计研究院	广东思玛特工业设计研究院有限公司
92		广东北工商绿色护肤品研究院	广东北工商绿色护肤品研究院有限公司
93	佛山 (30)	佛山中国科学院产业技术研究院	佛山中国科学院产业技术研究院
94		佛山市中国科学院上海硅酸盐研究所陶瓷研发中心	佛山市中国科学院上海硅酸盐研究所陶瓷研发中心
95		佛山市南海区广工大数控装备协同创新研究院	佛山市南海区广工大数控装备协同创新研究院
96		广东华南家电研究院	广东华南家电研究院
97		佛山市环保技术与装备研发专业中心	佛山市环保技术与装备研发专业中心
98		广东顺德中山大学卡内基梅隆大学国际联合研究院	广东顺德中山大学卡内基梅隆大学国际联合研究院
99		广东顺德西安交通大学研究院	广东顺德西安交通大学研究院
100		佛山智慧制造研究院有限公司	佛山智慧制造研究院有限公司

附录四 广东省新型研发机构名单

(续表)

序号	地市	机构名称	建设单位
101		佛山市香港科技大学 LED – FPD 工程技术研究开发中心	佛山市香港科技大学 LED – FPD 工程技术研究开发中心
102		佛山市南方数据科学研究院	佛山市南方数据科学研究院
103		佛山市高明区（中国科学院）新材料专业中心	佛山市高明区（中国科学院）新材料专业中心
104		顺德中山大学太阳能研究院	顺德中山大学太阳能研究院
105		佛山市南海中国科学院中医药生物科技产业中心	佛山市南海中国科学院中医药生物科技产业中心
106		广东顺德工业设计研究院	广东顺德工业设计研究院
107		佛山市中山大学研究院	佛山市中山大学研究院
108		佛山市功能高分子材料与精细化学品专业中心	佛山市功能高分子材料与精细化学品专业中心
109		广东省半导体照明产业联合创新中心	佛山市南海区联合广东新光源产业创新中心
110	佛山 (30)	中国科学院广州能源研究所佛山三水能源环境技术创新与育成中心	中国科学院广州能源研究所佛山三水能源环境技术创新与育成中心
111		中国科学院 EDA 中心南海分中心	佛山中科芯蔚科技有限公司
112		德美化工研究院	广东德美精细化工股份有限公司
113		广东美的厨房电器制造有限公司厨房电器研究院	广东美的厨房电器制造有限公司
114		广东美的暖通设备研究院	广东美的暖通设备有限公司
115		美的制冷研究院	美的制冷设备有限公司
116		广东威灵微型电机技术研究院	广东威灵电机制造有限公司
117		广东申菱环境系统研究院	广东申菱空调设备有限公司
118		广东华南计算技术研究所	广东华南计算技术研究所
119		佛山智能装备技术研究院	佛山智能装备技术研究院
120		佛山赛宝信息产业技术研究院	佛山赛宝信息产业技术研究院有限公司
121		广东三水合肥工业大学研究院	广东三水合肥工业大学研究院
122		华南智能机器人创新研究院	华南智能机器人创新研究院
123		暨南大学韶关研究院	暨南大学韶关研究院
124	韶关 (3)	中科院广州化学所韶关技术创新与育成中心	中科院广州化学所韶关技术创新与育成中心
125		韶关市华工高新技术产业研究院	韶关市华工高新技术产业研究院

(续表)

序号	地市	机构名称	建设单位
126	河源(2)	河源市盆地一号生物绿色防控研究院	河源市盆地一号生物绿色防控研究院
127		河源广工大协同创新研究院	河源广工大协同创新研究院
128	惠州(7)	惠州市亿纬新能源研究院	惠州市亿纬新能源研究院
129		中山大学惠州研究院	中山大学惠州研究院
130		惠州市德赛工业研究院	惠州市德赛工业研究院有限公司
131		TCL集团工业研究院	TCL集团股份有限公司
132		惠州华阳汽车电子研究院	惠州华阳通用电子有限公司
133		惠州市硕贝德科技创新研究院	惠州硕贝德无线科技股份有限公司
134		中科院自动化研究所惠州先进制造产业技术研究院	惠州先进制造产业技术研究中心有限公司
135	汕尾(2)	汕尾市海洋产业研究院	汕尾市海洋产业研究院
136		汕尾市创新工业设计研究院	汕尾市创新工业设计研究院
137	东莞(23)	东莞中国科学院云计算产业技术创新与育成中心	东莞中国科学院云计算产业技术创新与育成中心
138		东莞华中科技大学制造工程研究院	东莞华中科技大学制造工程研究院
139		东莞电子科技大学电子信息工程研究院	东莞电子科技大学电子信息工程研究院
140		北京大学东莞光电研究院	北京大学东莞光电研究院
141		东莞华南设计创新院	东莞华南设计创新院
142		东莞广州中医药大学中医药数理工程研究院	东莞广州中医药大学中医药数理工程研究院
143		东莞中山大学研究院	东莞中山大学研究院
144		广东电子工业研究院	广东电子工业研究院有限公司
145		南方医科大学松山湖动物实验研究院	东莞松山湖明珠实验动物科技有限公司
146		东莞市横沥模具产业协同创新中心	东莞市横沥模具科技产业发展有限公司
147		华南协同创新研究院	华南协同创新研究院
148		广东华南工业设计院	广东华南工业设计院
149		虎门服装技术创新中心	虎门服装技术创新中心
150		东莞同济大学研究院	东莞同济大学研究院
151		东莞市清洁生产科技中心	东莞市清洁生产科技中心
152		宜安科技新材料研究院	东莞宜安科技股份有限公司
153		广东东阳光药业研究院	广东东阳光药业有限公司

附录四 广东省新型研发机构名单

（续表）

序号	地市	机构名称	建设单位
154	东莞 (23)	东莞中子科学中心	东莞中子科学中心
155		广东省智能机器人研究院	广东省智能机器人研究院
156		清华东莞创新中心	东莞深圳清华大学研究院创新中心
157		东莞材料基因高等理工研究院	东莞材料基因高等理工研究院
158		东莞暨南大学研究院	东莞暨南大学研究院
159		东莞松山湖国际机器人研究院	东莞松山湖国际机器人研究院有限公司
160	中山 (9)	中山市华南理工大学现代产业技术研究院	中山市华南理工大学现代产业技术研究院
161		中山市国林沉香科学研究所	中山市国林沉香科学研究所
162		中山市武汉理工大学先进工程技术研究院	中山市武汉理工大学先进工程技术研究院
163		棕榈生态园林研究院	棕榈园林股份有限公司
164		中山大学公共卫生学院中山研究院	中山大学公共卫生学院中山研究院
165		广东汉唐快速制造应用技术研究院	广东汉唐快速制造应用技术研究院有限公司
166		中山市武汉大学化工新材料研究院	中山市武汉大学技术转移中心
167		中山北京理工大学研究院	中山北京理工大学研究院
168		广东明阳风电产业集团风电技术研究院	广东明阳风电产业集团有限公司
169	江门 (5)	广东广天机电工业研究院	广东广天机电工业研究院有限公司
170		广东华南精细化工研究院	广东华南精细化工研究院有限公司
171		江门市智能装备制造研究院有限公司	江门市智能装备制造研究院有限公司
172		广东华科新材料研究院	广东华科新材料研究院有限公司
173		广东科杰机械自动化研究院	广东科杰机械自动化有限公司
174	揭阳 (2)	揭阳市中科金属科技研究院	揭阳市中科金属科技研究院有限公司
175		巨轮股份智能制造装备研究院	巨轮股份有限公司
176	汕尾	汕尾市青梅产业研究院	汕尾市青梅产业研究院
177	阳江	阳江市五金刀剪产业技术研究院	阳江市五金刀剪产业技术研究院
178	云浮	佛山（云浮）氢能产业与新材料发展研究院	佛山（云浮）氢能产业与新材料发展研究院
179	湛江	广东壹号地方猪研究院	广东壹号食品股份有限公司
180	肇庆	风华电子研究院	广东风华高新科技股份有限公司

附录五 广东省产业技术创新联盟名单

(截至 2016 年底)

序号	地市	联盟名称	秘书处单位
1	广州(105)	数字家庭产学研技术创新联盟	国家数字家庭应用示范产业基地
2		汽车用高级钢板产学研技术创新联盟	广钢集团技术中心
3		饲料产业产学研技术创新联盟	广东省农业科学院畜牧研究所
4		铝镁轻金属材料产学研技术创新联盟	广州有色金属研究院
5		无铅电子制造产学研技术创新联盟	中国电器科学研究院
6		网络与信息安全产学研技术创新联盟	广东南方信息安全研究院
7		软件工业化产学研技术创新联盟	广东省科学院
8		电动汽车产学研技术创新联盟	广州汽车集团股份有限公司汽车工程研究院
9		矿产资源综合利用产学研技术创新联盟	广州有色金属研究院
10		物联网信息产业产学研技术创新联盟	广东工业大学
11		广东智慧城市产业技术创新联盟	广州中国科学院软件应用技术研究所
12		广东测绘地理信息产业技术创新联盟	广东友元国土信息工程有限公司
13		广东OLED（有机发光显示）产业技术创新联盟	广东平板显示产业促进会
14		广东耐磨材料产业技术创新联盟	暨南大学
15		广东绿色建筑工程材料产业技术创新联盟	广东盛瑞土建科技发展有限公司
16		广东干细胞与再生医学产业技术创新联盟	中国科学院广州生物医药与健康研究院、广州生物工程中心
17		广东创新药物产业技术创新联盟	中山大学药学院
18		广东中药产业技术创新联盟	广州中医药大学
19		广东分子诊断产业技术创新联盟	中山大学达安基因股份有限公司
20		广东人体组织功能重建产业技术创新联盟	华南理工大学国家人体组织功能重建工程技术研究中心

附录五　广东省产业技术创新联盟名单

（续表）

序号	地 市	联盟名称	秘书处单位
21		广东生物能源与生物基产品产业技术创新联盟	中国科学院广州能源研究所
22		广东现代农产品加工产业技术创新联盟	广东省农业科学院蚕业与农产品加工研究所
23		广东香蕉产业技术创新联盟	广东省农业科学院果树研究所
24		广东柑橘产业技术创新联盟	广东省农业科学院果树研究所
25		广东兰花产业技术创新联盟	广东省农业科学院花卉研究所
26		广东宠物产业技术创新联盟	广东省农业科学院兽医研究所
27		广东食药用菌产业技术创新联盟	广东粤微食用菌技术有限公司
28		广东服装服饰产业技术创新联盟	广东省服装服饰行业协会
29		广东网络空间安全产业技术创新联盟	广东省信息安全测评中心
30		广东新型智能终端产业技术创新联盟	国家数字家庭应用示范产业基地服务委员会办公室
31		广东药物制剂产业技术创新联盟	广州医药工业研究院
32	广州（105）	广东茶产业技术创新联盟	广东省农业科学院茶叶研究所
33		广东农作物病虫害应急防控产业技术创新联盟	广东省农业科学院植物保护研究所
34		广东安全农产品产供销信息服务产业技术创新联盟	广东农村信息直通车工程实施办公室
35		广东轨道交通产业技术创新联盟	广州市地下铁道总公司
36		广东模具制造与材料成形产业技术创新联盟	华南理工大学机械与汽车工程学院
37		广东焊接产业技术创新联盟	广东省工业技术研究院（广州有色金属研究院）
38		广东超级计算机应用产业技术创新联盟	广东工业大学计算机学院
39		广东创新创业服务产业技术创新联盟	广东千人创业服务有限公司
40		广东省渔药产学研技术创新联盟	中国水产科学研究院珠江水产研究所
41		广东省科学院产业技术创新联盟	广东省科学院
42		广东省生物农药产学研技术创新联盟	华南农业大学
43		广东省印制电子电路产业技术创新联盟	广东工业大学
44		广东省印刷显示技术创新联盟	广州新视界光电科技有限公司/华南理工大学新型显示技术研究院

(续表)

序号	地市	联盟名称	秘书处单位
45		广东林木种业技术创新联盟	广东省林业科学研究院
46		广东省新型城镇化绿色建筑产业技术创新联盟	广东省建材绿色产业技术创新促进会
47		金属基复合材料产学研技术创新联盟	广东省工业技术研究院
48		广东木竹加工产业技术创新联盟	广东省林业科学研究院
49		广东省特殊环境电力装备产业技术创新联盟	中国电器科学研究院有限公司
50		广东省汽车循环产业技术创新联盟	广州中贸商务大数据认证服务有限责任公司
51		广东省智能仪器仪表与测控技术产业技术创新联盟	广东省自动化研究所
52		广东省锂离子动力和储能电池先进制造产业技术创新联盟	广州中国科学院工业技术研究院
53		广东省演艺设备产业技术创新联盟	广州大学
54		广东省特殊钢及汽车零部件产业技术创新联盟	华南理工大学机械与汽车工程学院
55	广州(105)	广东省机器人智能制造产业技术创新联盟	广州瑞松智能科技股份有限公司
56		广东省3D打印产业技术创新联盟	中科院广州电子技术有限公司
57		广东省柔性制造产业技术创新联盟	华南理工大学
58		广东省服务机器人产业技术创新联盟	工业和信息化部电子第五研究所
59		广东省真空产业技术创新联盟	暨南大学理工学院
60		广东省食品冷链物流产业技术创新联盟	广东天源农产品供应链有限公司
61		广东省实验小型猪开发应用产业技术创新联盟	广州南方医大实验动物科技发展有限公司
62		广东省工业微生物发酵产业技术创新联盟	广州市微生物研究所
63		广东省农业航空产业技术创新联盟	华南农业大学
64		广东省瓜类蔬菜产业技术创新联盟	广东省农业科学院蔬菜研究所
65		广东省蜂产业技术创新联盟	广东省生物资源应用研究所
66		广东省鲜食玉米产业技术创新联盟	广东省农业科学院作物研究所
67		广东省物联网产业技术创新联盟	广州智慧家庭技术标准促进中心
68		广东省农业信息与智能装备产业技术创新联盟	广州市健坤网络科技发展有限公司

附录五　广东省产业技术创新联盟名单

（续表）

序号	地市	联盟名称	秘书处单位
69	广州 (105)	广东省卫星应用产业技术创新联盟	广东海格通信集团股份有限公司
70		广东省大数据存储与分析处理 产业技术创新联盟	中山大学
71		广东省交通智慧支付产业技术创新联盟	广东岭南通股份有限公司
72		广东省量子通信产业技术创新联盟	广东国盾量子科技有限公司
73		广东省智能识别产业技术创新联盟	广东旭龙物联科技股份有限公司
74		广东省教育信息化产业技术创新联盟	广州创显科教股份有限公司
75		广东省金融电子产业技术创新联盟	工业和信息化部电子第五研究所
76		广东省智能显示产业技术创新联盟	广州炫智电子科技有限公司
77		广东省紫外半导体光电 产业技术创新联盟	广东省标准化研究院
78		广东省城市建设新兴产业技术创新联盟	广东省建筑设计研究院
79		广东省高分子材料资源循环高效 高质利用产业技术创新联盟	金发科技股份有限公司
80		广东省再生塑料产业技术创新联盟	广东新供销天保再生资源集团有限公司
81		广东省油烟净化产业技术创新联盟	广东省环境监测中心
82		广东省高性能复合材料 产业技术创新联盟	广州金发碳纤维新材料发展有限公司
83		广东省稀土产业技术创新联盟	广东省稀有金属研究所
84		广东省粉末涂料产业技术创新联盟	广州擎天材料科技有限公司
85		广东省光伏产业技术创新联盟	中山大学
86		广东省挥发性有机物污染治理 产业技术创新联盟	华南理工大学环境与能源学院
87		广东省绿色数据中心产业技术创新联盟	中国科学院广州能源研究所
88		广东省土壤修复产业技术创新联盟	广东省环境科学研究院
89		广东省固体废物（垃圾）资源化 设备产业技术创新联盟	广东惜福环保科技有限公司
90		广东省新能源热泵增焓节能 产业技术创新联盟	中国科学院广州能源研究所
91		广东省水生态环境保护与修复 产业技术创新联盟	广东省水利水电科学研究院
92		广东省农业产地环境安全 产业技术创新联盟	广东省农业科学院农业 资源与环境研究所

(续表)

序号	地市	联盟名称	秘书处单位
93	广州（105）	广东省水安全调控产业技术创新联盟	中山大学
94		广东省功能性高分子材料与器件产业技术创新联盟	中山大学
95		广东省环境修复产业技术创新联盟	华南师范大学
96		广东省药用脂质产业技术创新联盟	广州白云山汉方现代药业有限公司
97		广东省食品副产物增值加工产业技术创新联盟	暨南大学
98		广东省应用脑科学产业技术创新联盟	华南理工大学
99		广东省结核病科学研究及产业技术创新联盟	广州迪澳生物科技有限公司
100		广东省干细胞与精准医疗产业技术创新联盟	广州赛莱拉干细胞科技股份有限公司
101		广东省食品安全产业技术创新联盟	广东星创众谱仪器有限公司
102		广东省特殊医学用途配方食品产业技术创新联盟	广东省农业科学院蚕业与农产品加工研究所、广州白云山汉方现代药业有限公司
103		广东省食品添加剂产业技术创新联盟	广州嘉德乐生化科技有限公司
104		广东省康复产业技术创新联盟	中山大学
105		广东省茶疗养生产业技术创新联盟	广州中医药大学
106	深圳（18）	数字电视产学研技术创新联盟	深圳清华大学研究院
107		下一代通讯产学研技术创新联盟	电子科技大学
108		集成电路产学研技术创新联盟	深圳集成电路设计产业化基地管理中心
109		无源元器件及集成产学研技术创新联盟	清华大学深圳研究生院
110		先进电池与材料产学研技术创新联盟	清华大学深圳研究生院
111		广东机器人产业技术创新联盟	中国科学院深圳先进技术研究院
112		广东纺织生物功能材料产业技术创新联盟	香港理工大学深圳研究院（粤港国际纺织生物工程联合研究中心）
113		广东低碳生物材料产业技术创新联盟	深圳市光华伟业实业有限公司
114		广东智能电网产业技术创新联盟	深圳市科陆电子科技股份有限公司
115		广东传感器产业技术创新联盟	深圳大学
116		广东智能交通产业技术创新联盟	深圳市南山科技事务所
117		广东生物医药产业技术创新联盟	深圳市南山科技事务所

附录五 广东省产业技术创新联盟名单

（续表）

序号	地市	联盟名称	秘书处单位
118	深圳（18）	广东LED（深圳）产业技术创新联盟	深圳市南山科技事务所
119		广东先进装备制造产业技术创新联盟	深圳市南山科技事务所
120		广东智能包装产业技术创新联盟	深圳市金之彩科技有限公司
121		广东深港知识服务产业技术创新联盟	深圳市南山科技事务所
122		广东生态建筑与环境产业技术创新联盟	筑博设计股份有限公司
123		广东省安全应急救援产业技术创新联盟	深圳市世和安全技术咨询有限公司
124	珠海（4）	广东印制电子产业技术创新联盟	珠海元盛电子科技股份有限公司
125		广东打印耗材产业技术创新联盟	珠海市耗材行业协会
126		广东新兴软件产业技术创新联盟	广东同望科技股份有限公司
127		广东省轻合金产业技术创新联盟	珠海市润星泰电器有限公司
128	汕头（2）	数字环保包装印刷产学研技术联盟	汕头市科技局
129		广东轻工机械（汕头）产业技术创新联盟	汕头市大鲲鹏科技创业服务有限公司
130	佛山（21）	精密制造（禅城）产学研技术创新联盟	佛山市华南精密制造技术研究开发院
131		清洁生产（禅城）产学研技术创新联盟	佛山市华夏建筑陶瓷研究开发中心
132		半导体照明工程产学研技术创新联盟	中山大学佛山研究院
133		广东太阳能电池产业技术创新联盟	广东爱康太阳能科技有限公司
134		广东塑料（佛山）产业技术创新联盟	高明区荷城塑胶材料专业镇技术创新中心
135		广东水处理产业技术创新联盟	佛山市水业集团有限公司
136		广东纺织（南海西樵）产业技术创新联盟	广东省佛山市南海区西樵轻纺城 佛山市南海南方技术创新中心有限公司
137		广东智能装备产业技术创新联盟	佛山市顺德工业与信息技术研究中心有限公司
138		广东LED标准光组件产业技术创新联盟	佛山市南海区联合广东新光源产业创新中心
139		广东粉体功能材料产业技术创新联盟	佛山市高明区（中国科学院）新材料专业中心
140		广东3D打印（佛山）产业技术创新联盟	佛山市南海中南机械有限公司

(续表)

序号	地市	联盟名称	秘书处单位
141	佛山(21)	广东省第三代半导体产业技术创新联盟	佛山市南海区联合广东新光源产业创新中心
142		广东省一门式政务服务大数据产业技术创新联盟	佛山科学技术学院
143		广东省智慧养老产业技术创新联盟	佛山科学技术学院
144		广东省环保物联网产业技术创新联盟	广东长天思源环保科技股份有限公司
145		白色家电（顺德）产学研技术创新联盟	广东华南家电研究院
146		机械装备（顺德）产学研技术创新联盟	广东华南家电研究院
147		广东智能家电产业技术创新联盟	广东华南家电研究院
148		广东牛仔服装（顺德均安）产业技术创新联盟	广东省均安牛仔服装研究院
149		广东省智能电网装备产业技术创新联盟	顺特电气设备有限公司
150		广东省珠江西岸智能装备与机器人产业技术创新联盟	华南智能机器人创新研究院
151	韶关	液压机械装备产学研技术创新联盟	广东韶配动力机械有限公司
152	河源(2)	移动信息终端产学研技术创新联盟	河源市科学技术局,
153		广东省现代建筑工业化产业技术创新联盟	广东迈诺工业技术有限公司
154	梅州(2)	广东陶瓷（梅州高陂）产业技术创新联盟	广东宝丰陶瓷科技发展股份有限公司
155		广东省电声产业技术创新联盟	丰顺县培英电声有限公司
156	惠州(5)	互联网智能消费电子产学研技术创新联盟	惠州市赛特信息技术咨询服务中心
157		广东车载信息终端产业技术创新联盟	惠州市武大产学研基地有限责任公司
158		广东云计算应用产业技术创新联盟	惠州仲恺高新区科技创业服务中心
159		广东LED（惠州）产业技术创新联盟	惠州元晖光电股份有限公司
160		广东省石化产业链中下游产业技术创新联盟	惠州大亚湾经济技术开发区石油化工研究院
161	汕尾	广东省生态循环型畜牧产业技术创新联盟	汕尾市现代畜牧产业研究院
162	东莞(14)	数字化制造装备产学研技术创新联盟	东莞华中科技大学制造工程研究院
163		射频识别（RFID）产学研技术创新联盟	东莞市太平洋计算机科技有限公司
164		信息传输（线缆）产学研技术创新联盟	东莞市松山湖质检中心

附录五　广东省产业技术创新联盟名单

（续表）

序号	地市	联盟名称	秘书处单位
165	东莞(14)	卫星导航产学研创新联盟	东莞市泰斗微电子科技有限公司
166		广东云计算产业技术创新联盟	广东电子工业研究院有限公司
167		广东智能玩具产业技术创新联盟	东莞电子科技大学电子信息工程研究院
168		广东先进模具产业技术创新联盟	东莞华中科技大学制造工程研究院
169		广东医用镁合金产业技术创新联盟	东莞宜安科技股份有限公司
170		广东鞋类（东莞）产业技术创新联盟	东莞华宝鞋业有限公司
171		广东家具（东莞）产业技术创新联盟	东莞金田豪迈木工机械贸易有限公司
172		生态园林产业技术创新战略联盟	岭南园林股份有限公司
173		广东智能机器人产业技术创新联盟	东莞松山湖机器人产业发展有限公司
174		广东省激光产业技术创新联盟	广东星之球激光科技有限公司
175		广东模具与汽车零部件产业技术创新联盟	东莞市横沥模具产业协同创新中心
176	中山(11)	风力发电产学研技术创新联盟	广东明阳风电技术有限公司
177		游戏游艺产业产学研技术创新联盟	中山装备制造工业研究院
178		广东先进水泥基材料产业技术创新联盟	中山市武汉理工大学先进工程技术研究院
179		广东现代照明灯饰（中山古镇）产业技术创新联盟	中山市古镇镇生产力促进中心
180		位置信息服务产业应用联盟	广东长宝信息科技股份有限公司
181		广东省焙烤食品产业技术创新联盟	咀香园健康食品（中山）有限公司
182		广东省智能制造装备产业技术创新联盟	奥美森智能装备股份有限公司
183		广东省沉香产业技术创新联盟	中山市元一沉香产业投资有限公司
184		广东省移动光源产业技术创新联盟	中山市光阳电器有限公司
185		广东省风电产业技术创新联盟	广东明阳风电产业集团有限公司
186		广东省中药破壁饮片产业技术创新联盟	中山市中智药业集团有限公司
187	江门(4)	广东LED（江门）产业技术创新联盟	五邑大学
188		广东省传声器产业技术创新联盟	恩平市海天电子科技有限公司
189		广东省轨道交通装备产业技术创新联盟	中车广东轨道交通车辆有限公司
190		广东省保健食品产业技术创新联盟	无限极（中国）有限公司
191	阳江(2)	五金刀剪产学研技术创新联盟	阳江市科技工业和信息化局

(续表)

序号	地市	联盟名称	秘书处单位
192	阳江(2)	广东省五金刀剪智能制造产业技术创新联盟	阳江市五金刀剪产业技术研究院
193	湛江(2)	广东海水种苗产业技术创新联盟	广东恒兴饲料实业股份有限公司
194		广东蔗糖产业技术创新联盟	广州甘蔗糖业研究所 湛江甘蔗研究中心
195	茂名	广东罗非鱼（茂名）产业技术创新联盟	茂名市茂南三高渔业发展有限公司
196	肇庆(3)	汽车零部件产学研技术创新联盟	怀集登云汽配股份有限公司
197		广东省互联网+教育大数据产业技术创新联盟	广东德诚网络科技有限公司
198		广东省微生物制造健康产业技术创新联盟	广东肇庆星湖生物科技股份有限公司
199	清远	再生金属综合利用产学研技术创新联盟	清远市再生金属行业商会
200	潮州	广东新一代自动化食品包装机械（潮州）产业技术创新联盟	广东隆兴包装实业有限公司
201	揭阳(3)	广东省油茶产业技术创新联盟	广东璠龙农业科技发展有限公司
202		广东省青梅产业技术创新联盟	广东殿羽田食品有限公司
203		广东省（普宁）纺织服装产业技术创新联盟	广东省普宁职业技术学校
204	云浮	硫铁化工行业产学研技术创新联盟	云浮市云城区高峰街云浮硫铁矿企业集团公司

附录六 广东省科技企业孵化器名录

(截至 2016 年 10 月)

序号	地市	孵化器名称	级别
1	广州(33)	广州市创锦科技企业孵化器有限公司	省级
2		广州瑞博奥转化医学创新园有限公司	省级
3		广州市晟龙工业设计科技园发展有限公司	省级
4		广州市乐天企业管理有限公司	省级
5		广州视联投资管理有限公司	省级
6		广州市怡祥科技企业孵化器有限公司	省级
7		广州星海集成电路基地有限公司	国家级
8		广州国际生物岛科技投资开发有限公司	国家级
9		广州启胜科技企业孵化器管理有限公司	国家级
10		广州大学城健康产业科技园投资管理有限公司	国家级
11		广州华南材料创新园有限公司	国家级
12		广州嘉溢科技企业孵化器有限公司	国家级
13		广州科信光机电企业孵化器有限公司	国家级
14		广州市至德科技企业孵化器有限公司	国家级
15		广州中山大学科技园有限公司	国家级
16		中国科协广州科技园联合发展有限公司	国家级
17		华南理工大学国家大学科技园	国家级
18		广州市海珠高新技术创业服务中心	国家级
19		广州市高新技术创业服务中心	国家级
20		广州联炬科技企业孵化器有限公司	国家级
21		广州火炬高新技术创业服务中心	国家级
22		广州国际企业孵化器有限公司	国家级
23		广东拓思软件科学园有限公司	国家级
24		五行广佛数字创意园	国家级

(续表)

序号	地市	孵化器名称	级别
25	广州(33)	广东宏太智慧谷科技企业孵化器有限公司	省级
26		广州广一电子商务产业园有限公司	省级
27		广州瑞粤科技企业孵化器有限公司	省级
28		广州达安企业管理有限公司	省级
29		广东冠昊生命健康科技园有限公司	省级
30		广州市番禺巨大电业有限公司	省级
31		广州凯炬科技企业孵化器	省级
32		广州市海珠科技产业园有限公司	省级
33		清华科技园广州孵化器	省级
34	深圳(21)	深圳市美盈科技孵化管理有限公司	省级
35		深圳市前海科思投资发展有限公司	省级
36		深圳市国高育成投资运营有限公司	国家级
37		深圳四方网盈孵化器管理有限公司	国家级
38		中海信科技开发(深圳)有限公司	国家级
39		深圳市北科创业有限公司	国家级
40		深圳市宝安区科技创业服务中心	国家级
41		深圳硅谷大学城创业园管理有限公司	国家级
42		深港产学研基地	国家级
43		中国科技开发院有限公司	国家级
44		深圳虚拟大学园管理服务中心	国家级
45		深圳南山区科技创业服务中心	国家级
46		深圳龙岗区科技创业服务中心	国家级
47		深圳市留学生创业园有限公司	国家级
48		深圳市福田区高新技术创业中心	国家级
49		深圳生物孵化器管理中心	国家级
50		深圳市微游汇孵化器管理有限公司	省级
51		深圳移盟产业园运营有限公司	省级
52		深圳市卓溢科技开发有限公司	省级
53		深圳市原本投资管理有限公司	省级
54		深圳国威电子有限公司	省级

（续表）

序号	地市	孵化器名称	级别
55	珠海（11）	横琴金投创业谷孵化器管理有限公司	省级
56		珠海金嘉创意谷发展有限公司	省级
57		珠海壹拾贰文化创意产业园投资有限公司	省级
58		珠海纬尔奇科技有限公司	省级
59		珠海光彩企业孵化器有限公司	省级
60		珠海康德莱医疗产业投资有限公司	国家级
61		珠海清华科技园创业投资有限公司	国家级
62		珠海高新技术创业服务中心	国家级
63		珠海南方软件园发展有限公司	省级
64		广东珠海高科技成果产业化示范基地有限公司	省级
65		珠海新经济资源开发港	省级
66	汕头（2）	汕头高新区汇盈电子商务服务有限公司	省级
67		汕头高新技术产业开发区创业服务中心	国家级
68	佛山（22）	佛山天安科技企业孵化器有限公司	省级
69		佛山创意产业园投资管理有限公司	省级
70		佛山石湾贝丘投资有限公司	省级
71		佛山市南海中国科学院中医药生物科技产业中心	国家级
72		佛山市南海区广工大数控装备协同创新研究院	国家级
73		广东力合创智科技有限公司	国家级
74		佛山市南海光明智汇新光源投资发展有限公司	国家级
75		佛山新媒体产业园管理有限公司	国家级
76		佛山市创智汇投资发展有限公司	国家级
77		佛山火炬创新创业园有限公司	国家级
78		佛山东星陶瓷产业总部基地发展有限公司	省级
79		佛山市凯泰创展科技园有限公司	省级
80		佛山市盈赛投资发展有限公司	省级
81		佛山市五行电子商务产业发展有限公司	省级
82		佛山市三水高新创业中心有限公司	省级
83		顺德创意产业园	省级
84		佛山市高明沧江工业园科技企业创业中心	省级

（续表）

序号	地市	孵化器名称	级别
85	佛山（22）	佛山市顺德高新技术产业孵化基地	省级
86		佛山市聚客家园投资有限公司	省级
87		广东物联天下产业园有限公司	国家级
88		广东德运创业投资有限公司	国家级
89		广东同天投资管理有限公司	国家级
90	韶关	韶关市科技企业创业园	省级
91		韶关高新区科技创业服务中心	省级
92	河源	河源广工大协同创新研究院	省级
93		河源市高新区科技创业孵化器	省级
94	惠州（7）	广东思科科技园有限公司	省级
95		惠州市上和电子商务产业园管理有限公司	省级
96		博罗县科技创新服务中心	省级
97		惠州市东江高新区投资运营有限公司	国家级
98		惠州市惠南科技服务有限公司	国家级
99		惠州仲恺高新区科技服务中心	国家级
100		惠州大亚湾经济技术开发区科技创业服务中心	省级
101	东莞（22）	东莞市中科科技企业加速器有限公司	省级
102		东莞市瑞鹰信息科技发展有限公司	省级
103		东莞中集创新产业园发展有限公司	省级
104		东莞志鸿创汇金融孵化有限公司	省级
105		广东粤迪科技发展有限公司（东莞华南设计创新院）	省级
106		东莞市元创物业投资有限公司	省级
107		广东华科鼎城产业孵化有限公司	省级
108		东莞市松山湖控股有限公司	省级
109		东莞市慧美实业投资有限公司	省级
110		东莞市鼎昊物业投资管理有限公司	省级
111		广东新基地产业投资发展股份有限公司	国家级
112		东莞市成电创新电子科技有限公司	国家级
113		东莞市天安数码城有限公司	国家级
114		东莞市中科云智信息技术有限公司	国家级

附录六　广东省科技企业孵化器名录

（续表）

序号	地市	孵化器名称	级别
115	东莞(22)	东莞松湖华科产业孵化有限公司	国家级
116		东莞市高盛科技园有限公司	国家级
117		广东东科投资集团有限公司	国家级
118		东莞松山湖高新技术创业服务中心	国家级
119		东莞市新中信宝物业投资有限公司	省级
120		东莞市文创投资发展有限公司	省级
121		东莞市衣电园实业投资有限公司	省级
122		虎门服装创意设计氟化氢	省级
123	中山(8)	中山市铭庆数字科技有限公司	省级
124		中山柒陆零文化创意产业策划服务有限公司	省级
125		中山市信息产业协会	省级
126		中山健康基地孵化器管理有限公司	国家级
127		中山火炬高技术创业新中心有限公司	国家级
128		中山市小榄镇生产力促进中心	省级
129		中山市工业技术研究中心	省级
130		中山汇智电子商务投资管理有限公司	省级
131	江门(3)	江门市高新技术创业服务中心有限公司	省级
132		江门市就业服务中心	省级
133		广东科炬高新技术创业园有限公司	国家级
134	阳江	阳江高新技术产业开发区高新技术创业服务中心	省级
135		阳江市佳迅电子商务有限公司	省级
136	茂名	茂名高新技术创业服务中心	省级
137	肇庆(4)	肇庆市大学科技园发展有限公司	省级
138		肇庆市华智科创企业孵化器有限公司	省级
139		粤桂林产科技园	省级
140		肇庆高新技术产业开发区创业服务中心	省级
141	清远	清远华大健康电商孵化园有限公司	省级
142		清远天安智谷有限公司	省级
143		清远华炬科技企业孵化器有限公司	国家级
144	揭阳	揭阳市科技企业孵化器有限公司	省级
145		中德金属产业国际孵化器	省级

附录七 广东省众创空间名单

(截至 2016 年 9 月)

序号	地市	众创空间名称	运营主体	级别
1	广州(58)	砼创汇	广州新燕投资管理有限公司	国家级
2		铂涛孵化器	广州铂海投资合伙企业（有限合伙）	国家级
3		广东文投创工场	广东文投创工场投资管理有限公司	国家级
4		达安创谷	广州创谷企业管理有限公司	国家级
5		酷窝 COWORK	广州酷窝科技有限公司	省级
6		冠昊生命健康众创空间	冠笑生命健康科技园有限公司	国家级
7		暨创空间	广州暨创信息科技有限公司	省级
8		众创五号空间	广东五号空间物业管理有限公司	国家级
9		卡瓦尼众创空间	广州卡瓦尼企业管理有限公司	省级
10		昇月工场	广州市昇月科技服务有限责任公司	国家级
11		粤嵌众创空间	广州市粤嵌通信科技股份有限公司	国家级
12		印客时光（InkTime）众创空间	广州创企孵化器有限公司	国家级
13		羊城同创汇腾讯众创空间	广东羊城同创文化产业发展有限公司	国家级
14		Loteam 众创空间	广州市乐天企业管理有限公司	省级
15		医创社众创空间	广州指方信息技术有限公司	国家级
16		金雅众创空间	广州金雅企业管理咨询有限公司	省级
17		广东天使会	广东好天使文化传播有限公司	国家级
18		全星工场	广州市卓脉投资管理有限公司	省级
19		广州创客邦	广州广客邦科技企业孵化器有限公司	省级
20		华农科创大学生创客空间	广州科创节能科技服务有限公司	省级
21		掌源移动互联网众创空间	广州掌源信息科技有限公司	省级
22		贝塔空间	广州贝塔信息科技有限公司	省级

附录七　广东省众创空间名单

(续表)

序号	地市	众创空间名称	运营主体	级别
23		广州大学城两岸四地大学生创客空间	广东工业大学	国家级
24		广州创新谷	广东创新谷商务服务有限公司	国家级
25		伯乐咖啡	广州智慧谷伯乐咖啡有限公司	国家级
26		创吧众创空间（创大众创空间）	广州创大加速科技有限公司	国家级
27		创客街	广州创客街投资顾问有限公司	国家级
28		华南黑马会（创客家＆黑马会）	广州创润信息科技有限公司	国家级
29		广州极地国际创新中心	广州极地加科技企业孵化器有限公司	国家级
30		孵客创业公社	广州孵客投资管理有限公司	国家级
31		六矽科技（6CIT）众创空间	广州创意创业交流服务中心	国家级
32		微谷众创空间	广东微谷投资股份有限公司	国家级
33		CCIC联合文创	广州文创互联网技术服务中心	国家级
34	广州(58)	未名咖啡	广州市未名咖啡馆有限公司	国家级
35		一起开工社区	广州诣启网络科技有限公司	国家级
36		中大创新谷	广州创业谷高新企业孵化器有限公司	国家级
37		瞪羚众创平台	广州市科技金融综合服务中心有限公司	国家级
38		华新园	广州华南新材料创新园有限公司	国家级
39		1981青年创业社区	广州市展轲酒店管理有限公司	国家级
40		文创客	广州观景文化科技有限公司	国家级
41		广药职院众创空间	广州众创空间科技企业孵化器有限公司	国家级
42		天河光谷	广州科信光机电企业孵化器有限公司	国家级
43		TOPS众创	广东拓思软件科学园有限公司	国家级
44		广州启迪众创	广州市番禺创新科技园有限公司	国家级
45		大智汇创客	广州大智汇创业服务有限公司	国家级
46		积优设计联合服务社	广州市积优物业管理有限公司	国家级
47		盛门创客空间	广东盛门创客空间商务服务有限公司	国家级
48		新港82设计师创意谷	广州联合交易园区经营投资有限公司	国家级

（续表）

序号	地市	众创空间名称	运营主体	级别
49	广州(58)	289 艺术 PARK	广东南方二八九创艺文化发展有限公司	省级
50		新桥 BIM 众创空间	广州新桥酒店管理有限公司	省级
51		欧特福智慧联动众创空间	广州欧特福文化发展有限公司	国家级
52		科创咖啡	广州市黄花岗高新技术服务中心	国家级
53		广东财经大学 MBA 中心创业基地	广州市海珠区梦巴咖啡馆	省级
54		五行众创空间	广州方云信息科技有限公司	省级
55		TY 互联众创空间	广州天瑜科技应用有限公司	国家级
56		YOU +青年创业社区/YOU +国际青年社区	广州优家投资管理有限责任公司	国家级
57		凯得创梦空间	广州凯得控股有限公司	国家级
58		龙硅谷	广东龙硅谷投资有限公司	国家级
59	深圳(78)	深圳智能港创客空间	深圳市汇天软件技术有限公司	国家级
60		中芬设计园	深圳市中芬创意产业园投资发展有限公司	国家级
61		创业二路创客基地	深圳市利思信息咨询有限公司	国家级
62		旺田商务众创空间	深圳市旺田商务秘书服务有限公司	国家级
63		创乐土·鸿汉机器人创客空间	深圳市左创智慧此园运营有限公司	国家级
64		YC 众创空间	深圳市游筹投资股份有限公司	国家级
65		"蜂群"物联网创客空间	深圳市蜂群物联产业服务有限公司	国家级
66		中科嘀嗒互联网创客空间	深圳市中科众创空间科技创投有限公司	国家级
67		开放制造空间	深圳开放空间科技有限公司	国家级
68		麻雀岭创客吧	深圳市道生壹创客空间有限公司	国家级
69		深圳珊瑚群创新加速器创客空间	深圳珊瑚群创新服务有限公司	国家级
70		矽递创客服务站	深圳矽递科技有限责任公司	国家级
71		D + M 众创空间	深圳市浪尖设计有限公司	国家级
72		中科院育成极客创客空间	深圳中科育成科技有限公司	国家级
73		3W 空间（深圳）	深圳三大不六孵化器服务有限公司	国家级

附录七 广东省众创空间名单

(续表)

序号	地市	众创空间名称	运营主体	级别
74		点石创客空间	深圳市微纳集成电路与系统应用研究院	国家级
75		深圳湾智能硬件空间	深圳市科技企业孵化器协会	国家级
76		源泉汇	深圳市源泉汇创业孵化器有限公司	国家级
77		深圳硅谷大学城绿色产业创客空间	深圳硅谷大学城创业管理有限公司	国家级
78		"创新育成"创客空间服务平台	深圳市创新企业育成研究院有限公司	国家级
79		众里众创空间	深圳市科思投资发展有限公司	国家级
80		天诚商务互联网络信息创客空间	深圳市盛世天诚商务管理有限公司	国家级
81		深圳国际珠宝设计创客空间	深圳聚势产业园管理有限公司	国家级
82		悟空间创客空间	深圳市心无空间科技服务有限公司	国家级
83		星河·领创天下	深圳市星河博文创新创投研究院有限公司	国家级
84		梧桐—思创智能硬件创客空间	深圳市思创智慧科技有限公司	国家级
85	深圳(78)	长征创客	深圳市长征生物科技有限公司	国家级
86		太库深圳众创空间	太库(深证)科技孵化器有限公司	国家级
87		新研众创空间	深圳市新一代信息技术研究院有限公司	国家级
88		中国科技开发院众创空间	中国科技开发院有限公司	国家级
89		2188创客空间	深圳市信息职业技术学院	国家级
90		智客众创空间	深圳市智客空间科技有限公司	国家级
91		英博工业4.0创空间	深圳英博科技产业培育有限公司	国家级
92		深圳开放创新实验室	深圳开放创新科技有限公司	国家级
93		泰智会众创空间	深圳宏泰智会科技服务有限公司	国家级
94		创展谷科技创新众创空间	深圳市创展谷创新创业中心有限公司	国家级
95		Mould Lao众创空间	深圳市五鑫科技有限公司	国家级
96		艾卫德众创空间	深圳市生命科学与生物技术协会	国家级
97		天禧众创空间	深圳中融天禧投资管理有限公司	国家级
98		中科孵化众创空间	深圳市中科孵化管理有限公司	省级
99		星云智能硬件加速器	深圳星云极客科技孵化器有限公司	省级

（续表）

序号	地市	众创空间名称	运营主体	级别
100	深圳（78）	众里众创空间	深圳市前海科思投资发展有限公司	省级
101		DCradle 创客家园	深圳市易峰泽创客家园管理有限公司	省级
102		四方网盈创业港湾	深圳市四方网盈孵化器管理有限公司	国家级
103		金种子果壳空间	深圳市卓溢科技开发有限公司	国家级
104		中科创客学院	深圳中科创客学院有限公司	国家级
105		移盟移动互联网创业孵化中心	深圳移盟产业园运营有限公司	国家级
106		大公坊创客基地	深圳市大典创新供应链有限公司	国家级
107		制造局 MAKE Mountain	深圳智造创众智能硬件孵化服务有限公司	国家级
108		伞友咖啡（创业服务平台）	深圳伞螺旋创业服务有限公司	国家级
109		赛格创客中心	深圳市赛格创业汇有限公司	国家级
110		华强北国际创客中心	深圳华强北国际创客中心有限公司	国家级
111		1980 创客之家	深圳市壹玖捌零文化产业服务有限公司	国家级
112		创客基地众创空间	深圳创客基地科技有限公司	国家级
113		南极圈极空间	深圳南极圈文化有限公司	国家级
114		深圳众创工厂	深圳长虹科技有限责任公司	国家级
115		哈尔滨工业大学深圳研究生院创客空间	哈尔滨工业大学深圳研究生院	国家级
116		深圳大学城创意园"创客 BOX"	深圳市千秋教育发展有限公司	国家级
117		创客蚂蚁帮	深圳市图道智能科技有限公司	国家级
118		比特咖啡	深圳市比特咖啡文化科技有限公司	国家级
119		深圳柴火创客空间	深圳柴火创客文化传播有限公司	国家级
120		星云智能硬件众创空间	深圳星云极客科技孵化器有限公司	国家级
121		微游汇	深圳市微游汇孵化器管理有限公司	国家级
122		云之咖啡创客大本营	富泰华工业（深圳）有限公司	国家级
123		HAX 国际硬件创客空间	明日星投资咨询（深圳）有限公司	国家级
124		希格斯全球智造中心	深圳市希格斯众创科技有限公司	国家级
125		汇盈销众创空间	深圳市众扬汇科技股份有限公司	国家级

附录七 广东省众创空间名单

(续表)

序号	地市	众创空间名称	运营主体	级别
126	深圳(78)	Wedo 微度联合创业社	深圳市微度联创社科技有限公司	国家级
127		深圳科技寺联合创业空间	科聚思（深圳）科技有限公司	国家级
128		佃客中国创客空间	深圳前海君浩科技发展有限公司	国家级
129		3D 打印创客空间	深圳光华伟业股份有限公司	国家级
130		科技园 FT 众创空间	深圳市菲特咖啡管理有限公司	国家级
131		深圳创客空间	深圳创客空间科技有限公司	国家级
132		思微 Simply Work	深圳市前海思微投资管理有限公司	省级
133		北科创业	深圳市北科创业有限公司	省级
134		智能制造众创空间	深圳市精匠制造科技有限公司	省级
135		名网云谷众创空间	深圳市名网智库投资管理有限公司	省级
136		众创空间（深圳）孵化器	深圳市 TCL 高新技术开发有限公司	省级
137	珠海(7)	珠海国家高新区创客空间	珠海高新技术创业服务中心	国家级
138		T 创空间	广东青年创投资本管理有限公司	国家级
139		华工创新	华南理工大学	国家级
140		珠光创客吧	珠海光彩企业孵化器有限公司	国家级
141		清创空间	珠海清华科技园创业投资有限公司	省级
142		横琴澳门青年创业谷	横琴金融投资有限公司	国家级
143		创业梦工厂	珠海南方软件园发展有限公司	国家级
144	汕头(4)	OAO 众创空间	汕头市淘店创业服务有限公司	省级
145		青年创业梦工厂	广东奈斯文化传媒有限公司	国家级
146		汕头大学学生创业园众创空间	汕头大学	国家级
147		五维电子商务产业园创业孵化基地	汕头市五维创意园电子商务有限公司	省级
148	佛山(8)	广东 3D 打印应用技术创新中心众创空间	佛山市中科高新增材制造产业创新中心	国家级
149		力合创智优加 U+inno 创业中心	广东力合创智科技有限公司	国家级
150		创业 18mall	广东东软学院	国家级
151		英诺创新空间	佛山市厚德众创科技有限公司	省级

（续表）

序号	地市	众创空间名称	运营主体	级别
152	佛山(8)	工匠创客汇（佛山广工大研究院）	佛山市南海区广工大数控装备协同创新研究院	国家级
153		纳米空间	佛山市高明沧江工业园科技企业创业中心	国家级
154		智造佳众创空间	广东广佛智城商业地产投资有限公司	国家级
155		广东创业工场南海站	广东南海创业工场企业孵化器有限公司	国家级
156		德美众创帮	广东德运创业投资有限公司	国家级
157		顺德创客中心	佛山市聚客家园投资有限公司	国家级
158		Medical－X 众创空间	广东顺德南方医大科技园有限公司	国家级
159		易客工场	佛山市易客商业投资有限公司	国家级
160		顺德创客汇	广东物联天下产业园有限公司	国家级
161		广东工业设计城·创客空间	广东同天投资管理有限公司	国家级
162		广东创业工场	广东顺德创业工场信息技术有限公司	国家级
163		创意文化艺术节	广东顺博创意产业孵化器有限公司	国家级
164	河源(4)	东源县科技创新中心	东源县科技创新中心	省级
165		河源市源创空间孵化基地	河源市源创空间投资有限公司	省级
166		河源信何众创空间	河源信何信息技术有限公司	国家级
167		河源广工大众创空间	河源广工大协同创新研究院	国家级
168	梅州(5)	现代农业示范区电商园	广东十记果业有限公司	省级
169		纯然创客部落	梅州市纯然文化创意产业有限公司	省级
170		百工慧	兴宁市技工学校	省级
171		点燃空间	丰顺县丰资电子商务服务中心	省级
172		固特超声	广东固特超声股份有限公司	省级
173	惠州(12)	惠e创	惠州市凯炬创业投资有限公司	国家级
174		广东元晖半导体照明众创空间	惠州元晖光电股份有限公司	国家级
175		智惠创客工场	惠州市广工大互联网协同创新研究院有限公司	国家级
176		广东惠州大学生创业孵化基地众创空间	惠州仲恺高新技术产业开发区人才交流与劳动就业服务中心	国家级

附录七 广东省众创空间名单

(续表)

序号	地市	众创空间名称	运营主体	级别
177	惠州(12)	银弹谷·云创空间	惠州银弹谷网络科技有限公司	国家级
178		惠城创客空间	惠州市酷尾巴服饰有限公司	国家级
179		DYworks云创工场	惠州市金百泽电路科技有限公司	省级
180		恺炬众创空间	惠州市仲恺高新区恺炬科技服务有限公司	国家级
181		惠南智慧谷	惠州市惠南科技服务有限公司	国家级
182		凯萌创客空间	惠州市仲恺高新区科技园有限公司	国家级
183		纳微创谷	惠州市赛德工业研究院有限公司	国家级
184		东江产业园创客中心	惠州市东江高新区投资运营有限公司	国家级
185	汕尾	深汕特别合作区电商众创空间	深汕特别合作区社会事务局	国家级
186	东莞(19)	瑞鹰·3I众创空间	东莞市瑞鹰信息科技发展有限公司	国家级
187		青创荟	东莞市东科技企业孵化器有限公司	国家级
188		中集云创众创空间	东莞市中集云创产业园投资管理有限公司	国家级
189		美猴王问道创客空间	广东华科鼎城产业孵化有限公司	国家级
190		华科中道众创空间	东莞松山湖科华产业孵化有限公司、东莞华科中到创客工场有限公司	国家级
191		易创客	东莞市中美融易孵化器管理有限公司	省级
192		东莞市机器人与智能装备众创空间	大连机床集团（东莞）智能技术研发中心有限公司	省级
193		蜂巢咖啡	广东盛创蜂巢孵化器有限公司	国家级
194		天马创业营	广东赛恩司科技股份有限公司	国家级
195		中科云智众创空间	东莞市中科云智信息技术有限公司	国家级
196		成电众创空间	东莞成电创新电子科技有限公司	国家级
197		智能玩具创意空间	东莞高科智能玩具研创中心	国家级
198		大家艺术区众创空间	东莞市创意谷实业投资有限公司	国家级
199		东莞市松山湖网游孵化器有限公司	东莞市松山湖网游孵化器有限公司	省级
200		穿越互联众创空间	东莞穿越商务服务有限公司	国家级
201		电商蛋众创空间	东莞市衣电园实业投资有限公司	省级

（续表）

序号	地市	众创空间名称	运营主体	级别
202	东莞(19)	微软众创空间	东莞理工学院	省级
203		澳星科技园创客空间	东莞市澳星科技园有限公司	国家级
204		阿尔派智能制造众创空间	广东阿尔派智能电网有限公司	国家级
205	中山(5)	造明公社	中山市造明公社众创管理有限公司	省级
206		中山创客·众创空间	中山市星海创客企业服务管理有限公司	省级
207		中山美居产业园	中山汇智商务投资有限公司	省级
208		小榄镇科技创业孵化基地	中山市小榄镇生产力促进中心	省级
209		中山市大学生创客空间	中山市创业孵化基地服务中心	国家级
210	江门(4)	启迪之星（江门）众创空间	江门启迪之星科技企业孵化器有限公司	国家级
211		迪浪软件众创空间	广东迪浪科技股份有限公司	省级
212		炬财小微企业众创空间	江门市炬财科技企业孵化器有限公司	省级
213		江门市火炬高新技术创业园众创空间	广东科炬高新技术创业园有限公司	国家级
214	阳江	阳江高新区众创空间	阳江高新技术产业开发区高新技术创业服务中心	国家级
215	湛江(4)	湛江市智圆谷众创空间	湛江市现代产业技术创新中心	国家级
216		创客观众创空间	湛江市顺新科技有限公司	国家级
217		为树海洋大学众创空间	湛江市为树创业园管理服务有限公司	国家级
218		为数众创空间	湛江市为树人力资源有限公司	国家级
219	茂名(3)	五谷创业村	茂名五谷投资有限公司	国家级
220		中团众创空间	广东中购科技发展有限公司	国家级
221		信宜青年电子商务创业中心	信宜市三宝惠民信息服务专业合作社	国家级
222	肇庆(3)	肇梦空间	肇庆市大学科技园发展有限公司	国家级
223		梦Buffet众创空间	肇庆市华智科创企业孵化器有限公司	省级
224		智肇创客汇	智能制造研究院（肇庆高要有限公司）	省级
225	清远(2)	天安智汇空间	清远天安智谷有限公司	国家级
226		清远市农村电子商务产业园	清远市稻味电子商务有限公司	省级
227	潮州	潮州市众创空间	潮州市潮中产业创新中心	国家级
228	揭阳	朝启众传空间	广东朝启创新创业孵化器有限公司	国家级

附录八 广东省科研众包培育平台名单

(第一批)

序号	地市	平台名称	运营机构
1	广州 (7)	庖丁技术	广东庖丁技术开发股份有限公司
2		粤科众包	广东粤科众包网络科技有限公司
3		化学+网	广州萃英化学科技有限公司
4		云科智库科技创新服务众包平台	广州云科数据技术服务有限公司
5		经验海	广东博士科技有限公司
6		面向低碳和新能源的科技与服务众包平台	广州市智慧城市发展促进会
7		集采园—生物健康产业科研众包服务平台	广州生物工程中心
8	深圳 (2)	快包	深圳市中电网络技术有限公司
9		开源中国众包平台	深圳市奥思网络科技有限公司
10	佛山	LED行业科研众包平台	佛山市南海区联合广东新光源产业创新中心
11	东莞 (4)	"东莞科技在线"科研众包平台	东莞市电子计算中心
12		创客联盟	东莞市创客联盟网络科技有限公司
13		科兜网—东莞市科技服务超市	东莞成电智信信息科技有限公司
14		3i科技众包	东莞市瑞鹰信息科技发展有限公司

附录九 广东省互联网非公开股权融资机构首批试点名单

序号	地市	平台名称	运营机构	网址
1	广州(6)	零壹沃土	广州零壹沃土互联网金融信息服务有限公司	http://www.01zc.com
2		广东股交众创服务	广东金融高新区股权交易中心有限公司	http://www.gdeec.cn
3		粤科创投界	广东省粤科众筹股权交易股份有限公司	http://www.touus.com
4		微投网	广州微投科技信息咨询有限公司	http://www.vehello.com
5		聚募网	广州聚募投资企业（有限合伙）	http://www.dreammove.cn
6		海鳖众筹	广东海鳖信息科技股份有限公司	http://haibie.org
7	深圳(5)	万惠众筹	深圳前海欧凯互联网金融服务有限公司	http://www.okmoney.cn
8		点筹金融	深圳前海点筹互联网金融服务有限公司	http://www.idianchou.com
9		众投邦	深圳市众投邦股份有限公司	http://www.zhongtou8.cn
10		云筹	深圳前海云筹互联网金融服务有限公司	http://www.yunchou.com
11		投壶网	深圳市投壶网络科技资产管理有限公司	http://www.touwho.com

附录十 广东专业镇相关政策

一、广东省科学技术厅关于加强专业镇创新发展工作的指导意见（粤科产学研字〔2016〕54号）

第一章 总 则

第一条 为贯彻落实《中共广东省委广东省人民政府关于依靠科技创新推进专业镇转型升级的决定》（粤发〔2012〕11号）、《中共广东省委广东省人民政府关于全面深化科技体制改革加快创新驱动发展的决定》（粤发〔2014〕12号）和《关于加快转变政府职能深化行政审批制度改革的意见》（粤办发〔2012〕24号）等文件精神，规范专业镇管理工作，推进专业镇转型升级，更好适应我省经济发展新常态，促进全省科技创新驱动发展，特制定本意见。

第二条 专业镇是以镇（街道）为行政区域单元，以特色产业集群化发展为主要特征，特色产业集聚度高、专业化分工协作程度高、技术创新活跃、产业辐射带动效应明显的镇域经济发展形式；是鼓励产业链相关联企业、研发和服务机构在特定区域集聚，通过分工合作和协同创新，形成具有跨行业跨区域带动作用和国际竞争力的产业组织形态。

第三条 专业镇工作以"创新驱动"为主导思想，以"市场引领，创新支撑，平台提升，品牌带动，园区承载，集群发展"为原则，以加快专业镇产业转型升级、培育战略新兴产业、提高自主创新能力、建立中小微企业公共服务体系和营造良好的创新创业氛围为主要内容，推动专业镇发展走上内生增长、创新驱动的发展轨道，成为推动全省产业转型升级的重要力量。

第四条 根据职能转移有关规定，省级专业镇由省级专业镇认定职能承接单位（以下简称"职能承接单位"）负责组织和评审、认定及取消。职能承接单位由省级科技管理部门严格按照行政审批制度改革及政府向社会转移职能工作要求，采取竞争职能转移等工作程序确定。

第五条 省级专业镇发展过程中遇到的重大问题，由省级科技管理部门组织调研，并征求有关部门的意见，根据具体情况统筹协调解决。省级科技管理部门负责职能承接单位的选择和监督，负责专业镇认定条件和程序的制定、认定过程的监督、认定后专业镇发展的指导和评价，以及专业镇相关政策的制定和落实。

第六条 各地级以上市科技管理部门根据自身职能及本辖区专业镇认定职能转移情况，负责本辖区专业镇的组织、推荐、指导与评价工作。

第二章 任务与要求

第七条 加快专业镇产业转型升级。省级专业镇应积极开展示范专业镇建设，大力实施创新驱动发展战略，加快发展先进制造业、现代服务业和现代农业，运用信息化技术改造提升传统产业，积极培育战略性新兴产业，构建产业布局合理的新型城镇体系，实现专业镇产业升级转型与城镇化协同推进。

第八条 提高专业镇自主创新能力。省级专业镇应依托产学研合作集聚国内外科技优质资源，组织突破特色产业关键共性技术，积极推进创新型企业建设和高新技术企业的培育工作，实施品牌带动战略，建设高水平的科技产业园区，着力科技人才队伍建设，积极参与国际科技合作。

第九条 建立健全专业镇中小微企业公共服务体系。省级专业镇（街道）应因地制宜，加快建设专业镇技术创新、信息服务和检验检测等一系列公共服务平台，探索和发展专业镇科技服务新模式。推动科技企业孵化器在专业镇落地，提升其管理水平与创业孵化能力，完善孵化育成体系，营造创新创业的良好环境。

第十条 建立专业镇产业协同创新中心。发挥行业商协会作用，集聚企业、高校和科研院所优势资源，构建政产学研协同创新平台，促进科技、产业、金融、人才相结合，推动专业镇产业转型升级和高端发展。

第十一条 加快专业镇产业联盟建设。根据专业镇跨区域产业协作发展需要，省级专业镇（街道）应围绕专业镇特色产业创新需求或专业镇发展中的共性问题，开展跨行业、跨区域、跨部门、多机构的合作，开展产业发展所急需的技术创新、标准制定、生产流程协调、产业配套协助等工作，实现资源共享、优势互补、共同发展。

第十二条　推动珠三角与粤东西北地区专业镇对口合作建设。贯彻落实省委、省政府促进粤东西北振兴发展的有关要求，鼓励珠三角与粤东西北地区专业镇在双向选择的基础上，以产业链为纽带建立对口合作关系，专业镇双方应在人员和经验交流、技术和投资互动、资源和产业融合等方面加强合作，实现专业镇双方产业互补、产业链延长和产城融合发展，促进专业镇双方共同发展。

第十三条　省级专业镇（街道）应积极做好年度科技统计工作，并将专业镇建设年度工作总结及下年度工作计划报地级以上市科技管理部门，同时上报省级科技管理部门备案。

第三章　申报与认定

第十四条　省级专业镇申报主体为按国家行政划分的镇人民政府（街道办事处）。

第十五条　省级专业镇根据产业的类别分为工业类专业镇、农业类专业镇、服务业类专业镇。申请省级专业镇需要分别满足以下条件：

一、特色产业集聚度高。产业符合国家产业政策发展方向，具有较强的产业竞争力和产业配套能力，具有广阔的市场空间和发展潜力，拥有一批具有较高声誉的行业龙头企业。

（一）工业类专业镇：珠三角地区专业镇全镇工业总产值需达到50亿元，粤东西北地区专业镇全镇工业总产值需达到30亿元；其中特色产业产值占工业总产值30%以上。

（二）农业类专业镇：珠三角地区专业镇全镇工农业总产值需达到10亿元，粤东西北地区专业镇全镇工农业总产值需达到5亿元；其中特色产业产值占农业总产值30%以上。

（三）服务业类专业镇：珠三角地区专业镇全镇地区生产总值（GDP）需达到30亿元以上，粤东西北地区专业镇全镇地区生产总值（GDP）需达到10亿元以上；其中特色产业总收入占服务业总收入30%以上。

二、企业创新能力强。镇政府应重视科技进步与技术创新，加大研究与试验发展（R&D）经费投入强度，注重培育高新技术企业和科技型企业，发展科技企业孵化器。

三、公共服务体系初步形成。按照产业发展内在需求建立并逐步完善各类公共服务平台，申请时至少有1家综合性公共服务平台或专业性公共服务平台。

四、产业辐射带动能力强。特色产业成为当地经济的主要增长点，为地区社会事业发展提供强大的经济支持，促进地方充分就业，促进社会和谐，对周边地区产业集聚发展，有一定的示范和带动作用。

五、特色产业发展环境良好。当地政府已出台促进特色产业相关发展规划及资金、税收、用地、科技等方面的鼓励政策，充分发挥产业政策和行业规划的导向作用，指导和扶持产业集群发展。

对产业集聚度高、在行业内影响力大、市场占有率高的区域，产业产值相对较少的情况下，在充分考虑发展前景后，可适当放宽认定条件。

第十六条　申报认定程序如下：

（一）申报单位按照自愿原则，在网上申报系统填报申报书并提交相关附件材料；

（二）申报书按照管理权限由各级科技管理部门（或本地专业镇管理职能承接单位）推荐后提交到职能承接单位；

（三）职能承接单位根据申报条件对申报资料进行初审；

（四）职能承接单位组织专家对申报单位进行评审；

（五）职能承接单位下文公布省级专业镇名单，并报省级科技管理部门备案。

第十七条　省级专业镇申报需提供以下附件材料：

（一）专业镇建设工作方案及特色产业发展规划；

（二）上年度镇（街道）政府工作报告；

（三）统一社会信用代码证；

（四）镇（街道）获得的荣誉、相关企业介绍材料、镇（或县、地市）出台的相关科技政策等其他有关材料；

申报单位除在网上提交申请以外，需打印申请书一式一份并附上以上附件交职能承接单位。

第十八条　已认定为省级专业镇的镇（街道）如有第二特色产业符合第十五条所列认定条件，产业间互补性好，可以申请认定第二个省级专业镇称号。每个镇最多可申请两个专业镇称号。

第十九条　省级专业镇认定采用常年受理，集中评审的方式。每年根据申报情况组织1~2次评审。

第四章　复核与评价

第二十条　各级科技管理部门要加强对专业镇的指导和服务工作，职能承接单位将不定期组织对省级专业镇的发展进行评价,按照第十五条的认定条件和第二章所列专业镇工作要求,以书面评价或现场考察评定两种方式进行,评价结果将在全省通报。

第二十一条　评价结果分为优秀、合格和不合格三种。评价不合格的专业镇将由职能承接单位核准后取消其省级专业镇资格。

第二十二条　省级专业镇在发展过程中如遇到行政区域变动(合并、撤销等)或产业发展方向变化等原因导致专业镇名称与实际情况不符,由专业镇(街道)政府提出申请名称变更,经地级以上市科技管理部门审核后,提交职能承接单位核准变更。

第二十三条　省级专业镇因自身原因需撤销或变更单位的,由专业镇(街道)提出撤销申请或变更申请(变更申请需盖变更后的单位公章),由地级以上市科技管理部门审核后,提交职能承接单位核批。

第五章　附　则

第二十四条　本意见于 2016 年 6 月 1 日施行,有效期 5 年。原《广东省技术创新专业镇管理办法》(粤科计字〔2008〕29 号)停止执行。

第二十五条　本意见由省级科技管理部门负责解释。

二、广东省科学技术厅关于推进协同创新加快专业镇发展的实施意见（粤科产学研字〔2016〕138 号）

为深入贯彻落实国家和省委、省政府关于创新驱动发展的战略部署和要求，大力推动专业镇协同创新，加速释放创新潜能，培育新动能，提升专业镇产业核心竞争力，促进我省传统产业转型升级，现提出如下意见。

（一）重要意义

专业镇是我省传统产业和特色优势产业的主要集聚地。经过十多年的发展，专业镇地区生产总值占全省的三分之一强，技术创新能力逐步提升，已成为我省经济社会发展的重要支柱。当前，我省经济发展面临转方式、调结构、换动力的新形势，要求专业镇加快创新发展，以适应经济发展新常态。协同创新是实施创新驱动和引领新常态的有效举措，以协同创新为抓手推动专业镇创新发展，是我省依靠科技创新打造国际竞争新优势，掌握集群经济发展主动权的战略抉择，对于我省加快经济结构调整、提升产业核心竞争力、推动产城融合发展具有十分重要的意义。

（二）总体要求

1. 指导思想

认真贯彻党的十八大和十八届三中、四中、五中全会精神，深入学习习近平总书记系列重要讲话精神，牢固树立创新、协调、绿色、开放、共享的发展理念，坚持把创新驱动发展作为核心战略和总抓手，通过深化产学研协同创新，建立协同创新平台，集聚创新资源，培育创新型企业等措施，推动创新链、产业链、资金链、政策链"四链"融合，全面提升专业镇创新发展能力，形成具有核心竞争力的特色产业集群，实现专业镇转型升级和产城融合发展，全面提升广东区域竞争力。

2. 基本原则

——集聚发展。充分发挥市场对资源配置的决定性作用和更好地发挥政府作用，增强对产学研协同创新中各主体创新要素的集聚效应，强化科技创新支撑特色产业发展，推动产业链条延伸并向集聚化、高端化发展，提升产业整体竞争力。

——协同推进。进一步加强对专业镇创新发展的统筹协调，创新体制机制，强化省、市、县（区）、镇（街）各级协同联动，推动各主体之间的知识互惠共享、资源优化配置、绩效整体最优，形成上下联动、左右协同的发展格局，实现以科技创新为核心的全面创新。

——开放共享。着力推动专业镇实施内外联动发展，积极开展跨区域合作，用好国内国际两个市场、两种资源，鼓励专业镇广泛参与国内外产学研合作，共建共享各类协同创新平台，着力提升企业自主创新能力，促进科技成果转移转化，实现科技与产业的无缝对接，营造协同创新环境氛围，促进经济社会可持续发展。

3. 发展目标

（1）总体目标：着力推进全省专业镇协同创新，把协同创新贯穿到专业镇发展各个领域环节，推进专业镇创新主体、创新机制、创新要素多方协同；推动专业镇产业规模显著扩大，形成若干产值规模超千亿元的产业集群；产业体系相对完善，上下游产业链配套完备；企业实力明显增强，形成一批具有创新活力的科技型企业群；自主创新氛围浓厚，创新能力大幅提升，集聚一批高层次人才，突破一批关键核心技术；新型城镇化建设稳步推进，促进产城融合发展、互促升级。

（2）具体目标：到 2020 年，全省省级专业镇数量达到 500 个左右，全省专业镇 GDP 总量力争突破 4 万亿元；培育工农业总产值超千亿元的专业镇 20 个以上；超百亿元的专业镇 180 个以上；专业镇协同创新平台覆盖率达 90% 以上，新型研发机构 50 个以上，科技企业孵化器 100 个以上；专业镇 R&D 支出占其 GDP 比重达到 2.9%；专利授权量达 12 万件；每万人口研究与开发人员数量达 80 人。

（三）重点任务

1. 深化产学研合作，加强创新主体协同

（1）加强协同创新平台建设。依托互联网打造开放共享的专业镇协同创新平台，积极引导企业、高等学校、科研院所、金融机构以及行业协会（商会)等各类创新资源聚焦到专业镇产业创新发展上,以政府引导、企业主建、金融参与、科技支撑的模式,建设一批专业镇协同创新平台,共同打造产业发展资金池、专利池和人才团队,推动产业转型升级;鼓励和支持专业镇以产学研合作模式建设新型研发机构、科技企业孵化器、公共检测平台等技术创新服务平台,增强专业镇对产业关键共性技术的攻关能力和对重大技术成果产业化的承接能力;鼓励专业镇龙头企业建设企业研究院,加强对行业战略性、前瞻性和基础性技术问题的研究,提升产业技术研发创新能力,引领产业向高端化发展。

(2)加强产业技术创新联盟建设。根据特色产业发展需要,鼓励专业镇以产业共性技术、产业发展模式、产品标准建设以及产业资源互补等为纽带,以产业技术创新关键问题为导向、形成产业核心竞争力为目标,引导行业骨干企业牵头,广泛吸纳科技型中小企业参与,引进国内高校院所等力量,按市场机制共建产业技术创新联盟;联合开展产业关键共性技术攻关,制定行业技术标准,创新产业发展模式,加强知识产权创造、保护和应用,共同推动产业集群发展;积极参与专业镇科技发展战略规划、重大项目指南的编制,承担国家、省级重大产业技术攻关课题,不断提升区域产业核心竞争力。

(3)培育企业创新发展新动能。大力扶持科技型中小企业发展,推动科技型中小企业之间开展协同创新,支持科技型中小企业与大型企业、高等学校、科研院所开展战略合作,鼓励高等学校、科研院所的科技成果向科技型中小企业转移转化,探索产学研深度结合的有效模式和长效机制;重点培育创新能力强、产业带动性好的特色产业高新技术企业,发挥创新型企业的引领作用,牵头制定行业技术标准,围绕产业链开展分工协作,提升产业核心竞争力;引导企业增强自主创新意识,建立健全研发投入机制,制定技术创新路线图,开展产业技术攻关,掌握核心专利技术,提升技术创新能力;推动企业建设省级以上企业技术中心、重点实验室、工程技术研究中心等创新平台,实现大型骨干企业研发机构全覆盖。

(4)深化校(院/所)镇合作。积极推进"校镇、院镇、所镇"的线上、线下产学研项目合作、协同研发、技术转移、互动交流、平台建设;支持以专业镇企业为主体,联合高等学校、科研院所建立以科技成果转移转化为纽带的各类国家级、省级技术创新平台;支持专业镇龙头企业在国内外知名高等学校、科研院所设立技术或产品研发中心等研发机构;鼓励高校院所和专业镇采取共同出资的方式在专业镇建设大学科技园分园和科技企业孵化器,推动技术成果落地转化,孵化发展高新技术企业,输送优秀创新团队和人才,支撑专业镇特色产业创新发展。

2. 完善合作机制，加强区域创新协同

（1）推进产业专业合作区建设。鼓励地理位置相近、产业关联度高、企业发展互动性好的多个专业镇联合建设产业专业合作区，以产业结构优化、产品质量提高、品牌价值提升为目标，成立专业合作区协调委员会统筹产业发展。围绕产业链部署创新链，跨区域整合创新资源，构建跨区域专业镇创新网络，推动区域间共同设计创新课题、互联互通创新要素、联合组织技术攻关；形成上下游配套、专业化分工、社会化协作的产业空间布局，在产业规模大、基础条件好、产业链条完整的地区，推进形成一批产业专业合作区，做大做强特色产业，推动专业镇优势产业优化升级。

（2）完善专业镇区域协同创新发展机制。鼓励专业镇跨区域开展协同创新合作，重点推动珠三角与粤东西北专业镇精准对接合作，发挥各自比较优势，建设产业合作基地等类型的合作园区；支持合作各方在交流合作的基础上共建共享协同创新平台、组建产业技术创新联盟，联合开展产业关键共性技术攻关，共享创新成果；支持区域间合作共建技术转移中心、成果转化基金，加快技术转移和成果转化，积极探索统一规划、统一管理、合作共建、利益共享的合作新机制。支持专业镇学习全国其他省份先进的发展模式、发展理念和管理经验，打造区域品牌，实现专业镇跨区域合作共赢。

（3）推动专业镇开展国际科技合作。落实国家"一带一路"倡议，引导专业镇企业与海上丝绸之路沿线国家的高等学校、科研院所和企业加强国际科技交流与合作；鼓励专业镇内有条件的企业"走出去"，到国外产业创新资源集聚地区设立研发机构或孵化器，创新研发机构合作模式，加强技术、人才等方面的国际交流合作；支持企业"引进来"，鼓励有条件的企业设立并购基金，吸引产业相关的国外科技型企业、科研机构来专业镇联合建设研究机构，提高企业自主创新能力，打造广东专业镇产学研国际合作新格局。

3. 优化发展环境，加强创新要素协同

（1）强化创新人才队伍建设。鼓励有条件的地市联合高等学校、科研院所，选派科技人员担任专业镇科技负责人，充分发挥科技负责人组织领导和统筹协调作用，推动专业镇与高等学校、科研院所共建科技成果转移转化平台，加速高等学校、科研院所科技成果转移转化；实行"柔性引进"计划，推动企业科技特派员工作站、院士工作站和博士后科研工作站等平台建设，打造引人用人高端平台；加强产业人才需求预测，做好人才发展规划，积极引进一批创新创业团队和领军人才，探索建立以创新创业为导向的人才培养

机制；鼓励产教结合，促进企业和职业院校"双主体"培养技术技能人才，不断充实专业镇专业技能人才的需要，提升区域自主创新能力和产业核心竞争力。

（2）加强科技金融支撑力度。鼓励专业镇设立创业引导基金和产业投资基金，通过阶段参股、跟进投资、风险补偿等方式，支持专业镇初创企业发展；鼓励金融机构围绕特色产业开展服务模式创新，推动知识产权质押贷款、供应链金融、大型设备融资租赁、首台（套）重大技术装备保险等金融产品在专业镇的应用；支持股权众筹平台建设，满足企业多样化的融资需求；引导有条件的专业镇设立中小企业融资服务平台，建立企业信用信息管理系统，提供企业信用担保基金，完善企业信用担保机构备案管理和评级制度，提高企业融资能力。

（3）完善创新创业服务体系建设。加强大众创业、万众创新与科技创新协同以及区域创新协同，加速释放专业镇创新潜能。鼓励专业镇建设众创、众包、众扶、众筹等科技"四众"平台，推动"互联网＋"的应用，营造创新创业良好环境；支持专业镇开展创新券补助政策试点，引导企业加强与高等学校、科研机构、科技中介服务机构及大型科学仪器设施共享服务平台的对接；加快发展科技服务业，鼓励高校院所和大型企业开放科技资源，促进科技服务机构向专业镇汇聚，引导和鼓励有条件的高等学校、科研院所、大型企业的重点实验室、国家工程（技术）研究中心、大型科学仪器中心、分析测试中心等科研机构和设备进一步向专业镇集聚和开放，提供检验检测、研发设计、人才培训等科技服务，培育知识产权服务市场和技术交易市场，强化创新创业支撑。

（4）加快形成产城联动发展格局。积极推进专业镇统筹编制城市规划、产业发展规划和创新发展规划，突出政府在规划编制、设施配套、文化传承、生态保护等方面的主导作用，构建与城镇体系相对应、层级分明的产业布局体系，实现产业功能、城市功能、生态功能相互渗透、有机融合；整合专业镇低端产业和零散产业用地，发展创意园区、孵化园区等新型产业空间，不断完善专业镇住房、教育、卫生和休闲娱乐等生活配套，推动工业化和城镇化协调发展。

（四）保障措施

专业镇的发展是一项系统工程，需要各级政府、各部门齐心协力、共同推进，在组织领导、责任落实、资金投入以及监督管理方面采取有力措施，大力推进协同创新，加快专业镇创新发展。

1. 加强组织领导

强化专业镇建设工作的宏观调控和政策引导，全面落实我省关于支持专业镇发展的各项政策措施；健全省、市、县（区）、镇协同联动机制，结合各级政府部门职能建立统筹协调和考核指导机制，理顺本地区管理体制和工作机制齐抓共管，协同推进专业镇的技术创新工作，提升区域经济发展水平。

2. 明确责任落实

省科技厅负责对本意见落实工作的统筹协调、跟踪了解、督促检查；各市、县（区）、镇要按照本意见要求，明确职责，落实责任，切实推动专业镇的协调发展；各级政府部门要制定相关实施计划，量化分解目标任务，责任到人，确保各项任务和措施落实到位。

3. 加大资金投入

建立省、市、县（区）、镇协同投入机制，加大财政资金投入力度，提高财政资金使用效益，围绕专业镇的技术创新和产业发展，集中资源，形成合力；认真落实国家和省的各项科技普惠政策，引导社会资金流向专业镇产业发展，鼓励企业加大研发投入力度，共同推进专业镇产业发展。

4. 加强动态监测

建立健全专业镇管理系统，加快构建专业镇发展数据库，完善专家咨询机制，建立技术预测、科技规划、目标管理、问效问责、科技统计、第三方评估、信用管理等制度，加强专业镇建设的监督和评估，实现专业镇动态管理。

附件：广东省专业镇创新指数发展评价指标体系

广东省专业镇创新指数发展评价指标体系

一级指标	二级指标	三级指标	单位
A 创新基础	A1 经济发展水平	A11 地区生产总值（GDP）	万元
		A12 人均地区生产总值（人均 GDP）	万元/人
	A2 创新人力水平	A21 每千人研究与开发（R&D）人员数	人/千人
B 科技研发能力	B1 创新投入能力	B11 镇区全社会科技投入与 GDP 的比例	%
	B2 技术研发能力	B21 规上企业平均拥有的工程中心数量	个/家
		B22 规上企业平均拥有的创新服务机构数量	个/家
		B23 规上企业平均拥有的共建科技机构数量	个/家
	B3 协同创新能力	B31 镇区产学研合作经费	万元
		B32 镇区开展产学研合作的规模企业占规上企业的比重	%
C 产业化能力	C1 技术供给能力	C11 每万人口拥有的发明专利和实用新型专利授权量	件/万人
	C2 技术应用能力	C21 列入省级以上新产品产值占规上工业产值的比重	%
	C3 技术转化水平	C31 镇区高新技术企业数量	个
		C32 高新技术企业增加值占工业增加值的比重	%
D 专业化能力	D1 产业集聚能力	D11 特色产业总产值	万元
		D12 特色产业占工业/农业/服务业的比重	%
	D2 全员劳动生产率	D21 特色产业全员劳动生产力	万元/人

三、关于加快特色小（城）镇建设的指导意见（粤发改区域〔2017〕438号）

特色小（城）镇包括特色小城镇和特色小镇两种形态。特色小城镇是指以传统行政区划为单元、特色产业鲜明、具有一定人口和经济规模的建制镇。特色小镇是指聚焦特色产业和新兴产业，集聚发展要素，融合产业、文化、旅游、生活和生态等功能，不同于行政建制镇和产业园区的创新创业平台。特色小城镇和特色小镇相得益彰、互为支撑。规划建设一批符合我省实际的特色小（城）镇，有利于推动经济转型升级和发展动能转换，有利于促进大中小城市和小城镇协调发展，有利于从供给侧培育小镇经济，发展新产业、新业态、新模式，推动形成新的经济增长点。为贯彻落实《国务院关于深入推进新型城镇化建设的若干意见》（国发〔2016〕8号），根据国家发展改革委等部委关于加快特色小（城）镇建设的有关要求，为加快我省特色小（城）镇建设，经省人民政府同意，现提出如下意见。

（一）总体要求

1. 指导思想

全面贯彻落实党的十八大和十八届三中、四中、五中、六中全会精神，深入学习贯彻习近平总书记系列重要讲话精神，牢固树立和贯彻落实创新、协调、绿色、开放、共享的新发展理念，以推进供给侧结构性改革为主线，坚持规划引领、以人为本、突出特色、创新驱动，做精做强主导产业，转换增强发展动能，完善综合服务功能，全面优化生态环境，建设一批独具岭南魅力、产业特色鲜明、生态环境优美、形态多式多样的美丽特色小（城）镇，为经济持续健康发展提供新动力。

2. 基本原则

——坚持创新探索、融合发展。创新特色小（城）镇规划建设的理念、方法和机制，促进"产、城、人、文"有机结合，推动新型工业化、城镇化、信息化和农业现代化融合发展，努力走出一条特色鲜明、产城融合、惠及群众的新型小（城）镇之路。

——坚持产业兴镇、特色发展。从实际出发，发挥特色优势，体现区域差异性，提倡形态多样性。挖掘本地最具发展基础、发展潜力和成长性的特色产业，做精做强主导特色产业，打造具有持续竞争力和可持续发展特征的独特产业生态，防止千镇一面。

——坚持以人为本、科学发展。围绕人的城镇化，统筹生产、生活、生态空间布局，完善城镇功能，补齐城镇基础设施、公共服务、生态环境、文化传承和保护短板，打造宜居宜业环境，提高人民群众获得感和幸福感。

——坚持市场主导、政府引导。创新建设模式、管理方式和服务手段，提高多元化市场主体的积极性，共同推动美丽特色小（城）镇发展。发挥好政府制定规划政策、提供公共服务等方面的支持作用，为特色小（城）镇提供良好发展环境。

3. 分类指导

——积极建设美丽特色小城镇。鼓励重点镇、专业镇、中心镇、生态乡镇、历史文化名镇等建制镇，优化提升特色产业，着力完善城镇功能，彰显地方特色文化，积极创新体制机制，切实改善生态环境，建设美丽特色小城镇。到 2020 年，全省建成 100 个左右产业集聚发展、生态环境优美、人文气息浓厚、城镇功能完善的美丽特色小城镇。

——科学规划建设特色小镇。支持具备条件的地方结合实际规划建设特色小镇，按照集产业链、创新链、资金链、人才链、服务链于一体的理念，培育新产业、新业态、新模式，促进产业、文化、社区和旅游融合发展，实现小空间大战略、小平台大产业、小载体大创新。特色小镇可分为特色产业类、科技创新类、历史文化类（综合文旅类）三种主要类型。每个特色小镇突出发展一个最有基础、最有优势、最具特色的主导产业。到 2020 年，全省建成 100 个左右产业"特而强"、功能"聚而合"、形态"精而美"、机制"活而新"的省级特色小镇，成为我省新的经济增长点。

（二）重点任务

1. 打造产业发展新平台

立足资源禀赋、区位环境、历史文化、产业集聚等特色，做精做强特色小（城）镇主导产业，促进产业跨界融合发展，推动互联网、物联网技术与特色产业深度融合发展，构建小镇大产业，扩大就业和集聚人口，促进特色产业提质增效和转型升级，实现特色产业立镇、强镇、富镇。支持有条件的小城镇特别是中心城市和都市圈周边的小城镇，发展先进制造业和现代服务业，积极发展物联网、大数据、云计算、电子商务等产业。推进专业镇协同创新，通过区域分工合作，推进形成一批产业专业合作区。着力构建特色小镇高端要素集聚平台，支持特色小镇建设孵化器、加速器、工业设计中心、专门化总部基地等新型载体，促进产业发展向微笑曲线两端延伸。建立知识产权、质量检测、工艺设计、品牌策划、市场营销、金融服务、文化创意、文化体验等综合服务平台，促进纺织、服装、珠宝、陶瓷、家居、灯饰、红木、玩具等传统产业转型升级。深化产教融合、校企合作，积极依托高等学校、中等职业学校（含技工院校）建设就业技能培训基地，培养特色产业发展所需各类人才。

2. 培育经济发展新动能

坚持创新驱动发展战略，充分发挥特色小（城）镇创业创新成本低、进入门槛低、各项束缚少、生态环境好的优势，打造大众创业、万众创新的有效平台和载体，促进特色小（城）镇发展动能转换。鼓励特色小（城）镇建设众创、众包、众扶、众筹等低成本、便利化、开放式服务平台，构建富有活力的创业创新生态圈。集聚创业者、风投资本、孵化器等高端要素，吸引大学、科研院所、国家和省工程技术中心、重点实验室、科技交流论坛等科技资源，聚焦研发、设计、营销等高端环节，促进产业链、创新链、人才链的耦合。依托互联网拓宽市场资源、社会需求与创业创新对接通道。营造集聚高端要素、吸引各类人才、激发企业家活力的创新环境，推动形成一批特色鲜明、富有活力和竞争力的新型特色小镇。

3. 强化基础设施新支撑

按照适度超前、综合配套、集约利用的原则，加强特色小（城）镇交通、能源、信息、市政等基础设施建设，提升基础设施支撑发展能力。强化特色小（城）镇与交通干线、交通枢纽城市的连接，提高公路技术等级和通行能力。加强大城市及城际轨道交通在特色小（城）镇的站点（场）设置，高效衔接大中小城市和小（城）镇，促进互联互通。优先发展公共交通，提高公共交通线网密度和站点覆盖率。加强步行和自行车等慢行交通设施建设，积极发展共享交通，推进公共停车场建设，建立微公交系统。积极探索各类新能源技术的应用，在具备条件的地方建设分布式能源和区域供冷设施。鼓励规模化发展绿色建筑。支持在特色小（城）镇建设智慧园区、智慧社区、智慧景区。鼓励综合开发形成集交通、商业、休闲等于一体的开放式小（城）镇功能区。积极推进海绵城市建设，推广建设人工湿地、下凹式绿地、雨水花园、透水性广场和可渗透路面。完善排水防涝、防洪设施，加强污水、垃圾处理等基础设施建设，推进地下综合管廊建设。加强燃气、消防等设施保障。鼓励有条件的特色小（城）镇开发利用地下空间，提高土地利用效率。

4. 增加公共服务新供给

按照统筹规划布局、促进资源共享的原则，健全公共服务设施，推进城乡基本公共服务均等化，增强特色小（城）镇人口集聚能力。根据城镇常住人口增长趋势和空间分布，统筹布局建设学校、医疗卫生机构、文化体育场所等公共服务设施，使居民在特色小（城）镇能够享受高质量的教育、医疗等公共服务。镇区人口10万以上的特大镇按同等城市标准配置教育和医疗等公共资源。实施医疗卫生服务能力提升计划，在条件成熟、人口集中的小（城）镇建设具有县级水平的医院；鼓励在有条件的特色小（城）镇布局建设三级医院。推动省市县知名中小学和特色小（城）镇中小学联合办学。推进土地集约混合使用，增加商业商务、休闲娱乐、创业创新、高端服务等城市功能。推动"一门一网式"政务服务向特色小（城）镇覆盖。加快构建便捷的"生活圈"、完善的"服务圈"和繁荣的"商业圈"，吸引高层次人才到特色小（城）镇就业、创业、生活。

5. 建设美丽宜居新城镇

坚持绿色发展理念，保护特色小（城）镇特色景观资源，加强环境综合整治，统筹规划生产、生活、生态空间，建立多层次生态系统，彰显传统文化和地域特色，打造宜居宜业宜游的优美环境。强化大气污染、水污染、土壤污染及海洋污染防治，促进小（城）镇生态环境质量全面改善。优化产业用地与居住用地、公共用地的配比，控制土地开发强度和围填海规模，将自然山体、河湖湿地、农林草地融入特色小（城）镇建设之中。在有条件的地方创建国家公园、农业公园、森林小镇、海岛特色小镇和渔港风情小镇，推动生态保护与旅游发展互促共融。加强历史文化名城名镇名村、历史文化街区、民族风情小镇等的保护，推进历史文化资源的活化利用，建设有历史记忆、文化脉络、地域风貌、民族特点的美丽小（城）镇。吸收继承岭南传统建筑的风格和元素，探索采取本土材料、新工艺，培育岭南建筑精品。支持特色小（城）镇将特色产业文化融入城镇空间景观与建筑形态，建设历史底蕴丰厚、时代特色鲜明的人文空间，实现"产、城、人、文、景"融合发展。

6. 打造共建共享新模式

坚持协调和共享发展理念，推动政府、社会、市民同心同向行动，逐步形成多方主体参与、区域良性互动的特色小（城）镇建设、治理模式。加强政府规划、政策引导，为特色小（城）镇提供制度供给、设施配套、要素保障、生态环境保护、安全监管等管理和服务，营造更加公平、开放的市场环境。发挥政府资金的引导作用，大力推广运用 PPP 模式，与社会资本共建基础设施和公共服务项目。充分发挥社会力量作用，最大限度激发市场主体活力和企业家创造力，鼓励企业、社会组织和市民积极参与特色小（城）镇投资、建设、运营和管理。创新特色小镇市场化开发建设运营机制，推行特色小镇开发、建设、运营一体化管理。鼓励和支持企业参与特色小镇土地开发、招商引资，探索成片开发、定制开发、组合开发等多种开发模式。积极调动市民参与特色小（城）镇建设热情，让发展成果惠及广大群众。

7. 拓展要素配置新通道

统筹规划城乡基础设施和服务网络，促进城乡要素合理配置，搭建农村一二三产业融合发展服务平台，推动城乡产业链双向延伸对接，把特色小（城）镇打造成为辐射带动新农村建设的重要载体。健全城乡基础设施建设投入的长效机制，促进水电路气信等基础设施城乡联网、生态环保设施城乡统一布局建设。加快农村宽带网络和快递网络建设，以特色小（城）镇为节点，推进农村电商发展和"快递下乡"。推动城镇公共服务向农村延伸，逐步实现城乡基本公共服务制度并轨、标准统一。推进农业与旅游、教育、文化、健康养老等产业深度融合。引导资金、信息、人才、管理等要素在城乡之间双向流动，促进城乡土地、劳动力、资本等要素高效配置。建立健全进城落户农民农村土地承包权、宅基地使用权、集体收益分配权自愿有偿流转和退出机制。完善城乡劳动力就业市场和人才交流市场。全面放开小城镇落户限制，全面落实居住证制度。健全特色小（城）镇金融服务体系，促进城乡存贷款的合理匹配。

8. 激发城镇发展新活力

加快体制机制创新，建立与特色小（城）镇规划建设相适应的公共服务和行政管理机制，营造扶商、安商、惠商和有利于创新的良好环境。鼓励特色小（城）镇根据国家和省的有关部署先行先试、积极探索，依法推进各项改革试点工作。完善与特色小（城）镇事权相匹配的管理职能和管理权限。深入推进强镇扩权，赋予镇区人口 10 万以上的特大镇县级管理职能和权限，强化事权、财权、人事权和用地指标等保障，推动具备条件的特大镇有序设市。根据特色小（城）镇工作实际，因地制宜构建简约精干的组织架构，不断创新服务管理方式。允许特色小镇入驻企业实行集群化住所登记，放宽特色小镇内新兴主体名称、经营范围核定条件。深化特色小（城）镇规划体制改革，积极推进"多规融合"或"多规合一"，加快建设基于"一张蓝图"管理的特色小（城）镇空间信息平台。探索建立特色小（城）镇总规划师制度，建立特色小（城）镇规划实施的评估和调整机制。建立规划审批"一站式"电子政务服务平台，试行全程电子化办理。

（三）政策支持

1. 产业扶持

积极引导一批有重大示范带动效应的项目落户特色小（城）镇。支持特色小（城）镇建设公共服务平台，带动特色产业转型升级。优先支持特色小（城）镇按规定申报建设省战略性新兴产业基地，支持符合条件的镇内企业申报国家和省工程技术中心、重点实验室。优先支持符合条件的特色小（城）镇申报国家特色小（城）镇以及历史文化名镇（街区）、旅游特色名镇、AAA级或以上旅游景区。定期举办特色小镇发展论坛，召开形式多样的特色小（城）镇建设交流研讨会、项目推介会等，加强政、企、银、社的沟通合作与互动交流。

2. 财政支持

特色小镇在创建期间及验收命名后，其发展建设规划空间范围内的新增财税收入，由各级财政通过适当增加转移支付予以支持，专项用于特色小镇的基础设施和公共服务建设。各类财政专项资金和政府性基金在符合投向的情况下，向特色小（城）镇的产业发展及基础设施建设等项目倾斜。大力支持符合条件的特色小（城）镇建设项目申请中央预算内投资、专项建设基金、产业投资基金、创业投资基金等。

3. 土地保障

充分利用国家赋予我省的"三旧"改造和城乡建设用地增减挂钩等土地政策，保障特色小（城）镇建设用地。对符合条件的特色小（城）镇内重点项目，优先保障其用地指标。对现有规划建设用地总规模不足的特色小镇，可结合土地利用总体规划的调整工作予以重点保障。对集约节约用地工作成绩较为突出的特色小（城）镇，由市、县在统筹安排建设用地指标时予以倾斜支持。支持特色小（城）镇使用符合规划的农村建设用地，需要转为国有建设用地的,优先办理相关手续,并适当减免省级税费。鼓励特色小镇统筹工业用地和商业、住宅用地规模,实行合理的用地价费政策。

4. 金融支持

鼓励社会资本根据市场需要、按照市场化方式发起设立特色小(城)镇建设基金。支持金融机构创新特色小(城)镇金融产品和服务。支持有条件的小(城)镇投资运营主体通过发行企业债券等多种方式拓宽融资渠道。对特色小(城)镇范围内符合条件的政府和社会资本合作项目,优先纳入政府投资计划和贴息贷款计划。鼓励金融机构与风险投资、天使投资机构开展合作,支持特色小(城)镇的企业创新创业。支持特色小(城)镇相关企业通过改制上市、到新三板和区域性股权交易中心挂牌等方式融资。特色小(城)镇的企业参与"一带一路"建设的,优先纳入省丝路基金扶持范围。

5. 人才支撑

加强特色小(城)镇专业技术人才队伍建设,重点在岗位设置、工资待遇、专项培养等方面给予特殊政策。鼓励和支持特色小(城)镇与高等学校、中等职业学校(含技工院校)、科研院所深入合作,探索建立产学研紧密结合的人才培养、培训体系。加大相关职业工种标准和职业鉴定管理,并按规定将符合条件的职业工种纳入省级劳动力培训转移就业补助目录。完善政府奖励、用人单位奖励和社会奖励互为补充的多层次奖励体系,对具有较大潜力的人才的学习深造、国际交流等给予奖励或资助。健全人才引进制度,将特色小(城)镇专业技术拔尖人才纳入有关人才引进计划或项目。对引进特色小(城)镇急需的高端人才、特殊人才,实行"一人一议"。

(四) 加强组织领导

1. 加强统筹协调

各地、各有关部门要加强对特色小(城)镇规划建设的组织领导和统筹协调,积极研究制订支持特色小(城)镇的具体政策措施,整合优化政策资源,给予特色小(城)镇规划建设强有力的政策支持。省发展改革委负责制订规划和政策,做好顶层设计,牵头会同省有关部门建立全省特色小(城)镇建设工作联席会议制度,加强指导协调,及时研究解决特色小(城)镇建设中的重大问题。

2. 精心组织实施

由省住房城乡建设厅会同省发展改革委、科技厅等部门研究制定特色小城镇创建导则，省发展改革委牵头会同有关部门研究制定特色小镇创建导则，省科技厅会同省发展改革委等部门研究制定科技创新类特色小镇建设实施方案。在具体实施过程中，特色小城镇建设由省住房城乡建设厅牵头负责，科技创新类特色小镇建设由省科技厅牵头负责，其他类特色小镇建设由省发展改革委牵头负责。其他省直部门要按照职责分工做好特色小（城）镇建设指导协调和相关实施工作。省有关部门向国家有关部委推荐的全国特色小（城）镇从省级特色小（城）镇中择优选取。

3. 落实责任主体

各地级以上市是推进特色小（城）镇建设的责任主体，要根据本地实际建立实施工作机制，以规划为指引，整合各项要素资源，出台相关扶持政策，安排专项资金，配备规划师等必要的专业技术人才，营造良好环境，将特色小（城）镇规划建设任务落到实处。要加强上下联动，确保各项工作按要求规范有序推进，不断取得实效。

4. 加强检查监督

建立特色小（城）镇综合评价制度和督导机制。各地应及时向省特色小（城）镇联席会议报送特色小（城）镇建设进展情况。对于按要求完成规划建设任务的特色小（城）镇予以支持奖补；对于不能按时按质完成任务的要加强督促整改。

5. 加强宣传推介

省有关部门和各地政府要及时总结推广各地典型经验，积极向企业、社会和公众宣传推广特色小（城）镇。鼓励各地通过电视、电台、报纸、网络、移动传媒等渠道，组织开展问卷调查、现场咨询、公众论坛等活动，增进公众对特色小（城）镇的认识。要通过举办特色小（城）镇论坛和策划相关的主题活动，扩大我省特色小（城）镇的国内国际知名度和影响力，形成全社会关心、支持、参与特色小（城）镇建设的良好氛围。